보건 의료인을 위한 인권 교육서

의료, 인권을 만나다

보건 의료인을 위한
인권 교육서

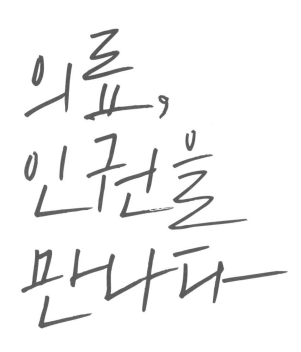

의료,
인권을
만나다

| 인권의학연구소 엮음 |

이화영
손창호
안현의
이영문
최용준
김익중
공유정옥
정형준
우석균
이보라
최규진
지음

건가
미디어
협동조합

* 북펀딩에 참여해 주신 분들께 감사드립니다.

고경심 고한석 권지은 김동선 김미정 김용익 김정은 김종필 김혜원 김봉구 남명희 박찬호
박현주 박혜경 배형기 백재중 성창기 손창호 송현석 심재식 유진경 이경란 이화영 정선화
정영진 정창욱 주혜수 한국의료복지사회적협동조합연합회

의료, 인권을 만나다

초판 1쇄 펴낸날 2017년 8월 15일
초판 4쇄 펴낸날 2024년 4월 16일
엮은이 인권의학연구소
지은이 이화영 손창호 안현의 이영문 최용준 김익중 공유정옥 정형준 우석균 이보라 최규진
펴낸이 이보라   만든이 조원경   디자인 박재원   펴낸곳 건강미디어협동조합
등록 2014년 3월 7일 제2014-23호   주소 서울시 중랑구 사가정로49길 53
전화 010-2442-7617   팩스 02-6974-1026   전자우편 healthmediacoop@gmail.com
값 15,000원   ISBN 979-11-87387-05-3 03330

인권의학은 건강과 인권이 서로 밀접하게 연관되어 있다는 인식에서 출발합니다. 인권의 침해가 직접적으로 건강에 심각한 결과를 초래하므로 의료인들은 환자 건강의 확보를 위해서라도 질병 치료를 넘어서 환자 인권을 살피는 법을 알아야 한다는 것입니다. 인권의학은 건강을 지키는 책임이 있는 보건 의료인들이 의료 현장에서 환자들의 인권 보호를 위해 실천하고, 인권 피해자들을 잘 돕도록 이론적 근거와 실천적 방법들을 제시하는, 의학의 새로운 영역입니다. 서문_이화영

인권, 인간적으로 진진된 눈높이

이 석 태 | 변호사, 전 세월호참사특별조사위원회 위원장

생명권 존중과 안전하고 건강한 생활에 바탕을 둔 행복 추구권 보장을 핵심으로 하는 인권 개념이 보편화된 오늘의 한국 사회에서 인권이 고려되지 않는 분야는 이제 거의 없다고 생각된다. 최근에는 한걸음 더 나아가 동물권 입법 논쟁과 생태계 보호를 목적으로 하는 자연의 권리 보전 운동 논의까지 전개되고 있다. 하지만 과문한 탓인지 몰라도 의료 분야는 인권을 중심으로 하는 의제가 몇몇 특수한 경우를 제외하고는 아직 학계나 시민들 사이에 폭넓게 논의되고 있는 것 같지는 않다.

이는 누구나 아는 의료의 성격을 감안할 때 다소 이례적인 상황으로 비쳐진다. 즉 의료 문제야말로 조금만 생각해 보면 인권 문제와 가장 밀접한 분야의 하나라는 데에 대부분 의견이 일치하지 않을까 싶다. 의료는 외래 진료, 입원, 응급환자 조치, 장례 절차 등에서 보듯 행위 하나 하나가 사람의 건강, 질병 및 생명에 직접적으로 관계된다.

따라서 인간의 존엄을 지키고자 하는 인권 관점을 고려하지 않고서는, 구체적인 의료 행위에 대해서 그것이 과연 올바르게 이루어지는 것인지 판단이 용이하지 않은 경우가 적지 않을 것이다.

또 자신이 환자가 아니더라도 가족 중 누군가는 의료 시설을 이용하는 것이 일상화된 현실에서, 우리들 각자는 정도의 차이가 있을 뿐 의료와 관련된 인권 문제에 직간접적으로 관여되기 마련이다. 그럼에도 불구하고 의료와 연관된 인권 문제가 눈에 뜨일 만큼 중요한 사회적 의제로 대두되지 않고 있는 이유는 아마도 여전히 의료 행위 전반이 전문가라 할 의료인 손에 맡겨져 있고, 따라서 의료계와 일반인의 관심사가 서로 일정한 거리를 두고 있기 때문이 아닐까 한다.

예를 들면 건강에 관련된 약 처방이나 식사법의 경우에도 종종 양의와 한의 사이에 보는 시각이 상당한 차이가 있어, 웬만한 지식을 갖추지 않고서는 어느 쪽의 조언을 따르는 것이 자신이나 가족의 건강을 위해 나은 것인지 식별이 쉽지 않다.

그렇더라도 의료 문제와 인권이 동떨어져 있는 듯 보이는 현재의 상황은 결코 바람직한 것이 아니다. 이는 의료 행위를 제공하는 주체라 할 의사 등 의료인들 전체를 위해서나, 그 대상이자 수혜자적 지위에 있는 환자 등 일반 시민을 위해서도 그렇다. 건강권, 환경권, 노동권, 교육권 등 헌법이 지향하고 있는 기본적 인권 보장의 내용이 우리 사회가 준수해야 할 최고의 인권적 가치라 할 때, 인권적 관점을 염두에 두어야 할 제반 분야는 필수적으로 헌법에 맞는 개별적 인권 규정과 그에 수반되는 최소한의 지침이나 가이드라인을 마련해 가지고 있어야 한다. 의료 분야도 이 점에서 예외일 수 없다. 이는 의료계가 준비해야 할 장래의 과제라고 생각한다.

『의료, 인권을 만나다』라는 제목에서 짐작할 수 있듯이, 이 책은 이처럼 의료계에 아직 낯선 듯이 보이는 인권적 관점을 최근에 쟁점이 되고 있는 주요 의료 관련 주제에 도입하여 분석과 비판적 성찰을 시도한 최초의 책이다. 이 책은 나치에 협력한 의료인들은 처벌되었는데, 왜 과거 군사정권 시절 적어도 고문 현장에 있었거나 이를 목격한 의료인들은 그 어느 한 사람 자성의 발언 하나 없나 하는 아픈 질문에서 시작한다. 이 물음은 그동안 의료계에 인권적 관심이 결여된 듯이 보여 온 사정을 어느 면에서 설명해 주는 듯도 하다.

이 책에는 트라우마, 정신 장애, HIV 감염, 원전 문제, 노동과 건강, 빈곤과 건강, 의료 민영화 문제를 비롯하여 단식 농성자의 건강권 논의와 의료계의 권위주의 문제에 이르기까지 인권 문제와 연관된 여러 의료 분야를 다루고 있다. 그렇게 해서 가령 수련 과정의 전공의들 경우 인권적 관점을 도외시하면 피해자인 동시에 가해자가 될 수 있다는 위험성을 지적하고 있다.

즉 연차가 낮은 전공의는 구조적으로 선배 전공의나 상관인 전문의로부터 인격적 모욕이나 부당한 차별 대우를 바탕으로 하는 노동권 침해 상황에 놓일 수 있다. 그런데 이에 대한 문제의식 없이 이를 그대로 방치하는 경우, 마치 군대에서처럼 그 전공의 또한 상급 연차가 되면 자신도 모르게 가해자가 될 개연성이 높다는 문제 제기를 한다. 이는 의료 행위의 주체가 되는 의료인 양성에 관한 문제로서, 이에 대한 적절한 인권적 개선 없이 문제점이 누적되면, 그로 인한 피해는 장기적으로 환자에게도 전달될 우려가 있다는 점에서 시사하는 바가 있다고 생각한다.

이 책의 필자들은 내과 전문의인데도 인권 활동가 못지않은 열정으로 인권의학연구소 설립과 운영 등에 진력해 온 이화영 선생을 비롯하여, 각 의료 관련 문제의 일선에서 맨 앞에 나서기를 주저하지 않았던 분들이다. 필자들의 헌신과 노력으로 독자들은 이 책을 통해 그 갈등과 문제의 핵심 쟁점이 무엇인지, 그 해결 방안을 위한 논의의 수준이 어디까지 와 있는지 자기 일처럼 이해할 수 있다.

이 책은 매 글마다 학습 목표를 제시하면서 주된 독자를 아직 배움과 수련의 길에 있는 의료인들을 대상으로 하고 있다. 그러나 주제의 성격이나 내용에 비추어, 학생들을 가르치는 위치에 있는 의료인들이나 일반 시민들도 읽고 공감하기에 손색이 없다. 이것이 이 책이 가지고 있는 또 하나의 큰 장점이다.

이 책을 시작으로 아무쪼록 의료에 인권적 관점을 접목시키는 다양한 내용의 책이 지속적으로 발간되기를 기대한다. 아울러 그 과정에서 나날이 발전하는 현대의 의학 지식과 정보는 물론, 의료 분야에 적용되는 유엔 등 각종 인권 관련 세계적 규약에 대한 소개가 이루어지면, 우리 사회의 의료 분야도 한층 더 새로운 모습으로 시민에게 다가가지 않을까 하는 희망을 가져 본다.

2017년 8월

'지금 이곳'의 의료인과 인권

신 좌 섭 | 서울대학교 의과대학 의학교육학과

『의료, 인권을 만나다』는 '의학이란 인간의 권리(인권) 확장을 위해 존재하는 것'이며 '인권은 사회 구조와 불가분의 관계에 있다'는, 너무도 당연하지만 생소한 진실을 일깨워 주는 책이다. 우리는 의학을 '생명 연장의 사이언스, 질병과 고통을 치유하는 테크놀로지'로만 인식하고 있지만, 정작 의학이란 '인간답게 살 권리, 고통 앞에서 존엄할 권리, 그리고 인간답게 죽을 권리', 다시 말해 인권을 확장하기 위해 존재하는 것이다. 그리고 인권은 사회 구조와 필연적으로 얽히어 있기 때문에 의료인은 인권에 영향을 미치는 사회 구조에 깊은 관심을 가져야만 한다.

인류역사상 인권 침해의 주역은 국가 권력이나 광기 어린 집단 논리와 같은 사회구조였는데, 의학도 중요한 조력자 역할을 담당해 왔다. 나치의 유태인 학살 배경에는 당시 의료인들의 '우생학, 인종론'이 도사리고 있다. 우리 경우에도 오랜 세월 권력 집단에 의해 자행

11

되어 온 학살, 조작, 구금, 고문, 사형 등의 국가폭력, 무고한 희생자들을 양산한 세월호나 가습기 살균제 같은 구조적 참사, 정신 장애인과 HIV 감염자들에 대한 부당한 차별과 격리 등을 경험하였다.

의료와 인권의 관계를 다룬 책은 많이 나와 있다. 나치 의사들의 죄악상을 다룬 보고서가 대표적인 예일 것이다. 그러나 역사적 사건들이 갖는 한계는 그것이 대부분 남의 일, 오래전 야만의 시대에나 가능했던 일로 여겨진다는 데에 있다.

이 책이 갖는 미덕은 의료인이 인권을 위해 무엇을 해야 하는지를 '지금 이곳'의 이야기로 다루고 있다는 데 있다. 이 책의 대표 저자인 이화영 박사가 2009년 '인권의학연구소'를 설립한 뒤 8년 동안 여러 활동가들의 작업과 연구 결과를 집적한 이 책은 이론이나 관념의 소산이 아니라 현장에서 생성된 이야기들이다. 말하자면 '지금도 우리 주변에서 인권은 침해되고 있으며 의료인이 개입해야 할 일들은 무수히 많다. 진료실 밖의 폭압적 현실에 눈을 뜨라'고 외치고 있는 것이다.

최근 우리나라 41개 대학으로 구성된 '한국의과대학 의학전문대학원협회'는 의과대학에서 학생들에게 가르쳐야 할 학습 목표를 'I. 진료 역량 중심', 'II. 과학적 개념과 원리 중심', 'III. 사람과 사회 중심'으로 정리한 바 있다. 'III. 사람과 사회 중심'은 인간과 사회를 고려하

는 것이 의사로서의 기본 역량이라는 것을 선언하는 것이며, 인권 수
호자로서 의사의 역할도 학습 목표의 여러 곳에 포함되어 있다.

『의료, 인권을 만나다』는 '사람과 사회 중심' 학습 목표의 교재로
유용하게 활용될 수 있을 것이다. 또한 이 책은 기성 의료인들에게도
의료와 인권이 만날 때 어떤 새로운 시야들이 열릴 수 있는지를 보여
주는 좋은 참고 자료가 될 것이다. 이 책에 제시되어 있는 구체적인
사례와 지침들은 의료인으로서 사명을 수행하는 데 큰 도움이 될 것
이라고 믿는다.

2017년 8월

작은 의료인을 큰 의료인으로 만드는 씨앗

전 우 택 | 연세대학교 의과대학 의학교육학과

'소의치병 중의치인 대의치국(小醫治病 中醫治人 大醫治國)'이라는 말이 있습니다. 작은 의사는 환자의 병을, 중간 의사는 인간을, 큰 의사는 나라를 고친다는 말입니다. 작은 의사와 중간 의사가 어떤 의사일 것이라는 것은 금방 알겠는데, 나라를 고치는 큰 의사? 이것은 어떤 의사를 의미하는 것일까요?

물론, 여러 가지 의미를 가질 수 있겠지만, 그것은 아마도 가난한 사람들을 포함한 모든 고통 받는 환자들이 적절하고 좋은 치료를 받을 수 있는 제대로 된 의료 및 사회 제도를 국가가 갖추도록 하는 의사, 인간과 인권이 진정으로 존중되는 사회를 만드는 일을 하는 의사를 의미할 것입니다. 그런 의미에서 '인권의학'은 '작은 의사를 큰 의사로 만드는 강력한 도구'입니다.

이화영 선생님을 처음 뵙고 연세대학교 의과대학에 '인권의학'이라는 선택 교과목을 개설하는 준비에 들어갔던 것이 2007년이었으니, 그 후로 10년의 세월이 흘렀습니다. 그 기간 동안 이화영 선생님 및 함께하신 분들은 정말 가장 큰 열정과 사명감으로 교과목을 운영하여 주셨고, 그에 따라 학생들은 점점 더 '큰 의사'가 될 씨앗을 가슴 속에 담고 졸업할 수 있었습니다. 참여하셨던 모든 분들에게 진심으로 감사드립니다.

이제 그 10년의 열매가 한 권의 책으로 우리 앞에 나왔습니다. 이 책이 이 땅 위에 더 많은 학생들과 의료인들의 가슴에 '큰 의료인으로 만드는 씨앗'으로 심어지기를 기원합니다. 그래서, 정말로 이 땅에, 그리고 북한 지역과 전 세계에, 인권을 보호하고 인권을 키우는, 진정한 의학과 의료인들의 거대한 나무로 커 가기 바랍니다.

2017년 8월

의료, 인권을 만나다

제2차 세계대전이 끝나면서, 나치 정권 통치 아래 의사들이 전쟁 범죄와 반인도적 범죄에 연루되었음이 전 세계에 드러났습니다. 1946년과 1947년에 23명의 나치 의사들이 기소되어 뉘른베르크 전범 재판에 회부되었습니다. 대량 학살과 가학적 생체 실험에 적극 가담한 이유로 대부분 유죄 판결을 받았으며 그 중 의사 7명은 사형에 처해졌습니다. 하지만 미국은 일본의 세균 무기 데이터를 넘겨받는 조건으로, 전쟁 중 나치 못지않게 야만적 생체 실험을 감행한 일본인 의사들을 기소하지 않았습니다. 그 결과, 나치 의사들과는 대조적으로 오늘날까지 전쟁 범죄와 반인도적 범죄로 처벌된 일본인 의사는 단 한 사람도 없습니다. 제가 의과대학생이었을 때는 수업 중 결코 들어보지 못한 내용이지만, 이는 엄중한 역사적 사실입니다.

뉘른베르크 전범 재판이 끝나자 국제 사회는 이러한 인류 범죄가 다시는 재발하지 않도록 국제 기준을 수립하였습니다. 유엔을 통해

1948년 세계인권선언을 채택합니다. 이제 세계인권선언은 가혹하고 비인간적이며 모욕적인 대우나 처벌을 금지하는 국제 또는 국내 규약, 법, 규정을 정할 때 주춧돌이 되었습니다. 같은 해 세계의사회도 제네바 선언을 채택하면서 의사들은 "의학적 지식을 인도주의 법에 어긋나게 사용하지 않을 것"이라고 약속합니다. 일견 의료가 인권과 무관한 듯 보이나 현대 역사에서 발생한 의사들에 의한 인권 침해는 이와 같이 인권 원칙을 수립하게 만든 계기가 됩니다. 의료가 인권을 만난 것입니다.

의료인에 의한 인권 침해는 더 이상 발생하지 않을 듯했습니다. 그러나 2004년 미군이 점령한 아부 그라이브 수용소에서 이라크인 포로들이 당한 가혹 행위가 사실로 밝혀졌습니다. 미군에게 학대당하는 이라크 포로들의 사진은 전 세계에 충격을 주었습니다. 수용소 내 미군 소속 정신과 의사들과 심리학자들은 포로에게 가학적인 심문 방법을 고안해 실행하도록 도왔습니다. 대부분의 의사들은 포로 학대 사실을 알았으나 방치했으며, 포로들의 고통은 더욱 심해졌고 사망하기도 했습니다. 현행 의료 윤리와 국제 법규들은 의사들에게 수용소 내 포로 학대를 폭로할 의무를 주었으나 자국의 이익을 위해 그들은 침묵했습니다.[1] 포로 학대를 도왔거나 중단시키지 않았던 의사들의 행동은 결과적으로 "위해를 가하지 말라"는 히포크라테스 선언을 정면으로 위반한 것이 되었습니다.

---

1. Miles, S. H., *Oath Betrayed(Torture, Medical Complicity, & War on Terror)*, Random House, 2006(『배반당한 히포크라테스 선서-고문에 가담한 의료인들』, 이화영 옮김, 백산서당, 2008).

의료인의 돌봄이 필요한 환자들의 고통은 개인의 신체, 정신적인 질병에서만 생기는 것이 아니었습니다. 구조적 폭력, 빈곤, 환자가 속한 사회의 관행, 편견, 제도들로 인한 차별들 역시 큰 고통을 야기했습니다. 우리나라에서 의료인들은 질병뿐 아니라 환자의 건강에 위해한 폭력, 빈곤, 차별들에 얼마나 관심을 갖고 행동해 왔는지 돌아보았습니다. 현존하는 수많은 가정 폭력, 성폭력의 현실에 의료인들이 우려를 표하고 피해자들의 치유와 방지를 위해 노력해 왔는가? 국내 의료 학회들에서 대표적 국가 폭력 피해자인 고문 피해자들과 그 가족들이 외상 후 스트레스 장애의 후유증으로 수십 년 동안 고통받고 있다는 사실에 관심을 모은 적이 있는가?

인권의학연구소는 고문 피해자 인권 상황 실태 조사를 진행하면서 약 25%의 피해자가 고문 중 의사를 목격했다는 사실을 보고한 적이 있습니다.[2] 고문 전에 정보기관 소속 의사가 피해자의 혈압을 재고 투약을 지시하였으며 혈압이 안정되면 고문을 재개하였다고 합니다. 피해자들의 증언에 의하면 고문에 가담한 의사들은 보안사에 근무한 군의관을 포함해 많은 수였지만 지금까지 양심선언을 한 의사는 단 한 명도 없습니다.

세계의사회, 인권을 위한 의사회와 같은 국제단체들은 의료인이 위험한 상황에서 반인권적 행위를 하지 않도록 의료인들을 위한 지침을 제공하고 있지만 세계의사회의 회원 단체인 대한의사협회에서 이 문제를 이슈화한 적이 없습니다. 지침에 의하면 의료라는 직분은 의료인에 대해 국가의 이익이나 의료인의 자기 보호 또는 재정적 이

---

2. 국가인권위원회, 『고문 피해자 인권 상황 실태 조사』 인권의학연구소. 2011.

익보다 환자의 건강을 늘 상위에 두는 높은 수준의 윤리와 인권적 접근을 요구하고 있습니다. 유엔은 건강권에 대한 해석을 제공하면서 건강 확보를 위해 차별, 빈곤과 같은 건강에 해로운 조건들의 해결이 중요하고, 의료 서비스와 건강을 유지할 조건에 대한 권리는 차별 없이 누구나 누려야 할 기본 권리로 규정합니다. 그리고 그 권리를 충족시켜야 할 책임은 국가, 즉 정부에게 있다는 것입니다.

우리나라 의료 현실을 들여다보면, 정부의 신자유주의 정책과 의료보험 제도의 한계로 인해 의료가 상품화되면서 의료인들에게 환자의 건강권 증진보다 경제적 이윤을 추구하게 하는 의료 시스템이 보입니다. 전체 의료 기관의 90%를 차지하는 민간 의료 기관들은 병상 수나 고가의 첨단 의료 장비 같은 하드웨어적 경쟁을 지속하고, 낮은 의료 수가에 대한 대안으로 비급여 항목을 늘리며 이윤 추구를 하였습니다.

이는 환자들의 의료비 자부담을 높여서 의료 기관과 의료인들이 사회적 비난을 받는 이유가 되었습니다. 의료의 상품화로 환자와 의료인 사이 갈등 관계는 심화되었으나 정부는 의료 서비스 내역에 대한 심사, 감독을 하고 있을 뿐 근본적 대책에 대해서는 소극적이었습니다. 결과적으로 인권에 기초하지 않은 정책은 국민의 의료보험 보장성을 높이는 정부의 노력을 게을리하게 하였고, 이 틈새에 끼어든 민간 기업의 실손 의료보험을 기형적으로 성장시켰습니다.

이제 국민들은 실손 의료보험으로 의료비 자부담을 줄이는 방법을 선택하면서 일견 큰 문제가 없는 것처럼 여겨 국가의 책임을 잘 묻지 않고 있습니다. 이런 상황에서 정부가 우리나라는 세계적으로 자랑할 만한 전 국민 의료보험 제도와 접근성이 우수한 의료 시스템을 가지고 있다고 내세우는 것을 보면 민망하기 그지없습니다. 공공의료 기관의 비율이 10%로 OECD 국가 중 최하위라는 사실과 의료보험 보장성이 60% 중반이며 실질적 본인 부담 상한제가 그 기능을 못하고 있음을 제대로 설명하지 않으면서 말입니다.

유엔 사회권 규약은 국민 건강에 관련된 의료 서비스가 개인의 문제가 아니라 국가의 책임이라고 명시하고 있습니다. 환자들이 자기 부담의 치료 비용을 지불하지 못해 치료를 중단하는 것 역시 국가가 그 책임을 다하지 않은 것으로 봅니다. 우리나라에서처럼 정부가 의료보험 보장성의 확대와 공공의료의 확충에 최선을 다하는 대신, 의료 서비스 체계를 민간 의료 기관에 전적으로 맡겨 의료의 상품화를 부추기는 것은 일찍이 유엔 사회권 규약에 가입하고 승인한[3] 우리나라 정부의 건강권 책무 위반이라고 하겠습니다.

지난 10여 년 동안 저는 의과대학에서 학생들을 대상으로 의료와 인권 관련 강의를 진행해 왔습니다. 2007년 연세의대에서 '인권의학'이라는 과목이 처음 개설되기 이전에는 우리나라 의과대학이나 의료인 수련 과정에서 건강과 인권의 연관성을 교육하지 않았습니다. 뉘른베르크 전범 재판에서 수많은 나치 의사들이 처벌되고 사형 당했음도 잘 가르치지 않았습니다. 의료 윤리 원칙은 주로 의사와 환자의 관계에 초점을 두었고, 의학 교육은 질병의 진단, 치료, 예방에 집중

---

3. 우리나라는 핵심 인권 규약으로 알려진 '시민적 정치적 권리 규약'(자유권 규약)과 '경제적 사회적 문화적 권리 규약'(사회권 규약)에 1990년 가입하였다.

해 왔을 뿐 개인과 공동체의 건강에 영향을 미치는 사회적 고통에는 큰 관심을 기울이지 않았습니다. 의료 단체 또한 빈곤이나 폭력, 차별과 같은 사회적 고통이 건강에 미치는 영향에 관심을 두지 않았습니다. 더구나 인권이라는 큰 틀 안에서 의료의 역할을 인식하지 못하였고, 인권의 보호와 증진이 어떻게 개인의 건강 개선과 연계되는지 알 수 없었습니다.

의료와 인권의 접목은 유럽과 미국을 중심으로 지난 40년 동안 의학의 새로운 영역으로 발전해 왔으나 인권의학이란 용어는 아직까지 우리나라에서 익숙하지 않습니다. 서구에서 인권의학의 시작은 국가나 개인으로부터 부당하게 인권 침해를 입은 피해자들을 의료적으로 지원하는 현장에서 시작되었습니다. 인권의학은 건강과 인권이 서로 밀접하게 연관되어 있다는 인식에서 출발합니다. 인권의 침해가 직접적으로 건강에 심각한 결과를 초래하므로 의료인들은 환자 건강의 확보를 위해서라도 질병 치료를 넘어서 환자 인권을 살피는 법을 알아야 한다는 것입니다. 인권의학은 건강을 지키는 책임이 있는 보건의료인들이 의료 현장에서 환자들의 인권 보호를 위해 실천하고, 인권 피해자들을 잘 돕도록 이론적 근거와 실천적 방법들을 제시하는 의학의 새로운 영역이라 할 수 있습니다.

최근 우리나라 의학 교육에 도입한 의료 인문학에서는 문학, 예술, 윤리, 정책 등을 가르치고 있으나 건강이 권리라는 인권적 접근을 다루지 않았습니다. 뿌리가 깊은 의료계의 권위적인 문화는 관행, 전통이란 이름으로 학생들과 전공의들의 인권을 침해하기도 하였습니다. 그러나 이들은 과중한 학사 일정에 떠밀려 자신을 주인답게 살지 못하게 하는 억압적 구조와 인권 침해 상황에 제대로 대처하지 못하고 있었습니다.

　이 책의 취지는 인권 관련 의료 이슈에 대한 소개와 분석을 통해 예비 보건 의료인 또는 보건 의료인들의 인권 감수성을 높이고 각 현장에서 이들의 태도 변화를 유도하고자 하는 데 있습니다. 다양한 의료 현장에서 만나는 소외된 환자(정신 질환자, HIV 감염인, 빈곤한 환자, 단식 농성자 등) 또는 인권 피해자들(산업재해 근로자, 국가폭력 피해자, 재난 피해자 등)이 경험해 왔던 차별이나 인권 침해를 예방하고 인권에 기초한 의료 서비스가 제공되게 하며, 우리나라의 보건 의료 정책이 인권적 접근에 기초해 수립, 실행되도록 돕고자 합니다.

　이 책의 주된 독자는 의과대학생, 간호대학생, 치의과대학생들과 같은 예비 의료인들로 기대합니다. 또한 인문의학, 사회의학, 의료윤리, 의학교육을 담당하는 의과대학 교수들과 현재 의료 현장에서 활동하고 있는 보건 의료인(의사 치과의사 간호사 한의사 상담사 사회복지사 등)들이 될 것입니다. 원고 집필 시 주 독자가 될 의대, 치의대, 간호대 학생들을 가장 염두에 두고, 그들이 읽고 이해하기 쉽게 그리고 흥미를 가질 수 있고 그들의 인식과 태도 변화를 유발할 수 있는 집필이 되도록 기획하였습니다.

　이 책은 구체적 독자로 예비 의료인들과 의료인을 대상으로 삼았지만 의료인과 환자를 포함해 모든 이들이 질병 중심의 건강 모델을 탈피하여 가난, 폭력, 차별과 같은 사회적 고통에 관심을 갖도록 돕는 의료 인문학 교재입니다. 의료 인문학에서 윤리와 보건 의료 행정을 다룬 책들은 많으나 인권이라는 이슈로 접근하는 서적은 전무하다고 할 수 있습니다. 현재 의료 현장에서 환자의 인권과 당사자 권리 운동은 활발하게 진행되고 있으나 의료인들과 예비 의료인들을 대상으로 한 인권에 대한 관심과 교육 자체는 거의 없는 실정입니다. 따라서 이 책은 의료 인문학에서 인권이라는 주제를 다루는 첫 시도라고 할 수 있습니다.

이 책은 공동 집필의 형식을 취하였는데, 집필진들이 각자의 다양한 현장에서 오랫동안 활동해 온 의료인으로서의 활동 경험을 토대로 하였기 때문입니다. 특히 자기 권리를 주장하기 어려운 취약 계층인 장애인들, HIV 감염인들, 이주 노동자들, 산업재해 피해자들, 폭력이나 재난 피해자들, 차상위 계층이나 빈곤층들을 위해 개인 비용과 시간을 들여 현장에서 활동해 이들은 의료 영역에서 이미 인권을 실천하고 있는 의료인들입니다. 집필진들의 현장 경험을 의료인 또는 예비 의료인들과 공유함으로써 의료 기관을 비롯한 여러 현장에서 환자의 권리가 더욱 향상하고 인권 피해자들의 이차 피해 예방과 적절한 의료서비스를 가능하게 하기 위한 **실천 지침서**라는 독창성이 있습니다.

따라서 집필진들은 독자들의 자기 학습을 위한 교재 또는 의료 관련 대학 인문학 교재로 사용될 수 있도록 각 주제별로 학습 개요와 학습 목표 및 참고 문헌을 소개했습니다. 또한 각 의료 현장 또는 이슈별로 의료인이 반드시 행해야 할 것(**Do's**)과 하지 않아야 할 것들(**Don'ts**)의 행동 지침까지 제시하여 의료 현장에서 인권에 기초한 의료가 실천될 수 있도록 작업하였습니다.

이 책은 총 6장으로 구성되어 있습니다.

1장에서는 '의료, 인권을 만나다'라는 주제 아래 인권과 건강의 관계와 의료인들이 왜 인권에 관심을 두어야 하는지를 다룹니다. 현대 인권에 관한 일반적 개념과 원칙에 기초하여 의료와 인권이 어떻게 연결되는지 설명하고 건강권과 건강에 대한 인권적 접근의 핵심을 통해 개인의 건강 보호와 증진이 개인의 권리이자 국가의 책임인 것을 기술하고 있습니다. 또한 의료인은 인권에 기초한 의료 활동을 통해 사회를 정의롭게 변화시킬 수 있는 중요한 역할을 가진 전문가라고 정의하면서 의료인이 인권 침해 상황에 직면했을 때 피해자들을 위해 전문가로서 독립성을 유지하고, 비윤리적 요구에 저항할 수 있도록 그 실천적 지침을 소개합니다.

2장에서는 '트라우마 사건이 건강에 미치는 영향'을 다룹니다. 우리 사회에서 빈번하게 발생해 온 가정 폭력, 성 폭력, 국가 폭력과 같은 폭력 사건이나 세월호 사건과 같은 재난 트라우마 사건이 개인과 사회에 미치는 영향과 그 기전을 설명하고 있습니다. 또한 폭력 및 재난 트라우마 피해자들에 대한 치유 과정에서 의료인들이 숙지해야 할 일반 원칙을 소개합니다.

3장에서는 사회적 고통으로 알려져 있는 '차별이 건강에 미치는 영향'을 다루었습니다. 특히 우리 사회에서 모든 장애인의 인권 이슈의 대표적 사례라 할 수 있는 정신 장애인의 인권을 통해 사회적 차별 문제를 제기하고 있습니다. 이들의 건강과 인권을 위해 사회권과 자기 결정권의 회복이 가장 필요한 영역이라고 소개하고 있습니다. 또한 차별의 대표적 사례로서 HIV 감염인이 겪는 인권 침해와 그 결과를 기술하고, HIV 감염인에 대하여 의료인이 해야 할 일과 하지 말아야 할 일을 소개합니다.

4장에서는 '환경과 건강권 주제'로 환경이 개인과 공동체에 미치는 영향과 대책을 다루고 있습니다. 이 장에서는 일본은 물론 우리 사회에서도 최근 건강에 심각하게 위험한 환경으로 인식되고 있는 원자력 발전소에 의한 방사선 피폭을 우선 다루었습니다. 다행히 최근 정부는 탈원전의 원칙을 발표하였으나 탈핵 관련 우리나라 여론이 아직 성숙하지 못하여 건강에 위협이 되는 방사선 피폭 문제를 인권 차원에서 인식하고 의료인으로서의 대응 방안을 알아보는 것은 매우 중요한 일입니다. 또한 노동 환경에 의한 사고와 질병 문제를 구체적 현장을 통해 다루고자 합니다. 특히 반도체 산업 현장에서 대량 발생했던 희귀 질병을 중심으로 건강권 증진을 위해 활동해 온 의료인의 경험을 토대로 노동 환경의 문제를 인권의 시각으로 해석하고 노동자 건강권 실현을 위해 의료 현장에서 적용해야 할 그 실천 지침을 소개합니다.

5장에서는 '빈곤과 건강권' 주제로 빈곤이 건강에 미치는 영향과 보건 의료 정책이 의료보험 보장성 확대와 공공의료에 초점을 맞추어야 할 근거를 다루었습니다. OECD 국가 중 공공의료 비중이 최하위인 우리 현황에 의료 민영화 정책이 국민의 건강권에 미치는 영향을 분석하고 취약 계층의 건강권 확보를 위한 정부의 보건 의료 정책 방향을 제시하고 있습니다.

6장에서는 '특별한 의료 이슈'로 단식 농성 중인 단식자의 건강 문제와 의료계의 권위주의를 다루고 있습니다. 단식농성 상황에 대한 이해를 기반으로 단식이 신체에 미치는 영향과 단식자를 진료하는 의료인의 윤리 원칙 및 실천적 지침을 소개합니다. 또한 의료계의 권위주의는 예비 의료인과 의료인들의 안전과 인권 감수성에 영향을 미칠 뿐 아니라 환자의 안전과 인권 존중에도 연결되는 주제로 이에 대한 분석과 지향점을 제시합니다.

『의료, 인권을 만나다』를 집필해 주신 저자들은 그동안 의료인들과 학생들의 인권의학 교육에 동참하셨던 분들입니다. 그들은 대부분의 의료인들이 그동안 책무라고 느끼지 않았던 다양한 건강 관련 인권 침해 현장에서의 경험을 이 책에 나눠 주었습니다. 그들이 현장에서 인권 활동을 지속할 수 있었던 것은 불의에 대한 분노와 다시는 이런 일이 이 땅에 계속되어서는 안 된다는 자각, 책임감 덕이었습니다. 이 책을 읽으면서 여러 보건 의료인들이 자기 현장에서의 인권 상황을 재인식할 수 있기 바랍니다.

무엇보다, 강의실에서 만났던 학생들이 이 책을 집필하게 하였습니다. 수업 중에 의료 현장 인권 침해 사례들을 발표하는 학생들에게서 취약 계층에 대한 배려와 인권 감수성의 성장을 볼 수 있었습니다. 인권의학 수업이 의료인으로서 진로 결정을 새롭게 하게 했다고도 합니다. 수업 후, 백혈병 환자들의 고가 약제 치료에 대한 어려움을 해결하고자 학교 캠퍼스에서 조혈모세포 기증 캠페인을 벌여 환자들에게 실질적 도움을 준 사례도 있습니다. 학생들은 새롭게 인식하면 바로 행동으로 옮기는 용기와 능력이 있었고, 예비 의료인인 자신들과 전공의들의 인권 상황에 대한 감수성도 높아졌습니다.

"의료인 서로를 존중하는 경험과 과정 없이는 결코 환자의 인권이 존중되지 않을 것"이라는 생각이 이 책을 기획하게 한 계기가 되었습니다.

이 책을 통해 인권을 만나고 자신을 존중하며 나아가 환자를 존중하는 보건 의료인이 되시기를 희망합니다. 감사합니다.

2017년 8월
저자를 대표하여 이 화 영

1장

의료,
인권을
만나다

인권과 건강 _ 이화영

인권과 의료인 _ 이화영

인권과 건강

| 주요 내용 |

현대 인권에 관한 일반적 개념과 원칙에 기초하여 의료와 인권이 어떻게 연결될 수 있는지 알아본다. 건강권과 건강에 대한 인권적 접근의 핵심을 통해 개개인의 건강 보호와 증진은 개인의 권리이자 국가의 책임임을 확인한다.

| 목표 |

1. 현대 인권의 개념과 원칙 및 성격을 설명할 수 있다.
2. 인권과 건강은 상호 연계적이며 상호 의존적 관계임을 설명할 수 있다.
3. 건강 확보와 증진은 개인의 권리이자 국가의 책임임을 설명할 수 있다.
4. 건강에 대한 인권적 접근의 정의와 사례를 통해 그 방법이 무엇인지 설명할 수 있다.

저자 **이화영**

내과 전문의이다. 미국 연수 중, 9.11테러 이후 전쟁의 정당화를 위해 인권을 이용하는 부시 정권의 행동을 보고 대학원에서 국제 분쟁학을 공부하게 되었다. 2007년부터 의료인의 인권 감수성 증진을 위해 의과대학에서 '인권의학' 교육을 시작하였다. 2009년 '인권의학연구소'를 설립하여 취약 계층의 건강권 실태 조사와 인권 피해자의 치유 지원 활동을 하고 있다. 2013년 김근태기념치유센터 '숨'을 설립하고, 국가 폭력 피해자의 건강한 회복을 위해 의료적 법적 지원을 하고 있다.(email: icarpeace@naver.com)

● 들어가며 ─────────────────────────────────────

　지난 2013년 서울시는 '건강권에 관한 서울 시민회의'를 열고 쪽
방 주민 건강권 권고안을 마련하고자 하였다. 회의에 참석했던 한 시
민 패널은 '왜 우리의 건강권이 아닌 쪽방 주민의 건강권을 논의해야
하나'고 질문하였는데, 이에 대한 답을 찾는 것은 인권과 건강을 이해
하는 데 있어 매우 중요하다고 생각된다.

　인권은 인간이 인간답게 살아가기 위하여 마땅히 누려야 할 권리
이다. 즉 인간의 존엄성 유지를 위해 필요한 권리로서 누구에게나 보
편적으로 적용되는 개념인 것이다. 인간의 존엄성 유지에 건강은 필
수 요소로, 건강권 역시 모든 이들이 누려야 할 기본적 인권으로 알려
져 있다. 그러나 사람이 취약해지면 자신의 요구나 이익을 적절하게
보호하고 기회에 접근하는 능력이 다른 이들보다 현저히 떨어지게
된다. 특히 취약 계층은 다른 이들에 비해 건강을 지킬 수 있는 조건
들과 의료 서비스 접근에 있어 매우 불리하다. 따라서 건강권에 대한
보편적 접근은 취약 계층과 다른 이들 사이 존재하는 불평등을 더 확
대시킬 수 있다.

　서울시가 주최한 '건강권에 관한 서울 시민회의' 사례에서처럼 시

민의 건강권을 다루면서 특정 집단인 쪽방 주민의 건강권을 우선 논의하는 인권 적용 방식을 이해하려면 먼저 모든 이를 다루는 보편적 인권 개념에 대한 검토가 필요하겠다. 이 장에서는 현대의 보편적 인권 개념의 내용에 기초해 인권과 건강이 어떻게 연결되는지 알아보고자 한다. 또한 취약 계층의 본질과 취약성이 건강에 미치는 영향을 알아보고, 건강에 대한 인권적 접근이 취약 계층에 우선해야 하는 근거를 확인하고자 한다.

1. 현대의 보편적 인권 개념

현대 인권 개념을 정의할 때 쟁점 중 하나는 '인권이 과연 보편적 universal인가?'이다. 인권은 모든 이에게 적용되는 보편적 개념이라는 주장에 대해 그것은 근대 서구의 역사 상황에서 나온 개념이어서 전 세계적으로 보편화할 수 없다는 주장이 제기된다. 이러한 논쟁 배경에는 보편적 인권 개념에 저항하는 문화 상대주의 입장이나 주권을 내세워 내정 불간섭을 주장하는 정치 현실주의 입장이 있기 때문이다. 자유권과 사회권에 대한 논쟁도 있다.

그러나 이처럼 인권 개념에 대한 다양한 논쟁과 상이한 역사적 경험 속에서도, 인권은 현대 사회에서 보편 개념이라고 할 수 있다. 왜냐하면 인권은 인간의 보편적 요구와 이를 정당한 것으로 받아들인 사회적 인식 변화에 따라 발전해 왔으며, 합의를 통해 그 내용이 기존 인권 개념에 기초하여 계속 확장되고 있기 때문이다. 오늘날 인권 문제를 논하면서 유엔의 인권 선언과 협약이 중요한 기준과 규범이 되

는 것은 바로 유엔을 통해 보편적인 인식과 합의 과정이 끊임없이 이루어져 왔다는 사실에 근거한다.[4]

1) 인권은 책임을 수반하는 권리이다

사람은 타인과 사회적 관계를 맺고 살아간다. 이는 내 인권이 존중되기 위해서는 타인이 내 인권을 존중해 주어야 하며 사회가 이를 제도적으로 보장해야 함을 의미한다. 또한 나에게 타인의 인권을 존중해야 할 의무와 함께 아직 인권을 보장받지 못한 이들의 인권을 위해 노력해야 할 책임이 있음을 포함한다.

현재 내가 누리고 있는 인권은 무상으로 주어진 것이 아니라 역사적 투쟁 과정을 통해 획득해 온 실천적 성과물이다. 내가 인권의 주체가 될 수 있었던 것은 과거에 차별받고 억압받았던 사람들과 집단들이 투쟁하고 희생된 결과라는 것이다. 따라서 과거보다 훨씬 나아진 인권을 오늘날 누리고 있는 우리는 아직도 인권을 침해받고 있는 사람과 집단들을 찾아 이들의 인권 획득을 위해 노력해야 할 책임을 갖고 있음을 의미한다. 우리나라의 정치, 경제, 사회, 문화 등 각 영역이 인권에 기초해서 운영되고 있는지도 민감하게 살펴야 한다. 또한 인권이 우리나라뿐 아니라 세계의 모든 나라와 지역으로 확장될 수 있도록 노력할 책임도 주어져 있다. 이렇듯 현대 사회의 인권 개념은 완성된 것이 아니라 계속 확장되고 있는 진행형이다.

---

4. 국가인권위원회, 『인권 교육 개념 및 방향 정립 모색 연구』, 한국교육연구소, 2005.

2) 인권은 보편적이지만 약자를 위한 권리이다

인권은 '모든 이들의 권리'라는 보편적 개념이다. 그러나 구체적 현실 속에서 인권은 사회 경제적 약자와 소수자의 목소리로 등장해 왔다. 특정한 사회의 현실 속에서 기득권자의 인권은 이미 충족되고 있는 반면 약자와 소수자의 인권은 침해되고 억압되고 있는 상황이 많기 때문이다. 인권이 '약자를 위한 권리'라는 의미는 인권이 누구나 가지는 '보편적 권리'라는 것과 대치하는 것이 아니다. 다만 약자들이 인간으로서 필요로 하는 여러 기본 조건을 누리지 못하는 경우가 많기에, '인간의 존엄한 삶을 위한 최소한의 조건'인 인권은 사회적 강자에 의해 침해당하기 쉬운 약자의 삶을 지키게 하는 권리로 더 강조된다.

인권의 역사를 보면 인권이 약자의 권리임을 더 잘 이해할 수 있다. 인권의 역사가 사회적 약자와 소수자들의 희생과 노력으로 이루어져 왔음이 이를 잘 보여준다. 인권은 희생자와 피해자의 언어이다.[5] 역사적으로 볼 때 인권을 침해당한 수많은 사람들이 인간답게 살기 위해 끊임없이 자신을 희생하면서 투쟁하여 얻어낸 것이 지금 우리가 누리는 인권이기 때문이다. 1900년대 초 영국에서의 여성 투표권 권리 운동이나 1960년대 미국 흑인의 시민 권리 운동에서 보여준 투쟁과 막대한 희생이 그것이다. 이에, 인권은 약자들의 희생으로 확보해 낸 권리라고 할 수 있다.

---

5. Donnelly, J., 『인권과 국제 정치-국제 인권의 현실과 가능성 및 한계』 박정원 옮김, 도서출판 오름. 1998, p. 52.

따라서 보편적 개념으로 인권을 이해하되, 인권을 침해당하고 있는 사회적 약자와 소수자의 관점에서 인권을 바라봐야 한다. 현재도 모든 사람이 인권을 누리지 못하고 있으며, 열악한 조건에서 인권을 침해받고 고통 받고 있는 사람들이 많다. 이런 고통 받고 있는 약자야말로 진정 인권을 누려야 하는 사람들이라는 점에서 인권은 우선적으로 약자들의 권리로 보아야 한다는 것이다.

인권의 개념을 보편적인 것으로 규정하더라도 인권의 내용과 범주를 구체적으로 규정하는 시각은 각자가 속한 계급이나 경제, 사회, 정치적 지위에 따라 달라질 수밖에 없다. 자본가와 노동자, 남성과 여성, 성인과 어린이, 식민지 종주국과 식민지 등 권력을 가지고 있는 자와 그렇지 않은 자 사이에는 인권을 해석하고 바라보는 시각에 있어 차이가 있기 때문이다. 실제로 인권의 역사적이고 맥락적인 본질을 간과하고, 인권이 억압에 저항하는 사람들의 투쟁에 의해 실현되었음을 인식하지 못한다면 인권은 바로 그 억압의 합리화를 위한 도구로 사용될 수도 있다.[6]

3) 인권은 보편적이지만 결코 중립적이지 않다

인권은 모든 사람이 동의하는 자유와 평등, 인간의 존엄이라는 보편적 원칙에서 시작한다. 그러나 구체적 현상을 통해 인권의 실현을 방해하는 반인권적 구조를 깨닫고 그 구조를 정당화하기 위해 만들

---

6. Fields, A. B., Wolf-Dieter Narr, *Human rights as a holistic concept, Human Rights Quarterly*, 14(1). 1992. pp. 1-20.

어진 그럴듯한 담론의 정체를 꿰뚫어 볼 수 있는 비판 의식을 수반해야 한다. 이는 특히 권위적이고 획일적 문화 양식을 갖고 있는 우리나라에서 매우 중요한 부분이라 할 수 있다. 우리나라의 경우 지역이나 문화, 이념의 차이로 인한 차별과 인권 침해가 존재하고 있다. 우선 그런 차별적 사고가 가정, 학교, 혹은 사회에서 어떻게 형성되고 재생산되는가를 인지해야 한다.

열악한 노동 환경 속에서 소외되고 차별받는 조선족 동포와 외국인 이주 노동자들의 인권에 대해서 인지하는 것도 한 방법이다. 폭력이 만연된 우리 사회에서 드러내지 못하고 고통 받고 소외된 피해자들, 가난한 사람들 특히 장애인들도 인간으로서의 존엄을 지킬 수 있도록 우리 사회의 인식, 제도 등을 변화시키려고 노력하는 것, 이 모든 것들이 인권의 진정한 실천을 위한 첫걸음이 될 것이다.[7]

2013년 '건강권에 관한 서울 시민회의'에서 제기된 한 시민 패널의 질문으로 돌아가 보자. 현재 나와 다른 사회적 약자의 존재를 인지하고 이러한 약자의 눈으로 세상을 바라보며 그들이 인간으로서 존엄을 지킬 수 있도록 우선적 배려를 하는 것이 인권을 실천하는 첫걸음이라는 것이 공유되었다면, 쪽방 주민의 건강권을 위한 권고 마련의 근거가 이해되어 더 큰 실천력을 갖게 되지 않았을까 생각된다.

7. 유네스코한국위원회, 『인권 교육 어떻게 할 것인가』 도서출판 오름, 2000, pp. 32-33.

2. 건강과 인권의 연결

많은 의료인들이 '건강과 인권이 대체 무슨 관련이 있나?' 또는 '우리는 의료인인데 왜 인권에 관심을 가져야 하나?'라고 생각할 수 있다. 개인과 공동체의 건강을 지키고 책임지는 전문가가 의료인이고, 인권과 건강이 서로 어떤 식으로든 영향을 미친다면 이제 의료인으로서 인권에 대해 인지하고 실천해야 할 당위성이 생긴다.

그렇다면 과연 건강과 인권은 어떻게 연결될 수 있을까? 세계보건기구는 그동안 건강(H)과 인권(HR)의 관계에 대해 잘 설명해 왔다.[8] 살펴보면 첫째로 개인에 대한 인권 침해는 그들의 신체적, 정신적 건강에 직접 영향을 미친다고 한다. 가정 폭력의 주 피해자인 여성과 어린이에 대한 학대는 어느 사회에서나 대표적인 인권 침해 유형이다. 정치적으로 억압적 국가에서는 국민을 대상으로 한 도청, 미행, 불법 구속, 고문, 사법 살인과 같은 국가 폭력이 인권 침해의 중요한 예이다.[9] 우리나라도 예외가 아니어서 폭력으로 인한 인권 침해의 대표적 예가 가정 폭력, 성 폭력, 국가 폭력이라 할 수 있다. 이와 같은 폭력 경험은 일생 동안 그 피해자들에게 신체적 정신적으로 깊은 상처를 남겨서 건강에 매우 해로운 결과들을 가져온다는 사실은 잘 알려져 있다.(H←HR)[10]

한편 인권에 기초하지 않은 보건의료 정책이나 의료 서비스는 막

---

8. WHO, 25 Questions and Answers on Health and Human Rights, 2002. 'H'는 Health 약자로 건강을 뜻하고 'HR'은 Human Rights 약자로 인권을 뜻한다.
9. 국가인권위원회, 『고문 피해자 인권 상황 실태 조사』 인권의학연구소, 2011.
10. Mann, JM, Gruskin S, Grodin MA, Annas GJ: *Health and Human Rights*. Routledge, 1999.

대한 인권 침해를 초래한다고 한다. 의료 현장에서 그 예를 쉽게 찾을 수 있다. 우리나라 정신과 폐쇄 병동에서 빈번하게 발생하는 정신 장애인들에 대한 지나친 격리나 신체적 강박, 비자의(강제) 입원들이 그것이다.[11] 환자의 자기 결정권, 존엄하고 동등하게 대우받을 권리, 신체적 자유를 억압 받지 않을 권리들이 침해당하였다. 정신과 병동에서의 인권 침해 경험은 정신 장애인들이 추후 지속적 치료를 중지하게 만드는 이유가 되었다.

HIV/AIDS 감염인은 의료 기관이나 의료인들의 편견으로 인해 치과 진료나 수술을 거부당하는 경우가 빈번한 것으로 나타났다.[12] 감염인들은 치과 또는 외과적 단순 치료를 위해 감염 사실을 숨기기도 했고, 의료인에 대한 불신으로 심지어 HIV/AIDS 치료제를 포기하기도 했다.[13] 제때에 적절한 의료 서비스를 받을 권리를 침해하고 차별을 결과하는 대표적인 예이다.(H→HR)

마지막으로 인권을 존중하고 보호하는 조치는 질병의 발생과 취약한 건강 상황을 호전시킬 수 있다고 한다. HIV/AIDS 감염인이나 정신 장애인들이 당사자로서 관련 보건 의료 정책 수립에 참여한다면 그 결과는 어떻게 나타날까? 당사자가 납득할 수 없는 정신 병원 비자의 입원 제도가 개선되고 사생활이 보호되며 질병이나 장애로 인해 차별 받지 않는다면 이들이 치료를 기피하거나 포기하지 않을 것이다. 그 결과 치료 순응도와 재활이 높아질 것이며 이는 환자 개인의

---

11. 국가인권위원회, 『정신질환자의 격리 강박에 대한 실태 조사』 인권의학연구소, 2015.
12. 국가인권위원회, 『HIV 감염인에 대한 인권 상황 실태 조사』 2005.
13. 질병관리본부, 『의료인과 예비 의료인 대상 에이즈 관련 교육 사업 개발 및 운영 사업』 인권의학연구소, 2010.

건강은 물론 전체 공동체의 건강도 함께 호전되게 할 것이다. 이처럼 인권과 건강은 서로 직접적 영향을 미치고 있어서 따로 떼어 생각할 수 없다. 인권과 건강은 상호 연계적이며 상호 의존적 관계에 있기 때문이다.(H↔HR)

의료인이 환자 건강을 효과적으로 지켜내기 위해 환자의 인권 또한 보호하고 증진시켜야 할 이유가 분명하다. 이는 의료인들이 개인의 건강 유지에 필수적인 환경과 의료 서비스 접근, 교육, 음식, 차별 금지 등이 잘 실행되는지 감시하고 행동한다면 질병 발생을 감소시키고 건강 상태를 향상시킬 수 있음을 의미한다. 이제 개인과 공동체의 건강을 돌보는 의료인들에게 환자 건강을 확보하기 위해 인권을 보호하고 증진해야 할 책임도 생겼다.

3. 건강권 Right to Health

앞서 건강과 인권의 관계에 대해서 설명하였다. 이제 건강권이라는 용어를 어떻게 해석해야 하는지 살피면서 '건강에 대한 권리와 책무'를 알아보고자 한다.

국제 사회는 최근까지 건강권이 현실적으로 무엇을 의미하는지, 결정을 내리고 권고해 왔다. 1946년 세계보건기구 WHO는 서문에서 "도달 가능한 최고 수준의 건강을 향유하는 것은 인종, 종교, 정치적 신념, 경제적 사회적 여건에 따른 차별 없이 모든 사람이 누려야 할 기본권"이라고 했다.[14] 1948년 세계인권선언도 제25조에서 "모든 사람은 음식, 옷, 집, 의료, 필수적 사회 서비스 등을 포함하여 자신과 가족의 건강과 안녕에 적합한 생활 수준을 누릴 권리를 가지며…"라고 건강권을 확인했다.[15]

1966년 경제적 사회적 및 문화적 권리에 관한 국제 규약ICESCR은 제12조에 건강권 보호를 위한 핵심 조항을 통해서 각 국가에 대해 건강권 실현을 국가의 의무로 요청한 최초의 인권 협정이 되었다.[16] 그러나 오랫동안 국제 사회의 선언이나 규약에도 불구하고 '건강권'을 정의하기란 쉽지 않았다. 이러한 현실을 반영하여 2000년 5월, 유엔의 경제적 사회적 및 문화적 권리위원회(이하 유엔 사회권 위원회라 함)는 건강권에 대한 일반 논평을 채택하였다.[17] 일반 논평을 통해 건강권을 '도달 가능한 최고 수준의 건강에 대한 권리'로 규정하고 그 범위와 국가의 의무를 더 구체화하였다.

이제 건강권은 사람이 아플 때 적절한 의료 서비스를 받도록 하는 것에 그치지 않는다. 아프지 않도록 안전한 식수와 적절한 위생에 대한 접근을 보장하고 있다. 또한 안전한 음식과 적절한 영양, 주택의 적절한 공급, 건강한 직장과 환경 조건을 포함한다. 더 나아가 건강 관련 교육과 정보 등 모든 기본적 건강 결정 요인들을 포함하는 포괄적 권리로 건강권을 해석하였다.

---

14. 세계보건기구 헌장, 국제보건회의(International Health Conference)가 1946년 7월 22일 채택하였다.
15. 세계인권선언 UN General Assembly Resolution 217 A(III), A/810 at 71, 1948.
16. 경제적 사회적 및 문화적 권리에 관한 국제 규약, UN General Assembly Resolution 2200 A(XXI), A/6316 (1966)은 '유엔 사회권 규약으로 지칭하기도 한다.
17. 경제적 사회적 및 문화적 권리 위원회 일반 논평 14, The right to the highest attainable standard of health. E/C.12/2000/4.

건강권은 이제 **의료 서비스를 제공받을 권리**right to health care와 **건강할 수 있는 조건에 대한 권리**right to healthy conditions라는 두 가지 기본 요소를 모두 만족하는 것을 의미한다. 그러나 건강권을 건강해야 할 권리 또는 모든 질병이나 장애에 대한 치료를 무제한 받을 권리로 생각해서는 안 된다. 건강권은 '양호한 건강 상태에 도달하고 그것을 유지하기 위하여 국가가 제공할 책임이 있는 다양한 시설과 환경을 이용할 권리'로 이해되어야 한다.

이와 같은 의미의 건강권 실현에 반드시 필요한 핵심 인권에는 자유와 권리가 모두 포함되어 있다.[18] 자유는 차별이나 비인도적인 가혹 행위로부터의 자유를 말한다. 권리는 자신의 건강과 신체에 대해 스스로 결정할 수 있는 권리를 말한다. 여기에는 일반적으로 받아들여지지 않는 치료 방법과 임상 실험을 거부할 권리를 포함한다. 또한 사생활의 비밀을 보장받을 권리, 교육과 정보에 대한 권리, 참여할 권리도 이에 속한다.

그 중에서도 건강권 실현을 위해 **차별 금지**와 참여의 권리는 특히 중요하다. 차별 금지는 거의 모든 인권에서 요구되는 기본 요소이나 취약 계층의 건강을 보호하는 데는 필수적이다. 또한 보건 의료 정책 결정에 **참여할 권리**는 인권의 틀에서 정책이 실행되는 데 있어 중요한 부분이다. 개인과 집단은 자신의 건강에 영향을 미칠 정책 결정 과정에 참여할 권리가 있다는 것이다.

---

18. 자유: 차별, 고문, 비인간적이거나 굴욕적인 대우 및 해로운 전통 관습으로부터의 자유, 집회 결사 이전의 자유.
    권리: 생명권, 교육권, 식량권, 사생활권, 참여권, 개인이 자율권, 과학의 발전 및 그 응용의 혜택을 누릴 권리, 정보를 교환할 권리.

우리 사회에서 한센병 환자들, 백혈병 환자들이 당사자 권리 확보와 정책 변화를 위해 활발히 참여 활동을 전개한 적이 있다. 정신 장애인들과 HIV 감염인들의 당사자 권리 운동들도 최근 전개되고 있다. 이와 같이 당사자 권리 증진의 핵심에는 당사자들의 참여가 필요하며 효율적인 당사자 활동을 통해 더 나은 건강 상태에 도달할 수 있다.

4. 건강에 대한 인권적 접근 Right Based Approach

건강과 인권의 관계를 설명하면서 인권에 기초하지 않은 보건 의료 정책이나 의료 서비스는 막대한 인권 침해를 초래하기도 한다고 언급했다. 그렇다면 건강과 의료에서 인권적 접근이란 구체적으로 무엇을 의미하는 걸까? 건강권에 대한 보편적 접근은 취약 계층과 일반 국민 사이에 이미 존재하는 불평등을 더 확대시킬 수 있다. 따라서 무엇보다도 우선적으로 취약 계층에 초점을 맞추는 것이 건강에 대한 인권적 접근의 근본이라 하겠다.

1) 사회적 고통과 건강의 불평등성

아서 클라이만은 『사회적 고통』이라는 저서를 통해 전 세계는 21세기로 접어들면서 인간 고통의 새로운 원인인 사회적 고통에 맞닥뜨리게 되었다고 하였다.[19] 오늘날 놀라운 과학 기술적 발전에도 불구하고 사람들은 여전히 빈곤과 기아, 문맹, 질병 그리고 폭력의 고통

---

19. 아서 클라이만 외, 『사회적 고통-인간의 고통에 대한 사회학적 의학적 문화인류학적 접근』, 그린비, 2002.

속에 있으며 이와 같은 절대적 빈곤, 구조적 폭력, 차별 등이 인류 고통의 사회적 원인들이라는 것이다.

이러한 사회적 고통은 고소득 사회와 저소득 사회를 가리지 않지만 주로 가난하고 힘없는 사람들 사이에서 집중적으로 발생하며 정치 경제와 밀접한 관계를 맺고 있다. 전염성 감염 질환은 사회 경제적으로 낙후된 나라에서 주로 발생하나 그 나라 안에서도 가난한 사람들이 가장 큰 고통을 받는다. 문제는 사회 경제적 약자들이 경험하고 있는 질병이 대부분 현대 의료 기술을 통해 치료해 왔고 또 치료할 수 있는 질병들이라는 점이다.

아서 클라이만은 왜 누군가는 이런 질병과 고통으로부터 보호받고 누군가는 이런 질병과 고통 속에서 삶을 마감해야 하는지 묻는다. 요람에서 무덤까지 불평등은 지속되고 있으며 질병과 가난, 구조적 폭력, 차별 등은 사회적 병리 증상으로, 누가 고통을 받고 누가 보호를 받는지 결정하는 사회적 조건과 밀접하게 연결되어 있다는 것이다. 그러나 현대 의료인과 의료 단체들은 질병의 진단, 치료 예방에만 관심을 가질 뿐 건강에 영향을 미치는 가난, 폭력, 차별과 같은 사회적 고통에 대해서 무관심해 왔다.

2) 취약 계층Vulnerable Population과 취약성Vulnerability

'취약 계층'에 대한 정의는 접근 방법과 관점에 따라 다양하다. 자본주의 시장 경제 체제에서 노동 능력에 한계가 있는 계층은 결국 빈곤 계층으로 전락하기 쉬워, 취약 계층을 빈곤 계층으로 파악하는 접근이 있다. 인적 속성(장애인, 여성, 노인, 어린이)이나 취업 형태(비정규직

등)에 따라 분류하기도 한다. 또는 경제적 능력뿐 아니라 인적 능력, 정치적 능력, 사회 문화적 능력, 그리고 자기 보호 능력 등을 모두 고려한 총체적 접근법도 있다.

총체적 접근법에 따른 '취약 계층'이란 건강과 관련된 내적 외적 자원의 격차 때문에 도달 가능한 최고 수준의 건강과 삶의 질을 획득하는 데 있어서 불공평한 기회로 인해 위험에 처해 있는 이들을 말한다. 그리고 '취약성'은 경제 여건, 거주 지역, 문화적 배경, 인종, 나이, 건강 상태(말기 환자 또는 정신 질환자, 인지기능 장애자, 의사 소통 장애자, HIV/AIDS 감염인 등)에 의해 결정된다고 한다.[20]

인권은 누구에게나 보편적으로 적용되는 개념으로 인간 존엄성 유지에 건강은 필수적 요소이고, 건강권은 모든 이들이 누려야 할 기본적인 인권으로 알려져 있다. 하지만 사람이 취약해지면, 자신들의 요구나 이익을 적절하게 보호하고 기회를 접근하는 능력이 다른 이들보다 현저히 떨어지게 된다. 특히 신체적 정신적 장애인들은 의료 서비스로의 접근이 매우 어렵다. 의료인들은 때로 장애인들을 권리 주체자보다 치료 대상으로만 인식하고, 치료하면서 동의를 구하지 않기도 한다. 이는 장애인 권리 협약에 보장된 장애인 인권 침해이자 의료 윤리에도 저해되는 것이다.

또한 장애인은 폭력과 학대에 쉽게 노출되어 있다. 신체적 성적 심리적 정서적 학대와 방임, 경제적 착취의 피해자들이 되곤 한다. 장애인에 대한 폭력은 보통 구조적 차별에서 발생하며 권력의 불균형이

---

20. Aday가 분류한 가장 위험한 취약 계층들은 고위험군 모친과 영아, 만성 질환자들, 신체 장애인들, 정신 장애인들, HIV/AIDS 감염인들, 알코올 또는 약물 중독자들, 자살 또는 타살 위험자들, 가정 폭력 피해자들, 노숙인들, 이민자와 난민들이다.(Aday L.: *At Risk in America*. Jossey-Bass, 1993.)

존재하기 때문인데 특히 여성 장애인의 경우 성폭력에 노출되어 있다. 그밖에도 사회적 낙인, 가난과 같은 사회적 조건이 장애인들을 위험에 처하게 한다. 그래서 신체적 정신적 장애인들처럼 취약한 상황에 놓인 이들에게 인권적 접근은 특히 중요하다. 이들은 여러 형태의 차별을 경험하기도 한다. 장애인들이나 HIV/AIDS 감염인의 경우 장애와 질환 외에도 사회와 의료 기관에서 겪는 차별이 그들의 건강에 영향을 미치고 의료 서비스의 접근을 어렵게 만든다.

3) 취약 계층에 초점을 맞추는 인권적 접근

차별받지 않을 자유 즉 차별 금지는 국제 인권법의 핵심이자 건강에 대한 인권적 접근의 핵심이기도 하다. 유엔 사회권 위원회 일반논평 14는 모든 국가에게 차별 금지를 보장하는 즉시 이행 의무가 있음을 명시하고 있다. 건강 불평등을 감소시키기 위해 시급한 국가의 의무가 바로 차별 금지 보장이라는 것이다.[21]

그러나 이는 국가의 차별 금지 보장을 통해 모든 사람을 똑같이 대우하는 것을 의미하지 않는다. 국민 중에서 유의하게 높은 사망률, 이환율, 장애를 가지고 있는 집단의 특수한 요구를 국가가 인지하고, 이에 맞는 보건 의료 제도를 운영해야 한다는 것이다. 왜냐하면 건강 문제에 대한 일반적이고 표준적인 접근은 취약 계층과 일반 국민 사이에

---

21. 경제적 사회적 문화적 권리위원회 일반 논평 14, 도달 가능한 최고 수준의 건강에 대한 권리, 18항은 의료 서비스, 건강 결정 요인 및 이를 획득하기 위한 수단과 자격에 있어서 건강권이 평등한 향유 또는 행사를 막거나 훼손할 목적으로 인종, 피부색, 성, 언어, 종교, 정치적 또는 기타의 이견, 민족적 또는 사회적 출신, 재산, 출생, 신체적 또는 정신적 장애, 건강상태(HIV/AIDS 포함), 성적 취향 그리고 시민적, 정치적 및 사회적 기타 지위를 이유로 차별하는 것을 금지하고 있다.

이미 존재하는 불평등을 더 확대시킬 수 있기 때문이다. 이와 같이 취약 계층에 초점을 맞추는 것이 건강에 대한 인권적 접근의 근본이다.

유엔 사회권 위원회 일반 논평 14는 특별히 취약 집단에 주의를 기울일 것을 강조하고 있다. 국가가 보건 의료 시설의 증축을 뒤로 미루더라도 취약 계층이 기존 의료 시설을 동등하게 이용할 수 있는 조치를 즉시 취할 것을 권고하였다. 그 외 여러 유엔 인권 문서들도 국가가 새로운 시설 제공에서도 가난하고 취약하고 불이익을 받는 집단의 요구를 우선적으로 고려하고 차별 금지를 보장할 특별 조치를 요구하고 있다.[22]

4) 인권적 접근을 위한 국가의 책임

건강에 대한 인권적 접근의 핵심은 국민 건강에 관련된 의료 서비스가 개인 문제가 아니라 국가 책임이라는 것이다. 개인의 의료 요구를 건강권으로 보게 하고 국가에게 그 책임을 부과한다. 이 관점에서 보면 예방 접종은 아동에게 필요한 것으로 그치지 않고, 모든 아동의 권리이자 국가의 의무가 되는 것이다. 따라서 국가의 예방 접종 프로그램은 예산이나 우선순위에 따른 흥정의 대상이 될 수 없으며 권리를 가진 자(아동)가 중심에 있다. 또한 환자들이 자기 부담의 치료비를 지불하지 못해 치료를 중단하는 것 역시 국가가 그 책임을 다하지 않은 것으로 본다.

---

22. 여러 유엔 인권 문서는 아동(여자 어린이, 폭력적 분쟁에 휩쓸린 어린이, 아동 노동 어린이, 청소년), 여성 (특히 시골 지역의 여성), 노인, 인종, 종교, 언어, 국적상의 소수자, 원주민과 부족 주민, 이주민 혹은 피난 민, 이주 노동자, 이민자, HIV/AIDS 감염인, 수감자와 억류자, 정신적 신체적 장애인, 난민 혹은 국내 피난 민 등을 특별히 보호할 취약 계층으로 지정하고 있다

이 관점에 따르면 최근 우리 사회처럼 정부가 의료보험 보장성 확대와 공공 의료 확충에 최선을 다하지 않고 의료를 민영화 산업화하는 것은 일찍이 유엔 사회권 규약에 가입하고 승인한[23] 정부의 건강권 책무 위반이자 인권적 접근에 맞서는 것이 된다.

건강에 대한 인권적 접근이 의료계에 가져온 또 다른 중요한 변화는 우선 순위를 정하는 데 미치는 영향이다. 보건 의료 정책을 개발할 때 인권적 접근은 그것을 가장 필요로 하는 이들에게 자원과 혜택이 돌아가게 한다.[24] 우선 순위를 결정하는 것은 그 자원과 서비스를 가장 필요로 하는, 그 사회에서도 가장 취약한 개인과 집단인 것이다. 유엔은 특정 취약 계층의 건강권을 위해 국가가 취해야 할 조치를 제시하면서 시혜가 아닌 인권의 주체로서 이들의 권리 증진을 위해 노력하도록 하였다.

또한 건강에 대한 인권적 접근은 취약한 당사자들이 자신들을 보호하고 유익하게 하는 정책과 프로그램을 구상하는 데 참여할 것을 강조한다.[25] 국가는 당사자들에게 자신의 건강과 안전에 영향을 주는 문제의 의사 결정 과정에 참여하도록 기회를 주어야 한다. 건강과 관련된 정부의 사업, 정책, 예산, 입법 과정에 당사자들이 참여하여 우

---

23. 한국 정부의 주요 국제 인권 조약 가입 현황을 보면 1978년 인종 차별 철폐 협약, 1984년 여성 차별 철폐 협약에 가입하였고, 주요 핵심 인권 규약일 수 있는 시민적 정치적 권리 규약(자유권 규약)과 경제적 사회적 문화적 권리 규약(사회권 규약)에 1990년 가입하였다. 또한 1991년 아동 권리 협약, 1995년 고문 방지 협약, 2009년 장애인 권리 협약에 가입하여 대부분의 주요 국제 인권 조약을 승인하였다.
　　한편 현재 미가입 상태인 주요 인권 조약으로는 아동 권리 협약 제3선택 의정서(개인 진정), 이주 노동자 권리 협약, 강제 실종 협약을 들 수 있으며 시민적 정치적 권리 규약 제2선택 의정서(사형제 폐지), 고문 방지 협약 선택 의정서, 장애인 권리 협약 선택 의정서 등이 있다.
24. 세계보건기구, 『건강과 인권에 관한 25가지 질문과 답변』 건강과 인권 출판 시리즈 제1호, 2002
25. Gruskin S, Loff B, *Do Human Rights Hav. Role in Public Health Work?* The Lancet 360: 1880, 2002.

선 순위를 정하고, 구상하고, 시행하고, 평가하는 것은 인권 실현을 넘어 그들의 건강을 높이는 길인 것이다.

● 마치며

유엔 인권 선언에 의하면 인권의 개념 안에는 모든 사람의 존엄성과 평등이라는 원칙이 포함되어 있다. 그리고 건강은 인간 존엄성 유지에 필수적 요소이고, 건강권은 모든 이들이 누려야 할 기본적인 인권으로 알려져 있다. 이같이 인권은 누구에게나 보편적으로 적용되는 개념이나 유엔 등 국제 사회는 특별히 사회 경제적 약자, 여성, 아동, 이주민, 장애인, HIV/AIDS 감염인과 같은 취약 계층을 인지하고 이들 건강에 영향을 미치고 의료 서비스의 접근을 제한하는 모든 차별을 금지하는 노력을 해 왔다.

국가는 국민 전체의 보편적 건강 문제뿐 아니라 특히 가난하고 취약하고 불이익을 받는 계층의 건강 문제에 주의해야 한다. 사람이 취약해지면, 자신들의 요구나 이익을 적절하게 보호하고 기회를 접근하는 능력이 다른 이들보다 떨어지게 되어 정부의 일반적인 접근은 취약 계층과 다른 시민 사이에 존재하는 건강 불평등을 더 확대시킬 수 있기 때문이다.

이와 같이 취약 계층에 초점을 맞추는 것이 건강에 대한 인권적 접근의 근본이다. 취약성은 전 세계적으로 개인과 집단의 건강 상태를 결정하는 핵심 요인이며 어느 나라에서나 취약 계층이 질병으로 인한 고통을 가장 많이 받고 있기 때문이다. 따라서 건강 문제나 질병의 고통에서 취약 계층이 겪는 고통은 대부분 구조적 차별에 의한 것이어서 차별이 근절된다면 건강권의 침해는 대부분 예방될 수 있다.

지난 2013년 서울시가 주최한 '건강권에 관한 서울 시민회의'에서 쪽방 주민 건강권 권고안을 마련한 이유는 전체 서울 시민보다 쪽방 주민들처럼 취약한 계층에 관심을 기울이는 것이 취약 계층에 대한 차별을 방지하는 길이기 때문이다.

우리 사회에도 쪽방 주민이나 미등록 이주 노동자들과 같은 사회 경제적 약자들, 정신병원 폐쇄 병동 입원 환자들, 구금 시설 수용자과 군 사병들처럼 특수한 집단 생활 등으로 외부인의 접근이 통제되고 의료 접근성이 제한되고 있는 이들이 존재한다. 이들처럼 취약한 상황에 놓인 집단이나 개인들은 건강을 인권으로 인지하지 못하는 경우가 많다.

이들을 특별히 고려하는 지자체와 정부의 특별한 접근과, 취약 계층이 차별에 직면하지 않도록 형평성 있게 의료를 제공하고, 현존하는 불균형을 바로 잡기 위한 법적 행정적 조치들이 요구된다. 보건 의료 부문에서 가난하고 취약하고 불이익을 받는 계층에 대한 차별을 감시하는 것 역시 중요하다. 취약 계층의 건강 수준은 그 국가의 인권 수준을 반영하는 잣대라고 할 수 있다.

국가인권위원회, 『HIV 감염인에 대한 인권 상황 실태 조사』, 2005.

국가인권위원회, 『인권 교육 개념 및 방향 정립 모색 연구』, 한국교육연구소, 2005.

국가인권위원회, 『고문 피해자 인권 상황 실태 조사』, 인권의학연구소, 2011.

국가인권위원회, 『정신병원 격리 강박 실태 조사』, 인권의학연구소, 2015.

세계보건기구, 『건강과 인권에 관한 25가지 질문과 답변』, 건강과 인권 출판 시리즈 제1호, 2002.

아서 클라인만 외 : 『사회적 고통』, 그린비, 2002.

유네스코한국위원회, 『인권 교육 어떻게 할 것인가』, 도서출판 오름, 2000.

잭 도널리, 『인권과 국제 정치-국제 인권의 현실과 가능성 및 한계』, 박정원 옮김, 도서출판 오름, 1998, p. 52.

질병관리본부, 『의료인과 예비 의료인 대상 에이즈 관련 교육 사업 개발 및 운영 사업』, 인권 의학연구소, 2010.

경제적 사회적 문화적 권리에 관한 국제규약, UN General Assembly Resolution 2200 A(XXI), A/6316 (1966).

경제적 사회적 문화적 권리 위원회 일반 논평 14, The right to the highest attainable standard of health. E/C.12/2000/4.

세계인권선언 UN General Assembly Resolution, 1948.

Aday L.: At Risk in America. Jossey-Bass, 1993.

Gruskin S, Loff B.: *Do Human Rights Have a Role in Public Health Work?* The Lancet 360: 1880, 2002.

Fields, A. B., Wolf-Dieter Narr: *Human rights as a holistic concept, Human Rights Quarterly*, 14(1), 1992.

Mann, JM, Gruskin S, Grodin MA, Annas GJ: Health and Human Rights. Routledge, 1999.

인권과 의료인

| 주요 내용 |

의료인은 인권에 기초한 의료 활동을 통해 사회를 정의롭게 변화시킬 수 있는 중요한 역할을 갖는 전문가이다. 의료인이 인권 침해 상황에 직면했을 때 인권 피해자들을 잘 도울 수 있도록 전문가로서 독립성을 유지하고, 비윤리적 요구에 저항할 수 있게 하는 실천적 지침을 알아야 한다. 나아가 개인과 공동체의 건강을 위해 부당하거나 위험한 사회 정책과 관행들을 변화시켜야 하는 책임을 의료 전문가는 갖는다.

| 목표 |

1. 의료인이 건강 증진을 위한 전문가로서의 역할을 수행할 때 왜 인권에 관심을 가져야 하는지를 설명할 수 있다.
2. 의료인이 인권 침해에 연루되는 상황을 설명하고 의료인을 위한 윤리 원칙과 실천적 지침을 열거할 수 있다.
3. 인권을 보호하고 증진하기 위한 전문가로서 의료인의 역할과 의료인에게 인권 교육이 필요한 이유를 이해하고 설명할 수 있다.

저자 **이화영**

내과 전문의이다. 미국 연수 중, 9.11테러 이후 전쟁의 정당화를 위해 인권을 이용하는 부시 정권의 행동을 보고 대학원에서 국제 분쟁학을 공부하게 되었다. 2007년부터 의료인의 인권 감수성 증진을 위해 의과대학에서 '인권의학' 교육을 시작하였다. 2009년 '인권의학연구소'를 설립하여 취약 계층의 건강권 실태 조사와 인권 피해자의 치유 지원 활동을 하고 있다. 2013년 김근태기념치유센터 '숨'을 설립하고, 국가 폭력 피해자의 건강한 회복을 위해 의료적 법적 지원을 하고 있다.(email: icarpeace@naver.com)

● 들어가며 ─────────────────────────────

　오늘날 최첨단 과학의 혜택 속에서도 지구촌 곳곳의 수많은 사람들은 여전히 빈곤, 기아, 문맹, 질병과 폭력으로 고통 받고 있음을 우리는 잘 알지 못한다. 전 세계 통계에 의하면 12억의 인구가 극심한 가난에 놓여 있고,[26] 7억 5천만 명이 배고픔의 고통 중에 있으며, 9억의 인구가 문맹 상태이다. 6억 이상이 깨끗한 식수를 마시지 못하고, 매일 5천여 명이 영양 실조와 비위생적인 환경으로 인해 사망한다고 한다.[27] 전쟁 중 사망의 90%는 민간인이다. 이와 같은 절대적 빈곤, 구조적 폭력, 차별을 인간 고통의 사회적 원인들이라고 한다. 사회적 고통은 선진국과 저개발 국가를 가리지 않지만 그 국가 내에서도 주로 가난하고 힘없는 사람들에서 집중적으로 발생하고 있다. 유아 사망률, 암 발병률, 흡연율, 우울증 발병률, 자살률, 심지어 교통사고 사망률마저 사회 경제적 약자들에게서 높게 나타난다. 에이즈, 폐렴, 콜레라 같은 전염성 질환은 저개발 국가에서 주로 발생하지만 특히 가

─────────────

26. 세계은행은 사람이 먹고 살 수 있는 최저 생존 기준인 '빈곤선'을 하루 1달러로 정하였다.
27. 실시간 세계 통계 www.worldometers.info/kr.

난한 사람들이 이 질병으로 가장 큰 고통을 받고 있다.[28]

그러나 우리나라 대부분의 의료인들은 대학 강의실이나 수련 과정에서 빈곤, 폭력, 차별과 같은 인간 고통의 사회적 원인들에 대해 배우지 못했다. 건강이 일종의 인권이라는 것 또한 교육 과정에서 들어본 적이 거의 없다. 그래서 인권이라는 개념은 의료인들에게 친숙하지 않다. 개인적으로 특별히 관심이 있는 이들을 제외하고는 인권의 내용이나 국제 인권 기구에 대해 잘 알지 못한다. 의료 윤리의 전통적 원칙들은 오직 의사-환자의 관계에 초점을 맞추었고, 의사-환자가 속해 있는 사회를 포함하지 않았다.

의료 교육은 질병의 진단, 치료 예방과 같은 질병 중심 건강 모델에 집중했을 뿐 환자와 공동체에 영향을 미치는 사회 고통에는 큰 관심을 기울이지 않았다. 더구나 인권이라는 큰 틀 안에서 의료와 의료인의 역할을 인식하지 못하였고, 인권의 보호와 증진이 어떻게 개인과 공동체의 건강을 지켜내는지 알 수 없었다.

의료 산업화를 추구하는 사회에서 의료계의 인권 문제는 심각해졌다. 우리나라의 보건 의료 정책은 의료보험 보장성과 공공 의료 확대를 통한 인권적 접근을 제쳐두고 의료를 수단으로 한 영리에 초점을 두었다. 의료 기관과 의료인들은 병상 확대와 고가 의료 장비 및 비급여 항목 진료를 통해, 대기업은 실손 의료보험과 같은 틈새 사업을 통해 이윤을 추구하였다.

환자들은 당사자들의 권리 주장에도 불구하고 그 권리가 크게 보

---

28. 아서 클라인만 외, 『사회적 고통-인간의 고통에 대한 사회학적 의학적 문화인류학적 접근』, 그린비, 2002.

호되지 않았으며 낮은 의료보험 보장과 비급여 진료 수가로 인해 의료 기관과 의료인들에 대한 불신과 불만이 여전히 높았다. 권위적이고 억압적인 의료 교육 환경에서 전통과 관행이라는 이름으로 학생들과 전공의들의 인권은 침해되고 소외되었다.

이 장에서는 현 의료 영역에서 인권을 어떻게 이해하고 적용하는지 알아보고자 한다. 또한 인권 침해 현장에서 의료인이 숙지해야 할 윤리 원칙과 함께 의료인에게 인권 교육이 필요한 이유를 확인하고자 한다.

1. 의료 영역 내 인권 개념의 적용

1978년 이후 세계보건기구는 '건강이란 단순히 질병이 없는 상태가 아니라 완전한 신체적, 정신적, 사회적 안녕well-being'이라고 정의하였다. 2000년 유엔 사회권 위원회는 건강권을 아플 때 적절한 의료 서비스를 받을 권리와 함께 건강할 수 있는 조건까지 포함하는 포괄적 권리로 정의하였다. 보건 의료 정책이나 의료 서비스는 인권에 기초한 접근이어야 하며 의료 현장에서 환자의 차별 금지, 교육과 정보 접근권, 사생활권들이 보장되어야 하며 의료인은 환자의 건강을 위해 이러한 권리를 보호하고 증진해야 할 책임이 있다고 하였다.[29] 그러나 20세기의 의료계와 의학 교육은 인간 고통의 원인을 질병에만 국한하면서 건강과 인권의 관계를 제대로 인식하지 못했다. 그 결과 의

---

29. 세계보건기구, 『건강과 인권에 관한 25가지 질문과 답변』 건강과 인권 출판 시리즈 제1호, 2002.

료인은 인간 고통의 사회적 측면을 놓치게 되고, 개인과 공동체 건강에 책임이 있는 전문가로서 제 역할을 다하지 못하였다. 때로 인권 침해의 주체가 되기도 했다.

1) 반인권적 관행에 대한 비판 의식과 실천

인권은 모든 사람이 동의하는 자유와 평등, 인간의 존엄이라는 보편 원칙에서 시작한다. 이 인권의 원칙을 지키기 위해 구체적 현장에서 인권을 침해하는 반인권적 구조를 깨닫고 그 구조를 정당화하기 위해 만들어진 그럴듯한 담론의 정체를 꿰뚫어 볼 수 있는 비판 의식이 요구된다. 특히 권위적이고 획일적인 문화를 갖고 있는 우리 의료 현장에서 이는 매우 중요한 부분이겠다.

인권의 비판적 성격은 기존 제도와 문화 또는 관행들을 인권 관점에서 다시 보게 하며 인권 침해 상황을 민감하게 찾도록 한다. 이 같은 비판 의식에 기초해서 그동안 인지하지 못한 채 침해당한 인권을 찾기 위한 방안을 찾고 실천하게 한다. 그것은 환자의 인권일 수도 있고 학생들과 전공의들의 인권일 수도 있다.

한편 인권은 보편 개념이지만 구체적 현실 속에서 약자의 목소리로 등장하며, 우리의 권리뿐 아니라 아직 인권을 누리지 못한 소외된 이들에 대한 책무를 수반하게 한다. 따라서 의료인은 다양한 의료 현장(강의실, 진료실, 입원실, 의국, 수술실, 정신과 폐쇄 병동 등)에서 기존의 제도, 관행을 인권 시각으로 재조명해야 하고, 이를 알리며, 환자를 비롯한 약자와 소수자의 입장을 먼저 고려하여 이들의 인권 보호와 증진을 위해 실천할 수 있어야 한다. 우리 사회의 그늘진 곳에 있는 노숙자들, 이주 노동자들, 반도체 산업장의 피해 노동자들, 공권력이나 재난 피해자들, 빈곤층들을 위해 개인 비용과 시간을 들여 현장에서 활동하는 의료인들은 이미 의료 영역에서 인권을 실천하는 의료인들이다.

지난 1987년 남영동 경찰서에서 조사받던 중 의식을 잃고 병원에 옮겨진 고 박종철 학생의 사인이 자연사가 아닌 물고문에 의한 외인사임을 알렸던 내과 의사가 있었다. 또한 2016년도 경찰의 물대포에 맞아 뇌출혈로 입원 중 사망한 고 백남기 농민의 사망 진단서가 담당 교수에 의해 외인사가 아닌 병사로 작성되는 과정을 직접 방지하지는 못했으나 의무 기록에 자신의 소견을 기록한 전공의가 있었다. 이들은 전문가인 의료인으로서 강력한 권력의 외압에도 불구하고 불의에 맞서 인권을 실천한 좋은 예이다. 고통과 불의가 있는 곳에 의료인은 결코 중립적 태도를 취해서는 안 된다. 의료인은 약자와 소수자의 입장에서 선을 행하는 것, 이것은 히포크라테스 선서에도 명시되어 있다.

2) 인권 침해 의료 현장에 대한 모니터

현재 일반인들이 공권력에 의한 인권 침해를 피부로 느끼지는 못할 정도로 우리 사회 인권 수준은 과거에 비해 많이 향상되었지만 구금 시설, 군대, 폐쇄 병동과 같은 정신 장애인 시설은 여전히 인권의 사각 지대라고 하겠다.

인권의학연구소가 국가인권위원회의 용역 사업으로 수행했던 '구금 시설 수용자에 대한 인권 상황 실태 조사'(2010년),[30] '고문 피해자 인권 상황 실태 조사'(2011년),[31] '군 의료 관리 체계에 대한 인권 상황 실태 조사'(2013년),[32] '정신병원 격리 강박 실태 조사'(2015년)[33]를 통해 우리 사회의 대표적 폐쇄 현장의 인권 실태를 확인할 수 있었다.

교도소의 수용자, 수사 기관의 고문 피해자, 군복무 중인 사병, 정신과 폐쇄 병동 환자들은 물리적으로 가족이나 외부와의 접근이 제한되어 있는 인권 사각 지대에 놓여 있었다. 공통적으로 폐쇄 구조 속에서 의료 서비스의 접근은 적절하지 않았고, 다양한 인권 침해를 호소할 만한 시스템 기능도 원활하지 않았다. 그들은 교도소 공중 보건 의사, 고문 중 만난 의사, 군 의무관, 정신과 의사들에 대한 불신과 불만을 드러내었다.

인권을 위한 의사회는 이런 의료 현장의 의사들을 '위험에 처한 의사들'이라면서 이들을 위해 권력과 환자 사이에서 갈등하는 상황에서의 실천 지침을 제공하고 있다. 그러나 우리나라 의사 단체들은 외압에 의해 의료인들이 인권 침해에 연루되지 않도록 실천 지침을 제공하지 않았고, 주무 관청 공무원들은 인권 침해 방지를 위한 정기적 현장 모니터링을 하지 않았다. 위험한 현장에서 일하는 의료인들은 외압이 있더라도 결코 인권 침해에 연루되어서는 안 되며, 공권력 남용과 관행의 이름으로 반복되는 불의와 반인권적 행위에 대한 모니터를 게을리 해서는 안 된다.

---

30. 국가인권위원회, 『구금 시설 수용자 건강권 실태 조사』, 인권의학연구소, 2010.
31. 국가인권위원회, 『고문 피해자 인권 상황 실태 조사』, 인권의학연구소, 2011.
32. 국가인권위원회, 『군 의료 관리 체계에 대한 인권 상황 실태 조사』, 인권의학연구소, 2013.
33. 국가인권위원회, 『정신병원 격리 강박 실태 조사』, 인권의학연구소, 2015.

3) 의료인들의 자기 성찰과 타인 존중

의료 드라마나 언론 매체를 통해, 의료계와 의료 현장이 권위적이며 폭력적이라는 사실은 공공연하게 알려져 있다. 우리나라에는 가정 폭력, 학교 폭력, 성 폭력, 군대 폭력 등 폭력적 문화가 도처에 만연해 있지만 전문가 집단인 의료계도 신체적 언어적 성적 폭력에 오랜 동안 무방비 상태로 노출되어 왔다는 사실은 일반인에게 놀라운 것이었다. 학생들은 강의실이나 병원 실습 현장에서 경험한 언어 폭력, 신체적 폭력, 부당한 대우 등을 인권 침해라고 인지하지 못했고, 일부 인지한 경우에도 보고할 만한 곳이 없었다. 보고하지 않은 이유 중 하나는 추후 돌아올 불이익과 낙인이 두렵기 때문이었다.[34] 수련 기간 중 전공의들은 과다한 근무 시간 외에도 흔히 경험하는 폭언, 폭행, 강요된 음주, 성적 모욕감 등을 수련 중 겪을 수 있는 관행으로 생각했다.[35]

가정 폭력의 경우, 적절하게 개입되지 않았을 경우 피해자가 다시 가해자가 되는 폭력의 악순환이 발생하게 되는데 이는 의료계에서 만연하는 폭력에도 그대로 적용될 수 있다. 의료인으로서 가정 폭력, 성 폭력, 학교 폭력 등의 피해자를 적절히 돕고 또한 악순환의 고리를 끊기 위한 제도적 장치를 위해 노력해야겠지만 이제는 의료계 내부의 폭력 문제에 대해 정면으로 맞서야 한다.

무엇보다도 관행의 이름으로 행해졌던 다양한 폭력적 행위가 타인

---

34. Nakata-Kobayashi S., Sekimoto M.,: "Medical student abuse during clinical clerkship in Japan". *J gen intern Med* 21(3). 2006(3).
35. 김지환 김자영 김승섭, 「국내 병원 레지던트들의 직장 내 폭력 경험과 우울 증상에 관한 연구」 『보건과 사회과학』 2015, pp. 75-95.

에 대한 엄중한 인권 침해라는 사실을 인지하는 것에서부터 시작해야 한다. 의료인 자신이 이러한 폭력의 주체나 피해자가 되지 않도록 자기 성찰과 타인 존중과 같은 노력을 해야 하지만 피해자 보호 시스템과 가해자 처벌, 인권 교육 역시 필요하다. 의료계 내부의 폭력 예방을 위해 설문 조사, 모니터링, 신고 시스템이 의료 현장 내에 존재하고 피해 신고자에 대한 철저한 비밀 유지가 보장되어야 한다.

4) 편견을 뛰어넘는 돌봄의 가치

생각보다 많은 HIV 감염인들이 의료 기관을 찾았을 때 자신이 AIDS 환자임을 가장 심각하게 느끼며 의료 기관에서의 편견과 차별이 심각하다고 대답하고 있었다.[36] 의료 기관은 드러내놓고 진료를 거부할 수는 없지만 마땅한 다른 이유를 들어 진료를 거부하거나 심지어는 치료나 수술 일정을 결정해 놓은 상태에서조차 HIV 감염인임을 확인하는 순간 갑자기 기자재의 부족 혹은 역량의 부족 등을 이유로 타 의료 기관으로의 이송을 권유하는 일이 흔하다고 한다. 또한 환자의 의무 기록이나 병실에 눈에 띄게 감염인 표식을 한다거나, 소독을 위해 식기 등을 따로 분류할 때 지나칠 정도의 표식을 붙여 모든 사람이 알도록 하는 것은 분명히 사생활권 종류의 인권 침해이다.

HIV 감염인을 비롯한 인권 침해 피해자를 돌볼 때 가장 중요한 것은 비밀 보장과 자존감을 심어 주는 일이다. 피해자들은 신분 노출에

---

36. 질병관리본부, 『의료인과 예비 의료인 대상 에이즈 관련 교육 사업 개발 및 운영 사업』 인권의학연구소, 2010.

대한 염려를 가지고 있으며 비밀이 유지되지 않을 수도 있다는 불안감으로 의료진에게 쉽게 마음을 열거나 신뢰하기 쉽지 않다. 삶의 마지막 보루라고 생각했던 의료 기관에서의 피해 경험은 지속적 치료를 포기하게 만들기도 한다. 이러한 피해자를 가까이에서 만나게 되는 의료인은 모든 편견과 판단을 넘어 오직 돌봄이 필요한 환자로서 격려할 수 있어야 한다.

2. 의료인들이 인권에 관심을 두지 않을 때 발생 가능한 일들

1) 의료인에 의한 인권 침해 사례들

인간의 건강과 고통에 접근하면서 의료인들이 인권에 관심 갖지 않으면 자의적, 타의적으로 인권 침해의 주체가 될 수 있음을 역사에서 확인할 수 있다. 대표적인 예가 제2차 세계대전 중 나치 정권의 의사들이다. 제2차 대전이 끝나고 나치들의 전범 재판에서 나치 의사들이 전쟁 범죄와 반인도적 범죄에 연루되었음이 밝혀졌고 7명의 의사는 사형에 처해졌다. 그들이 대량 학살과 생체 실험과 같은 잔혹한 범죄에 적극적으로 가담했기 때문이다.

왜 나치 의사들은 그들이 초래한 고통을 제대로 보지 못했을까? 그들은 의료적 치료와 연구를 통해 '모든 사람'을 구하려 했다고 한다. 다만 조직에 적대적인 요소가 무엇인지를 구별하고 그 불완전함을 제거하여 희생시켰다는 것이다. 이러한 나치 의사들의 행동은 편의주의와 과학적 효율성에서 비롯되었고, 조직에 대한 왜곡된 충성심이 근간이었다. 인간의 가장 빛나는 성과라고 할 수 있는 도덕적 성찰과 사유를 방치한 결과였다.

그러나 오늘날에도 현대판 인권 침해 사례에 의료인들이 지속적으로 가담하고 있다는 많은 증거들이 있다. 전 세계에 걸쳐 고문이 자행되는 곳에서 의사들은 정부 당국을 도와 고문 피해자가 고문 중 사망하지 않도록 감독하고, 의무 기록을 조작하고, 사망 진단서를 허위로 작성하여 고문 사실을 은폐하기도 한다. 2016년 시위 중 경찰의 무차별적 물대포에 맞아 뇌출혈로 입원한 고 백남기 농민이 사망하자, 사망 진단서의 사인을 외인사가 아닌 질병사로 기입하여 경찰의 공권력 남용 사실을 희석시키고자 한 신경외과 의사도 그 한 예이다.

2011년 인권의학연구소가 시행한 고문 피해자 인권 상황 실태 조사에서 약 25%의 피해자가 고문 중 의사를 목격한 것으로 나타났다.[37] 고문 피해자가 고문을 받다가 혈압이 높아지면 의사는 혈압을 재고 투약을 지시한다. 그 후 혈압이 안정되면 피해자는 다시 고문을 당한다. 과연 이 의사의 행위는 환자에게 해를 끼치지 말라고 한 히포크라테스의 선언에 맞는 행위였을까?

교도소에 수감 중인 수용자가 교도관의 가혹 행위 중단을 주장하며 단식 투쟁을 할 때 교도소 내 의사는 단식 투쟁 중인 수용자의 위에 튜브를 삽입하여 음식을 강제 투여한다. 그 후 교도관의 가혹 행위가 시정되지 않고 지속된다면 이 의사의 강제 음식 투여를 어떻게 판단해야 할까? 1991년 11월에 열린 세계의사회 제43차 총회는 '단식 투쟁자에 대한 말타 선언'을 채택하고 단식자를 진료하는 의료인이

---

37. 국가인권위원회, 『고문 피해자 인권 상황 실태 조사』 인권의학연구소, 2011.

직면하는 의료 윤리 문제에 대한 지침을 제시하였다. 말타 선언에 따르면 의료인은 단식자의 진료 기록을 자세히 입수해야 하고, 단식 투쟁이 시작됐을 때 철저한 검진 수행을 권고했다. 단식자에게 단식 지속 여부를 매일 확인하여 이를 진료 기록으로 남겨두되 비밀 엄수의 의무도 부여했다.

무엇보다 말타 선언에서 가장 중요한 것은 바로 단식자의 자율성 존중이다. 진료와 검진 과정에서 의료인이 단식 투쟁을 중지시키기 위해 어떤 종류의 부당한 압력도 행사해서는 안 되며, 단식자에 대한 진료가 단식 투쟁을 중지시키는 조건으로 진행되어서는 안 된다고 하였다. 특히 지난 2006년 열린 세계의사회 총회에서 개정된 말타 선언은 단식 투쟁자에 대한 강제 급식은 비인간적이고 굴욕적인 처우라고 규정하면서 의사는 이런 행위에 결코 동참해서는 안 된다고 명시했다.

2004년 미군에 의해 점령된 아부 그라이브 수용소에서 이라크 인 포로들에 대한 가혹 행위 사실이 전 세계에 알려졌다. 수용소 내 대부분의 미군 소속 의사들은 그 사실을 알고 있거나, 직접 보았지만 침묵하였다. 가혹 행위로 포로들은 다치고 사망하였다.

2) '위험에 처한 의사들Doctors at Risk'과 이중 책임

인권을 위한 의사회에서는 이런 상황에 놓인 의료인들을 '위험에 처한 의사들'이라고 한다. 그러나 군사 독재 정권과 같은 억압적 사회나 테러와의 전쟁과 같은 상황에서만 의료인들이 위험에 처해질까? 교도소와 같은 구금 시설의 의사들, 군대에 소속된 군 의무관들,

폐쇄 병동에서 일하는 정신과 의사들도 환자의 건강과 조직의 요구 사이에서 갈등하게 되는 위험에 처한 의사들이다. 또한 권위적인 의사-환자의 관계, 과다한 처방, 검사에 지나치게 의존하는 기계화된 진료, 이윤 추구가 목표가 된 상업화된 의료, 제약 회사와의 리베이트 등등 이 모든 것들이 의료 현장에서 의료인들을 매일 위험에 빠뜨리고 있다.

최근에도 사형 집행 국가의 의사들은 사형 집행을 감독하고 있다. 미국 정신과 의사들과 심리학자들은 정부에 협조하여 새로운 심문 기술들을 개발하고 조언하고 있음이 알려졌다. 구금 시설의 의료인들은 피구금자나 포로들의 의료 서비스나 생존에 필요한 요구 조건들을 방치하였고, 인권 침해 현장을 목격해도 침묵했다. 아부 그라이브와 아프가니스탄, 관타나모에서 미군 의료 요원들이 이같이 포로들의 학대에 가담하고 있음이 밝혀졌다.[38]

의료인들이 이처럼 인권에 관심을 두지 않는다면 환자들의 건강권과 인권을 침해하게 됨은 물론 자신의 인권까지도 스스로 침해하는 결과를 초래한다. 특히 구금 시설의 의사들, 군대에 소속된 군 의무관들, 폐쇄 병동에서 일하는 의사들처럼 환자의 건강과 조직의 요구 사이에서 갈등하는 위험에 처한 의사들은 딜레마 상황에서의 의료 윤리 원칙과 실천 지침을 알아야 한다. 의료인은 우선적으로 환자의 최선의 이익을 위해야 하는 환자에 대한 의무와, 정의 구현과 인권 침해를 방지해야 하는 의무라는 이중 책임dual obligation을 갖고 있다.

---

38. 스티븐 H. 마일스, 『배반당한 히포크라테스 선서-고문에 가담한 의료인들』 이화영 옮김, 백산서당, 2008.

이러한 이중 책임으로부터 발생하는 딜레마는 경찰서, 군대, 또는 그 외 국가 안보 기관이나 구금 시설에서 일하는 의료인에게 특히 심각하다. 권력자나 직장 상사의 이익이 환자들의 이익과 상충될 수 있다. 그러나 어떠한 상황에서든지 모든 의료인은 진료를 요청해 온 사람들을 진료해야 할 의무를 갖고 있으며, 전문가 독립성을 침해받을 수 없고 환자들의 건강에 대해 편견 없이 평가하고 행동해야 한다.[39]

3. 인권에 근거한 의료 윤리의 공통 원칙

인권의 개념과 의료 윤리의 원칙 간에는 명확한 연관성이 있다. 모든 의료 윤리의 중심 원칙은 외부의 압력 또는 계약상의 제한과 상관없이 환자의 최대 이익을 위해 행동해야 한다는 것이다. 의료 윤리는 모든 의사에게 공통된 가치의 표현으로 '위해를 가하지 않고, 환자를 도우며, 취약한 자를 보호하고, 의료적으로 응급한 상황 이외 다른 기준으로 환자들을 차별하지 않는다.'는 의무를 부여하고 있다.

윤리 원칙의 문제점은 원칙이 모든 딜레마에 대한 명확한 규칙 제공 없이 얼마간의 해석을 요구한다는 데 있다. 전문가 독립성의 원칙 principle of professional independence은 의료인이 외부 압력에도 불구하고, '환자의 고통을 덜어 주고 위해를 방지'하는 의료의 핵심 목적에 집중하게 한다. 배려 깊은 진료를 제공하고, 위해를 입히지 않으며, 환자의 권리를 존중하라는 것이다. 이것이 모든 의료인에게 요구되는

---

39. 이러한 원칙들은 1995년 영국의사회가 발간한 『이중 책임을 가진 의사들』에서 발췌했다.

인권에 기초한 윤리 원칙이다.

1) 배려 깊은 진료Compassionate Care를 제공할 의무

배려 깊은 진료를 제공할 의무는 국제 선언에 다양한 방법으로 표현되고 있다. 세계의사회의 '국제의료윤리강령'은 의료 서비스가 필요한 자들에게 책임을 다하도록 의료인의 도덕적 책임을 규정한다.[40] 이 의무는 의료인들이 압력에도 불구하고 최상의 진료에 충실해야 한다는 전문가 독립성 원칙으로 표현되기도 한다.

세계의사회의 도쿄 선언에서 의료인은 고용주, 교정 당국, 또는 정부보다 최우선적으로 환자들의 이익을 위해 자유롭게 행동해야만 한다고 명시하고 있다.[41] 세계의사회의 '환자 권리에 관한 리스본 선언'은 모든 이들은 차별 없이 적합한 의료를 제공받을 권리가 있음을 인정하며, 의료인은 언제나 환자의 최선의 이익을 위해 행동해야 함을 강조한다.[42] 환자들 간 차별이 허용되는 단 하나의 경우는 의료적 필요에 관한 상대적 응급성이라고 하였다.

2) 사전 동의Informed Consent

현대 의료 윤리의 절대적 근본 지침은 환자들 스스로가 자신의 이익을 판단하는 것이다. 이것은 무엇이 환자에게 최선인가를 판단할

---

40. 1949년 세계의사회에 의해 채택.
41. 1986년 세계의사회에 의해 도쿄 선언이 채택되었다.
42. 1981년 세계의사회에 의해 리스본 선언 채택되고 1995년 9월 총회 47번째 회기에 수정되었다.

때 의료인과 같은 권위자의 견해보다 성인 환자의 선택에 우선을 두도록 요구하고 있다. 다만 환자가 의식이 없거나 적합한 동의를 할 수 없는 상태인 경우, 의료인들은 환자의 최선의 이익을 어떻게 보호하고 증진할 것인지를 판단할 수 있다.

세계의사회의 리스본 선언은 모든 진료 과정에서 정신적으로 적합한, 환자의 자발적인 사전 동의를 얻어야 하는 의료인의 의무를 상세히 규정하고 있다. 환자 진찰 전에 의료인은 진찰과 치료의 목적을 설명해야 하며 강압적이거나 거짓 정보로 얻은 사전 동의는 실효성이 없다. 진찰과 치료가 환자에게 명백한 치료적 혜택을 주는 경우, 환자의 암묵적 동의는 절차상 협력으로 충분할 수 있다. 그러나 진찰이 치료 제공의 목적이 아닌 경우, 환자가 동의하고 이것이 환자의 이익에 결코 상반되지 않아야 한다.

예를 들어 개인이 처벌, 고문, 또는 신체적 압박을 견딜 수 있는가를 확인하기 위해 진찰하는 것은 비윤리적이고 의료의 목적에 상반되는 것이다. 과거 우리나라 억압적 정권에서 고문 전에 피해자의 혈압을 측정하고 혈압 강하제를 투약한 후 고문이 지속되도록 도왔던 의사들의 의료 행위는 윤리적으로 명백한 위반 행위라고 할 수 있다.[43] 심문을 목적으로 한 진찰은 자료가 어떻게 이용되고, 어떻게 보관되며, 누가 그 정보를 볼 것인지 등에 관해 환자의 사전 동의를 요구한다. 만약 이것들이 사전에 분명히 전달되지 않을 경우, 진찰과 정보 기록에 대한 동의는 무효이다.

---

43. 국가인권위원회, 『고문 피해자의 인권 상황 실태 조사』, 인권의학연구소. 2011.

3) 비밀 준수Confidentiality

히포크라테스 선서로부터 현대의 모든 윤리 강령들은 비밀 준수 의무를 기본 원칙으로 포함하고 있으며, 세계의사회의 리스본 선언에도 뚜렷하게 드러나 있다. 일반적으로 신분 확인이 가능한 개인 건강 정보를 포함한 비밀 준수 의무[44]는 환자의 사전 동의가 있을 경우 무시될 수도 있다. 익명의 환자 정보는 다른 목적으로도 사용될 수 있으나 가능하면 환자의 신분 노출이 불필요한 상황에서 사용되어야 한다.

그러나 의료인이 외부의 압력이나 법정의 요구로, 신원 확인이 가능한 정보를 누설함으로써 환자를 위해의 위험에 처하게 하는 경우 딜레마가 발생한다. 이런 경우 의료인의 윤리적 기준은 환자에게 가해지는 위해를 막고avoid harm, 환자에게 이익이 되도록 하는 것이다do good. 정보를 요청하는 당국이나 법정에서 의료인들은 비밀 준수라는 전문가적 의무를 이행해야 함을 명백히 밝힐 수 있어야 한다. 또한 국제 인도법은 전쟁 중에 의사가 환자나 부상자를 고발하지 않도록 의사-환자 비밀 준수에 관한 보호를 명시하고 있다.[45] 의료인은 이러한 상황에서 환자에 대한 정보 누설을 강요당할 수 없도록 보호받게 된다.

---

44. 다만 전염병, 마약 중독, 정신질환 등을 앓고 있는 개인의 이름을 보고하도록 규정한 공중 보건의 요구가 있는 경우 예외가 될 수 있다.
45. 1949년 제네바 협약에 이어 제1 의정서 16조(1977)와 제2 의정서의 10조(1977).

4. 의료인 교육에 인권을 도입해야 할 이유

지난 20여 년 동안 의과대학의 정규 과목에 인권 교육을 도입해야 한다는 국제 여론이 형성되어 왔다. 1997년 Dr. Jennifer Leaning은 그의 논문에서 "모든 의과대학생들은 세계 인권선언을 배워야 한다."고 강조했다.[46] 1999년 세계의사회 제51차 총회에서는 "모든 의과대학에서 의료 윤리와 인권 교육은 필수 과목이 되어야 한다."라는 안건을 통과시켰다. 2008년 제네바 보건 포럼에서 모든 참석자들은 의료에서 인권은 선택 사항이 아니라는 점에 동의하였다.

그러나 여전히 의과대학에서는 인권 교육의 도입을 주저하고 있다. 이수 과목들이 이미 너무 많기 때문이라 한다. 극히 소수의 교수진만이 인권에 대한 경험을 가지고 있다고도 한다. 무엇보다, 인권 이슈를 정치적이라고 인식하기 때문에 인권을 의과대학 교육에 도입하기를 꺼리고 있다.[47] 그러나 이수 과목의 우선순위는 분명 변화해야 하고 인권 관련 교수진들이 양성되어야 한다. 인권이 정치적이어서 배제되는 인식도 전환해야 한다. 향후 인간 고통의 사회적 원인들에 적절하게 대처하기 위해서 인권에 대한 이슈들은 반드시 의과대학 과목에 도입되어야 할 것이다.

서구에서는 일찍이 건강과 인권에 관한 교육 과정이 의료 부문에 도입되어 왔다. 의료인들에게 인권의 원칙을 소개하고, 개개인의 인권 감수성을 높이며, 의료인이 속한 사회의 인권을 평가하게 하고, 의

---

46. Leaning J. "Human Rights and Medical Education". *BMJ*, 315: 1390, 1997.
47. Iacopino V. Teaching human rights in graduate health education. In: Marks S, editor. *Health and Human Rights: the Educational Challenge*. Boston: François-Xavier Bagnoud Center for Health and Human Rights; 2002.

료인들이 의료 현장에서 인권 향상을 위해 실천할 수 있게 하는 데 교육 목적을 두었다. 의학 교육 과정에 인권이 포함되었다는 것은 상당히 중요한 의미가 있다.

새로운 교육 과정에 의하면 질병 중심의 건강 모델을 넘어 그동안 의료계에서 관심을 두지 않았던 인간 고통의 사회적 원인들을 가르친다. 전통적 의사-환자 관계를 의사-환자-사회 관계로 확대하고, 오랜 기간 의료 시스템의 핵심이 되어버린 의사의 전통적 자기 보호와 금전적 이해를 넘어서 공동체의 건강 증진과 함께 사회를 정의롭게 변화시켜야 하는 역할을 강조한다.

2008년 Dr. Phillippe Chastonay는 정신과 영역에서 발생한 인권 침해에 대한 사례 연구 결과를 발표하면서 인권 침해가 저개발 국가에서만 발생하고 있는 것이 아님을 강조하였다. 논문을 통해 스웨덴에서 66%의 환자들이 폭력 피해자라고 주장하였고, 프랑스에서 24%의 환자들이 신체적 강박을 겪었고 미국에서 약 61%의 미성년자들이 부당한 대우를 받았다는 사실을 보고하고 있다. 그는 정신과 영역에서 발생하는 인권 침해 사례 연구를 통해 의료인에 대한 인권 교육이 의료 기관에서 의사들에 의해 인권 침해가 발생하는 것을 방지할 수 있는 해결책이라고 결론지었다.[48] 또한 의료인들을 대상으로 한 인권 교육이 절실한 곳은 인권 침해가 빈번하게 발생하는, '위험에 처한 의사들'의 현장인 교도소 같은 구금 시설, 군대, 정신과 병원, 빈민이나 이주 노동자들을 위한 진료소들이라고 하였다.

---

48. Chastonay P, Klohn M, Zesiger V, Kabengele E, "Teaching Human Rights in Health Curricula; Should Medical Schools Be More Committed", *Arch Public Health*, 2008.

2013년 인권의학연구소는 '서울시 인권 피해자 치유 지원 사업'을 통해 국가 폭력 피해자를 대상으로 의료 기관 이용 경험을 조사하고 그 결과를 보고하였다.[49] 참여자들의 약 3분의 2는 진료 중 의사에게 과거 국가 폭력 피해 경험을 말하지 않았다고 했다. 그 이유로 "말할 필요성을 느끼지 못해서",(61.9%) "국가 폭력 피해를 이해받지 못할 것 같은 두려움"(42.9%)이라고 응답했다. 말할 만한 진료실 분위기가 아니었다는 응답도 있어서 진료 환경이 피해 경험을 말하기에 안전하지 않은 것으로 나타났다.

한편, 진료 중 피해 경험을 말했던 피해자들은 많은 의료인들이 무관심, 부정적 반응, 방어적 태도를 보였고, 피해자를 배려하거나 이해하는 태도가 아니었으며 의료인의 이 같은 반응에 수치심과 모욕감을 느꼈다고 했다. 연구진은 의료진의 인권 피해자에 대한 인권 감수성 부족과 국가 폭력 피해에 대한 지식 부족을 보고하면서, 향후 인권 피해자에 대한 적절한 의료 지원이 정착하려면 피해자에 대한 이해, 사건에 대한 맥락, 2차 피해 등이 포함된 의료인 대상 교육의 필요성을 강조했다.

• 마치며 ─────────────────────────

의료인들에게 환자의 인권을 보호하고 증진하려는 전문가적 책임이 없다면, 인간 고통의 사회적 원인에 대한 이해와 건강 증진의 기

49. 서울특별시, 『서울시 인권 피해자 치유 지원 사업』 인권의학연구소, 2013.

회들은 간과될 수밖에 없다. 의료는 양날의 칼이어서 인권보호와 증진을 위해 사용될 수도 있고 인권 침해의 도구가 될 수도 있다. 인권의학연구소에서 보고한 『고문 피해자 인권 상황 실태 조사』[50] 결과를 보면 군사 독재 정권 시기 군의관을 포함한 의료인들이 그들의 임무에서 의료 윤리를 앞세우는 일에 실패한 사례들이 많았던 것으로 드러났다. 그들은 저항해야만 했을 때 쉽게 동의했고, 폭로해야만 했을 때 침묵함으로써 가혹한 고문 진행을 허락하였다. 또한 단식과 같은 극단적 방법을 통해 표현했던 수감자들의 의료적 요구나 처우 개선에 대한 요청을 묵살하고 운영되는 구금 시설 내 환경을 의료인들은 방치했다.

소수의 군의관들과 간호사들은 군 또는 국가 정보 기관에서 일하는 동안 숙지해야 할 윤리 기준 등에 분명 익숙하기는 했지만 아무도 전문인의 책임감에 대해서 그들에게 요구하지 않았다. 학대당하는 피해자들의 건강 문제가 의사들의 책임이라는 인식 하에 위험에 직면하면서도 피해자들 편에서 의료 지원을 아끼지 않았던 이는 우리나라 의료인들 중 거의 없었다. 그러나 의료인들이 인권을 보호하고 증진해야 하는 전문가적 책임과 피해자의 맥락 등을 잘 인지하고 있다면 인권에 기초한 의료 활동을 통해 피해자들을 적절히 도울 수 있을 것이다.

의료 현장에서의 반인권적인 제도와 관행들을 고쳐 나가는 것도 의료 현장과 우리 사회에서 생명의 존엄성을 지켜 나갈 수 있는 방법이다. 전문가로서의 의사들은 인권에 기초한 활동으로 인권 인식

---

50. 국가인권위원회, 『고문 피해자 인권 상황 실태 조사』 인권의학연구소, 2011.

의 확대, 인권 침해의 보고, 보건 의료 정책과 예산의 우선 순위에 대한 로비 등을 통해 사회를 정의롭게 변화시킬 수 있는 중요한 역할을 가지고 있다. 대표적인 사례로 영국의사협회British Meidcal Association, BMA가 발행한 『의료 전문가와 인권 – 변화하는 의제에 관한 핸드북』[51]은 의료인이 의료 현장에서 경험할 수 있는 '난민, 망명자, 장기 이식, 고문, 윤리, 법의학 그리고 건강권의 보호와 증진' 등 업무 수행을 하면서 마주칠 수 있는 윤리적인 문제들과 함께 어떻게 대처할 것인지, 지침을 제공하며 구체적인 권고를 담고 있다.

미국에서는 '인권 피해자 치유 프로그램'이 수련 병원에 도입되어 있어서 전문의들과 전공의들, 간호사들에게 인권 피해자들을 어떻게 접근하고 치료해야 하는지를 교육하고 있다. 보스턴 대학병원과 뉴욕 대학병원에는 인권 피해자들을 위한 치유 센터들이 병원 내 도입되어 있다. 보스턴의 브리검 & 위민스 병원에서는 레지던트 수련 과정에 인권 교육을 도입하고 있다.[52] 또한 정신과 전문의 시험 응시 자격에 인권 피해자들을 위한 의료인의 법적 진술 경험이 요구되고 있어서 병원 내 폭력 피해자 프로그램에 레지던트 또는 펠로우들이 파견되어 수련 받고 있다.

우리나라 의과대학이나 전공의 수련 병원에는 '인권 피해자 치유 프로그램'과 같은 피해자 대상 의료적 지원을 통한 인권 교육 현장이 없다. 의과대학을 졸업하고 군 의무관 또는 구금 시설 공중 보건의로 근무하게 될 의과대학 졸업생들을 대상으로 배치 전에 인권 교육이

---

51. British Medical Association(BMA), *The Medical Profession and Human Rights: Handbook for a Changing Agenda*. 2001.
52. Hannibal K, Eisenberg C, Heggenhougen H, *Integrating Human Rights into Medical Education*, Virtual Mentor 6(9). 2004.

절실히 필요하지만 이를 실시할 수 있는 제도가 마련되지 않았다. 정신과 전문의 수련 과정에 폭력으로 인한 피해자들의 정신과적 진료나 법정 진술과 같은 경험을 포함시키는 것은 의료 기관에서 폭력 피해자들의 이차 피해를 방지하고 적절한 의료 지원 제공을 가능하게 할 것이다.

또한 의료인들의 보수 교육에 인권 교육을 도입하여 개원 의사들이나 봉직의사들, 간호사들의 인권 감수성을 높인다면 의료 기관에서 환자 권리 침해를 방지할 뿐 아니라 환자–의사의 신뢰 관계가 더욱 강화될 것으로 기대된다. 특히 우리나라 의료인들이 인권 측면에서 놓치지 않아야 할 것은 의료계 내부의 권위주의 문화에 대한 인식이다. 그동안 의료계 내부에 지속되었던 폭력적 언행이 관행이나 문화가 아닌 분명한 인권 침해라는 사실을 인지하고, 피해 사실을 보고하며 가해자가 처벌된다면 의료 현장은 지금보다 훨씬 안전한 곳이 될 것이다. 의료인 자신들의 인권 존중 경험이 환자의 인권 존중으로 이어지기 때문이다.

(참고 문헌)

국가인권위원회, 『고문 피해자 인권 상황 실태 조사』, 인권의학연구소, 2011.
국가인권위원회, 『군 의료 관리 체계에 대한 인권 상황 실태 조사』, 인권의학연구소, 2013.
국가인권위원회, 『정신병원 격리 강박 실태 조사』, 인권의학연구소, 2015.
김지환, 김자영, 김승섭, 「국내 병원 레지던트들의 직장 내 폭력 경험과 우울 증상에 관한 연구」, 『보건과 사회과학』 39, 2015.
서울시, 『서울시 인권 피해자 치유 지원 사업』, 인권의학연구소, 2013.
세계보건기구, 『건강과 인권에 관한 25가지 질문과 답변』, 건강과 인권 출판 시리즈 제1호, 국가인권위원회 역, 2002.
스티븐 H. 마일스, 『배반당한 히포크라테스 선서 – 고문에 가담한 의료인들』, 이화영 옮김, 백산서당, 2008.

아서 클라인만 외, 『사회적 고통 – 인간의 고통에 대한 사회학적 의학적 문화인류학적 접근』, 그린비, 2002.

질병관리본부, 『의료인과 예비 의료인 대상 에이즈 관련 교육 사업 개발 및 운영 사업』, 인권 의학연구소, 2010.

Leaning J. "Human Rights and Medical Education", *BMJ*, 315: 1390, 1997.

British Medical Association(BMA), *The Medical Profession and Human Rights: Handbook for a Changing Agenda*, 2001.

Iacopino V. Teaching human rights in graduate health education, In: Marks S, editor. *Health and Human Rights: the Educational Challenge*, Boston: François – Xavier Bagnoud Center for Health and Human Rights, 2002.

Hannibal K, Eisenberg C, Heggenhougen H, *Integrating Human Rights into Medical Education, Virtual Mentor.* 6(9). 2004.

Miles, S H, *Oath Betrayed (Torture, Medical Complicity, & War on Terror)*, Random House, 2006.

Nakata-Kobayashi S., Sekimoto M., "Medical student abuse during clinical clerkship in Japan", *J gen intern Med* 21(3). 2006.

Chastonay P, Klohn M, Zesiger V, Kabengele E, "Teaching Human Rights in Health Curricula; Should Medical Schools Be More Committed", *Arch Public Health*, (submitted) 2008.

Cotter L, Chevrier J, El-Nachef W, Radhakrishna R, Rahangdale L, Sheri D. Weiser S, Iacopino V, "Health and Human Rights Education in U.S. Schools of Medicine and Public Health: Current Status and Future Challenges", *PLoS ONE.* 4(3), 2009.

2장

트라우마 사건과 건강권

폭력 트라우마와 건강권 _ 손창호

재난 트라우마와 건강권 _ 안현의

폭력 트라우마와 건강권

| 주요 내용 |

- 폭력 경험이 건강에 미치는 영향 및 그 기전을 소개한다.
- 트라우마 피해자에 대한 치유 과정의 일반 원칙을 숙지한다.

| 목표 |

1. 현재 우리 사회 폭력 외상의 발생 현황을 설명할 수 있다.
2. 폭력 외상에 따르는 증상을 이해하고 설명할 수 있다.
3. 폭력 외상이 심리 장애를 유발하는 기전을 뇌 과학에 기반하여 설명할 수 있다.
4. 폭력 외상 치유에서 사전 고려 사항 및 치유의 3 단계 과정을 설명할 수 있다.

저자 손창호

정신건강의학과 전문의이다. 1996년 서울대학교 병원에서 수면의학 전임의를 지냈고, 2004년부터 2년 동안 캐나다 브리티시 컬럼비아 대학의 Mood Disoder Centre에서 Clinical Research Fellow로 지냈다. 2009년부터 인권의학연구소에서 고문 피해자 집단 치료 및 개인 치료를 진행하고 있다. 현재 정신건강의학과 의원을 개원해 있다.(email: changhos@gmail.com)

• 들어가며 ──────────────────────

　세계보건기구의 정의에 따르면 폭력이란 '자신이나 타인 또는 집단이나 사회에 손상, 사망, 심리적 위해, 발달 장애 또는 박탈을 초래하거나 초래할 가능성이 높은 위협적, 실제적, 물리적 힘이나 권력physical force and power의 의도적 사용'을 뜻한다. 이 정의에 따르면 교통사고와 같이 의도치 않은 사고는 폭력에 해당되지 않는다. 또한 물리적 위해뿐 아니라 위협이나 차별, 방치를 포함한 모든 성적, 육체적, 정신적 학대와 자해, 자살 행동까지 모두 폭력에 해당된다.

　폭력은 '의도적'이며 따라서 항상 가해자와 피해자가 있다. 남성이 여성에게, 어른이 어린이에게, 젊은이가 노인에게, 국가와 조직이 개인에게 폭력을 가하게 된다. 즉 대부분의 폭력은 강자가 약자에게 행한다. 가해자는 자신의 죄과를 줄이고자 항상 폭력의 영향을 축소시키려 한다. 그래서 폭력으로 인한 고통을 호소하면 가해자들은 이를 피해자의 취약함이나 열등함의 증거로 변모시키곤 하였다. 그리고 강자인 가해자의 의도를 합리화시키는 많은 과학자들의 자발적 협조도 역사 속에서 계속되어 왔다.

　과학자들은 피해자가 고통에 취약한 원인을 인종간 두개골 형상의 차이[53]에서 찾기도 하고 여성의 자궁[54]을 탓하기도 하였다. 해부학적 설명이 궁색해지자 프로이드 이후 심리학의 발달에 힘입어서 피해자의 심리적 취약성을 원인으로 주장해 왔다. 1차 세계대전 당시 영국군의 전투 피해 중 약 40%가 정신적인 것으로 추산되었다. 하지만 영국군은 이러한 정신적 피해를 입은 병사들을 '도덕적 박약자'로 치부하였으며, 이들 중 상당수를 군사 법원에 회부하거나 불명예 제대 처분을 내렸다. 당시 이런 병사들에 대한 치료 역시 모욕을 주거나 위협하는 것이었으며, 처벌 목적의 전기 충격 요법을 사용하기도 하였다.

물리적 위해가 사망을 포함한 심각하며 때로 영구적인 육체적 손상을 유발한다는 것은 명백한 사실이다. 하지만 폭력이 심리적, 정신적 장애를 유발할 수 있다는 것은 1980년 외상 후 스트레스 장애가 미국 정신의학 협회의『정신 질환의 진단 및 통계 편람』제3판에 수록되기 전까지는 의학계 내에서도 인정되지 않았다. 그리고 이렇게 의학계의 과학적 인정이 늦어진 것은 바로 가해자의 부정에 연유한 것이 상당하다. 최근 20여 년 동안 뇌 과학이 비약적으로 발전하였다. 이러한 발전으로 폭력이 신경계에 미치는 영향을 보다 객관적으로 알 수 있게 되었다. 그리고 폭력이 건강에 대해 과거에 생각했던 것보다 더 지속적이고 심각한 악영향을 미칠 수 있음을 일관되게 보여 주고 있다.

---

53. 프란츠 파농(1925-1961)은, 식민지 흑인들의 게으름과 폭력성은 생리학적이고 선천적으로 결정되어 있다고 보면서 그 원인을 두개골의 구조 등에서 파악하였던 당시 정신의학계의 주류 의견과 달리 그 원인을 식민지배 계층의 폭력성에서 찾았으며 이를 해결하기 위해 알제리 민족 해방 전쟁에 투신하였다.
54. "일관성 없는 증상을 드러내는 이해하기 힘든 질병으로 여성에게만 나타나며 자궁에서 유래할 것"으로 믿어온 히스테리아에 대해 프로이드는 1896년「히스테리아의 원인론」에서 "모든 사례의 밑바탕에서 하나 혹은 그 이상의 지나치게 이른 성적 경험이 발생하였을 것"이라고 보았다. 그러나 이후 프로이드는 이런 초기 자신의 견해를 바꾸어서 성적 경험을 '성적 환상'으로 대치하였다.

그러나 불행히도 폭력에 의한 고통의 원인을 피해자의 선천적 또는 기질적 취약성을 나타내는 것으로 치부하는 경향이 여전히 남아 있으며, 이것은 폭력 피해자에게 2차 피해가 발생되는 주요 원인이 되고 있다. 본고에서는 이러한 폭력이 건강에 미치는 영향 및 폭력 피해자 치료 과정에서 지켜야 할 제반 사항 및 원칙을 개괄하고자 한다.

1. 현재도 광범위하게 일어나는 폭력

가정 폭력, 성 폭력, 전쟁, 국가 폭력(고문) 등 모든 폭력에는 가해자와 피해자가 있다. 그리고 모든 폭력에서 가해자는 피해자에 비해 강자이기 마련이다. 사회적, 정치적, 물리적 강자인 가해자로 인하여 폭력의 실상은 항상 실제보다 과소 평가되기 십상이다. 그럼에도 불구하고 통계를 통해 드러난 것만으로도 폭력은 광범위하게 만연되고 있음을 알 수 있다. 세계보건기구의 2000년 통계에 따르면 10만 명당 28.8명이 폭력에 의해 사망하였다. 특히 경제적 중진국 또는 빈국에 속하는 곳은 10만 명당 32.1명으로, 부유한 국가의 14.4명에 비해 2배 이상 차이가 났다.

이러한 통계도 폭력이 적지 않게 발생하고 있음을 보여주지만 세계보건기구 자체에서도 이러한 결과는 저평가된 것으로 보고 있다. 사망을 초래하지 않지만 심각한 폭력을 경험하는 경우는 훨씬 광범위하다. 배우자로부터 신체적 폭력을 경험한 경우 국가별로 차이는 나지만 10-30%를 상회하고 있으며 성 폭력의 경우에도 15-25%의 여성이 피해를 입었다고 보고된 바 있다.

미국, 칠레, 이집트, 인디아, 필리핀에서 동시에 수행된 '가정 환경

내 학대 실태 조사'(World Studies of Abuse in the Family Environment-WorldSAFE) 결과 중등도의 체벌은 50-70%에 이르며, 심각한 체벌도 4-36%에서 발생하고 있다.[55] 미국의 경우 5명 중 1명이 어린 시절 성추행을 경험하고 4명 중 1명이 부모에게 몸에 자국이 남을 정도로 맞은 적이 있으며, 3커플 중 한 쌍이 상대의 신체 폭력에 시달린다고 보고되었다.[56]

성 폭력의 경우 1990년대 세계 각국에서 16세 이상의 여성을 대상으로 조사한 결과에 따르면 최근 5년 간 성 폭행을 경험한 적이 있다고 보고한 경우가 0.8-8%였다. 2000년 미국 정부에서 조사한 바에 따르면 17세 이상의 여성의 경우 14.8%가 일생 동안 강간을 경험하였다고 하며, 0.3%는 최근 1년 이내에 경험하였다고도 보고된 바 있다.

우리나라 여성가족부에서 조사한 전국 가정 폭력 실태 조사에서도 2007년 1년 동안 가정 폭력 발생률은 50.4%(정서적 폭력 46.2%, 신체적 폭력 30.7%, 방임 16.0%, 성 학대 9.6%, 경제적 폭력 3.5%)였으며, 2010년 19세 이상 65세 미만의 2,659명의 기혼 남녀에서 지난 1년 동안 부부 폭력 발생률은 53.8%(신체적 폭력 발생률 16.7%, 정서적 폭력 42.8%, 경제적 폭력 10.1%, 성 학대 10.4%, 방임 30.5%, 통제 48.8%)였다.

2010년 여성가족부의 가정 폭력 피해자 실태 조사의 조사 대상자 213명의 자료에서는 사정없이 마구 때린 경우가 56.7%, 목을 조른

---

55. World Health Organization(edited by Krug et al.), "World report on violence and health", World Health Organization, 2002.
56. Felitti VJ; Anda RF; Nordenberg D; Williamson DF; Spitz AM; Edwards V; Koss MP; Marks JS, "Relationship of childhood abuse and household dysfunction to many of the leading causes of death in adults. The Adverse Childhood Experiences(ACE) Study", *American Journal of Preventative Medicine* 14(4): 1998, pp. 245-58.

경우가 54.9%, 칼이나 흉기 등으로 위협당하거나 다친 경우가 53.7%, 사정없이 마구 때린 행위와 목을 조른 행위가 1년에 20회 이상 지속된 비율이 10% 이상으로, 정도가 심각하였다. 2012년 한 해 동안 언론에 보도된 경우만 따져도 남편이나 남자 친구에게 살해당한 여성의 수는 120명이며 살인 미수인 경우가 49건에 이른다. 이처럼 폭력은 현재 우리 주변에서 일상처럼 일어나고 있다. 2001년 연구 결과에서도 한국의 부모는 약 3분의 2가 아이에게 매를 가했으며 45%에서는 때리거나 걷어차기도 하였다고 알려진 바 있다.[57]

아동 학대로 인한 사회적 비용도 1996년 미국의 경우에만 1억 2천 4백만 달러에 달하는 것으로 추산되고 있다. 폭력으로 인한 의료비나 법적 비용 그리고 노동 능력 상실 비용 등을 생각한다면 그로 인한 사회적 손실은 상당할 것으로 짐작된다. 1992년 통계만 하더라도 미국에서 총기 사고로 인한 손상 치료에 12억 6천만 달러가 소요된 것으로 추산하고 있다. 미국에서 아동 학대가 만일 근절될 수 있다면 우울증이 절반으로 줄어들고 알코올 중독은 3분의 2가 감소하며 자살은 4분의 3까지 감소할 수 있다는 연구 결과도 있다. 이외에도 노인 폭력, 인종 청소 등 대규모 학살로 이어지는 집단 폭력, 인격과 정체성을 말살하는 고문 등 폭력 외상은 현재 건강을 위협하는 최대의 원인이라 볼 수 있다.

57. Hahm H, Guterman N. "The emerging problems for physical child abuse in South Korea". *Child Maltreatment*, 2001, 6: pp. 169-179.

2. 폭력 외상Trauma은 심리적 고통과 정신 질병을 초래하고 신체 건강도 위협

　건강에 심각한 영향을 미치는 외상은 여러 가지 기준으로 분류할 수 있다. 그 중 하나가 인간에 의한 것과 인간에 의하지 않은 것으로 분류하는 것이다. 인간은 사회적 동물이다. 집단 생활은 생존을 위한 인류 진화의 산물이다. 사람들은 관계하기 위해 태어났고 사회 관계 속에서만 개인 정체성을 가질 수 있다. 그러므로 자기 생존에 절대적으로 필요한 존재이기도 한 사람에 의해 발생하는 폭력은 우연한 사고나 자연 재해에 비해 훨씬 강력한 공포와 위기를 경험하게 한다. 이러한 폭력이 지속적일수록, 그리고 아동기에 발생하였을 때 그 영향은 더욱 심대하다.

　폭력에 의한 외상 기억은 우리가 겪는 일상의 기억과는 다르다. 외상 기억은 시간이 지나도 연관된 감정의 강도가 줄어들지 않는다. 특정한 자극에서 갑자기 떠오르며 언제 또 되살아날지 통제할 수 없다. 그 기억은 요약할 수도 없으며, 일부는 지나치게 또렷하고 일부는 흐릿하여 정리되지도 않는다. 때로는 조각조각 파편화되어 버리며, 감정과 감각이 분리되어서 과거의 고통이 현재형으로 나타난다. 이러한 외상 기억의 특징을 보여주는 것이 바로 외상 후 스트레스 장애이다.

　외상 후 스트레스 장애를 겪는 환자들은 폭력이 끝나고 시간이 지나고 그리고 위험한 환경을 벗어났음에도 불구하고 반복적이고, 불수의적이고 침습적인 고통스러운 기억Flashback, 반복되는 악몽, 해리성 반응에 시달리게 된다. 외상성 사건을 상징하는 단서에 노출되면 외상 당시와 비슷한 고통에 시달리게 된다. 그래서 지속적으로 반복되는 고통을 피하고자 활동과 대인 관계를 회피하게 된다. 그리고 이러한 외상 기억을 통제하지 못하는 스스로에 대한 무능감과 죄책감에 시달리게 되어서 더욱 부정적인 믿음과 인지를 가지게 된다. 그래서 가해자의 기억은 희미해지지만 피해자의 기억은 명료하게 남게 된다.

폭력에 의한 외상 기억의 영향이 의학적으로 인정받은 것은 1980년 발간된 미국 정신의학 협회의 『정신 질환의 진단 및 통계 편람』 3판이 처음이다. 그러나 이때도 '외상 후 스트레스 장애'는 불안장애의 일종으로 취급되었다. 이후 2012년 발간된 제5판에서 '외상 및 스트레스 장애'란 진단 분류를 새로 제정하였다. 외상 및 스트레스 장애라는 진단 분류 하에 반응성 애착 장애, 탈억제성 사회적 유대감 장애, 외상 후 스트레스 장애, 급성 스트레스 장애 및 적응 장애 등의 진단을 하위 진단으로 두었다.

하지만 현재의 진단 기준만으로 폭력의 피해를 설명하기에는 많이 부족한 것이 현실이다. 특히 아동기에 만성적으로 폭력, 학대 및 방치에 노출된 사람들의 광범위하면서도 심각한 증상을 설명하기 어렵다. 그래서 많은 전문가들은 '복합성 외상 장애'([표 1])와 '트라우마성 발달 장애'와 같은 보다 광범위한 진단 기준의 제정을 요구하고 있는 상태이다. 그러나 의학계에서 폭력이나 외상의 영향에 대해 인정하는 데는 여전히 인색한 상황이다.

2009년 2월 미국의 전국 아동 외상 스트레스 네크워크에서 트라우마성 발달 장애 진단 기준 합의안을 마련하였으며 이것을 2012년 『정신 질환의 진단 및 통계 편람』 제5판에 포함할 것을 제안하였으나 '트라우마성 발달 장애'에 대한 진단 기준은 전향적 연구 결과가 부족하고 임상가의 직관에 의지한 것으로 간주하여 배척된 바 있다.

[표 1] 복합성 외상 후 스트레스 장애 진단 기준

Judith Herman을 위시한 일군의 전문가 그룹에서 주창한 진단 기준으로 『정신 질환의 진단 및 통계 편람』 제4판에 게재를 제안하였으나 기존의 외상 후 스트레스 장애 진단 기준에 복합성 외상 후 스트레스 장애 환자의 92%가 해당된다는 이유로 개별 진단으로 수록되지 못하였다. 하지만 이 진단 기준이 외상 후 스트레스 장애 진단 기준에 비해 외상 피해 환자들의 다양한 임상 양상을 포괄하고 있다는 점에서 임상적 유용성은 여전히 크다고 볼 수 있기에 본 글에 게재한다.

① 지속적인 기간(몇 달에서 몇 년) 동안 전체주의적인 통제 아래 종속된 과거력, 인질, 전쟁 포로, 강제 수용소 생존자, 컬트 종교의 생존자의 예를 포함함. 또한 성 생활과 가정 생활의 전체주의적인 체계에 종속된 이들의 예를 포함하며, 이는 가정 폭력, 아동기의 신체적 혹은 성적 학대, 그리고 조직화된 성적 착취 체계의 생존자를 포함함.

② 정서 조절의 변화
• 지속적인 침울
• 만성적인 자살에의 몰두
• 자해
• 폭발적이거나 과하게 억제된 분노(번갈아 나타날 수 있음)
• 강박적이거나 지나치게 억제된 섹슈얼리티(번갈아 나타날 수 있음)

③ 의식의 변화
• 외상 사건에 대한 기억 상실 혹은 외상 기억의 회복
• 일시적 해리성 삽화
• 이인증/비현실감
• 재경험, 외상 후 스트레스 장애의 침투적 증상의 형태 혹은 반추적 몰두의 형태

④ 자기 지각의 변화
• 무력감 혹은 주도성의 마비
• 수치심, 죄책감, 자기 비난

- 오명과 낙인의 느낌
- 다른 이들과 완전히 다르다는 느낌(특별하다는 느낌, 완전한 고립감, 다른 사람은 이해할 수 없다는 믿음, 혹은 인간이라는 정체성의 상실을 포함할 수 있음)

⑤ 가해자 지각의 변화
- 가해자와의 관계에 대한 몰두(보복에 대한 몰두를 포함)
- 가해자의 전지전능함에 대한 비현실적 귀인(권력 실체에 대한 피해자의 평가는 임상가 평가보다 현실적일 수 있음을 주의)
- 이상화 혹은 모순적인 감사
- 특별한 관계 혹은 초월적인 관계에 대한 느낌
- 가해자의 신념 체계에 대한 수용 또는 합리화

⑥ 다른 사람과의 관계 변화
- 고립과 회피
- 친밀 관계의 장해
- 반복적 구조차 찾기(고립과 회피가 번갈아 나타날 수 있음)
- 지속적인 불신
- 자기 보호에 반복적으로 실패

⑦ 의미 체계의 변화
- 신념의 상실
- 무망감과 절망감

외상 후 스트레스 장애처럼 진단 기준에 폭력 같은 외상의 노출을 명시하지 않은 다른 정신과적 질환들도 실제 그 원인이 폭력적 외상과 연관된다는 것은 이미 많이 알려져 있다. 각종 불안 장애, 공포증, 우울증뿐 아니라 경계성 인격 장애 등의 주요 원인이 폭력 외상일 것으로 보고 있다. 정신과적 진단 기준에는 부합되지 않더라도 폭력이 사람의 심리와 행동에 지속적이고 명백한 영향을 미치는 것도 분명한 사실이다. 아동기 학대를 당한 경우 흡연과 알코올 남용뿐 아니라 식사 문제나 운동 부족 등도 많아진다. 우울감, 불안, 물질 남용, 공격성, 수치감, 인지 기능 장애 등 각종 정신적 증상을 장기간 지속적으로 겪을 수 있으며 결과적으로 외상 후 스트레스 장애를 비롯한 우울증, 불안 장애, 수면 장애 등의 정신과적 질환에 시달릴 가능성도 높아진다.

또한 폭력을 당한 경험은 직접적인 신체 손상 외에도 이후 2차적인 신체 질환을 야기할 수 있다. 현재 허혈성 심질환, 암, 만성 폐질환, 과민성장염 및 근섬유증과 같은 각종 성인 질환이 아동기 학대 경험과 연관 있다는 논문들이 있다,[58] [59] [60] 아직까지 이러한 신체 질환의 발생을 일으키는 기전은 명확치 않지만 폭력 경험으로 인한 식습관이나 다른 건강상의 문제를 일으키는 행동상의 문제뿐 아니라 미주신경을 포함한 자율 신경계의 이상 반응이나 호르몬 등의 대사 이상 등을 그 원인으로 꼽을 수 있다.

이처럼 폭력은 정서, 인격, 일상 행동, 대인 관계 등 인간의 정신 생활 전반 및 신체적 불편감과 질환까지 야기하여 건강 전반을 악화시키며 그 영향이 지속적이어서 심각하다. 따라서 임상가들은 폭력과 관련된 임상 증상에 대해 충분히 이해해야 한다.

---

58. Anda R et al., "Adverse childhood experiences and smoking during adolescence and adulthood", *Journal of the American Medical Association*, 1999, 282: pp. 1652-1658.
59. Felitti et al., "Relationship of childhoood abuse and household dysfunction to many of the leading causes of death in adults". *American Journal of Preventive Medicine*, 1998, 14: pp. 245-258.
60. McBeth J et al., "The association between tender points, psychological distress, and adverse childhood experiences", *Arthritis and Rheumatism*, 1999, 42: pp. 1397-1404.

3. 뇌 신경계 변화를 유발하는 폭력 외상은 때로 비가역적

최근 뇌 영상학과 뇌파 등 기술적 발전에 힘입어서 폭력과 같은 외상의 뇌 신경 생물학적 이해가 가능해졌다. 외상은 사람과 동물의 뇌를 변화시켜서 기억, 학습, 감정 조절, 사회적 도덕적 발달 과정에 영향을 미친다. 단기적, 장기적 내분비 변화를 일으켜 대사 작용 및 신경 심리적 영향을 미친다.

현생 인류는 최소 백만 년 이상 지구상에 존재한 것으로 알려져 있으며 그 세월 동안 진화를 거듭해 왔다. 뇌 신경계의 진화는 분화와 연결differentiation & linkage의 과정이다. 인간의 뇌 신경계는 크게 중추 신경계(뇌)와 말초 신경계로 분화되었으며 말초 신경계는 운동과 감각을 담당하는 체 신경계와 인체 내부 장기를 조율하는 자율 신경계로 나뉘어져 있다. 또한 중추 신경계인 뇌의 좌반구는 의식적, 언어적, 논리적 기능을 주로 담당하고 우반구는 신체적, 감정적, 비언어적 기능을 담당하여서 좌, 우반구의 기능은 분화되어 있다. 소위 좌우로 수평적인 분화가 된 상태이다.

또한 1990년 Paul D. MacLean에 의해 주창된 '삼위일체의 뇌 Triune Brain'로 개념화될 수 있는 수직적 분화를 하고 있다. 즉 뇌간과 소뇌로 구성되어서 기본적인 생존 기능을 담당하는 가장 원시적인 파충류의 뇌, 포유류의 뇌로 알려진 감정과 습관을 담당하는 변연계, 그리고 가장 바깥에 위치하며 언어, 논리, 추상적 사고 등을 하는 영장류의 뇌라 할 수 있는 신피질로 진화 과정을 통해 분화되어 왔다. 이렇게 뇌 신경계는 분화를 통해서 다양한 영역의 기능을 특화시켜 발전해 온 동시에 이들 영역들 간의 연결망을 강화하여서 파편화되지 않고 통합적인 뇌 신경 시스템으로 발전해 왔다.

폭력 외상은 이러한 뇌 신경계의 통합을 저해할 수 있다. 아동기에 만성적 외상을 겪을 경우 우측 뇌 발달의 장애를 겪게 되고 이로 인해 향후에도 스트레스 상황에 대처하거나 타인의 감정을 이해하는데 어려움을 겪을 수 있다. 지속적인 학대와 방치를 겪은 아동의 경우 뇌교의 위축을 보인다고 보고된 바 있다.[61] 결국 뇌의 좌반구와 우반구의 통합이 저해되고, 수직적 분화와 연결에도 영향을 줄 수 있다. 특히 감정과 자율 신경계를 제어하는 데 중요한 역할을 하는 편도가 폭력 외상으로 인해 과잉 활성화될 경우 기억을 담당하는 해마의 기능을 억제하고 또한 언어를 담당하는 좌측 전두엽, 특히 브로카 영역을 억제하게 된다.

결국 이로 인해 폭력 외상에 대한 기억이 왜곡되며 이를 언어로 표현하는 것도 힘들게 된다. 이같이 폭력 외상은 피해자의 뇌가 영역별로 통합적인 반응을 하지 못하게 하여 적절한 조절을 불가능하게 하며 이로 인해 뇌는 영역에 따라 과잉 흥분하거나 과잉 억제되는 양극단을 오가게 된다.

외상 후 스트레스 장애 환자가 외상 기억의 재경험화와 해리 반응을 보일 때 뇌의 활성화가 차이를 보인다. 외상 기억을 재경험화 할 경우에는 신체 감각을 인지하는 편도와 우측 앞섬엽 부위는 과잉 활성화되고 감정과 흥분을 조절, 제어하는 앞측 대상과 내측 전전두엽 피질은 비활성화된다. 해리 반응일 경우에는 이와 반대되는 양상을

---

61. Teicher et al., "Childhood neglect is associated with reduced corpus callosum area". *Biol Psychiatry*. 2004 15; 56(2): pp. 80-85.

보이게 되어 외상 후 기억에 압도당하거나 아니면 해리되어서 멍한 상태가 되는 것을 반복하게 된다.[62]

중추 신경계의 조절 기능 약화는 말초 신경계에도 영향을 미치게 된다. 1994년 Stephen Porges가 주창한 다미주 신경 이론Polyvagal theory은 폭력 외상에 대한 반응을 잘 설명해 준다. 이론에 따르면 자율 신경계는 3가지 반응 체계를 가지고 있다. 첫 번째는 배쪽 미주 신경 복합체가 작동하는 것으로 얼굴 근육, 목, 후두 등을 활성화시켜서 위험 상황에 대해 타인의 도움과 지지를 요청하는 사회화 기능을 담당한다. 이러한 사회화 과정을 통해서 문제가 해결되지 않을 경우에는 싸움 및 도주 반응을 담당하는 교감 신경계가 활성화된다. 마지막으로 이마저도 용이하지 않을 경우에는 등쪽 미주 신경 복합체가 활성화되어서 결국에는 몸 전체의 대사 기능을 떨어뜨려 버려 얼어붙게 만든다.

이러한 자율 신경계의 변화는 폭력 외상이 심리적 문제뿐 아니라 신체 기능상의 문제를 유발하게 만드는 기전 중 하나라고 할 수 있다. 또한 아동기 학대를 겪은 성인의 자녀가 폭력 외상에 더 취약성을 보이는 등 폭력 외상은 당사자뿐 아니라 대물림을 한다는 것도 밝혀져 있다.

---

62. Lanius et al., "Emotion modulation in PTSD: Clinical and neurobiological evidence for a dissociative subtype". *Am J Psychiatry*. 2010 167(6):640-7.

4. 폭력 외상 피해자의 고통은 주의 깊게 조사, 진단되어야 하며 치유 과정은 크게 3단계

폭력 외상 피해자의 치료는 그 상처의 깊이만큼이나 오랜 시간이 걸리고 어려울 수 있다. 특히 사람으로 인한 상처를 겪은 피해자들의 상당수는 인간에 대한 신뢰 형성에 어려움을 가지기 때문에 치료자와의 관계 형성 자체에도 적지 않은 난관이 있다. 그래서 폭력 외상의 치유 과정에는 보다 세심한 고려와 사전 준비가 필요하다.

치료를 시작하기 전 평가 과정에서 반드시 고려해야 할 몇 가지 사항이 있다. 첫째, 치료의 적응증이 되는 것은 현재의 상태이지 폭력 외상의 존재 유무가 아니라는 것이다. 사람은 개인에 따라 외상에 대한 내성이나 회복력resilence이 다르다. 따라서 외상을 겪은 것보다는 그 이후에 나타나는 생활이나 기능상의 장애 정도가 치료의 유무를 결정하는 주요인이다.

둘째, 모든 치료는 당사자 주도적으로 이루어져야 한다. 폭력 외상이 남긴 상처는 때로 너무 광범위하며 인격 전반에 영향을 끼친다. 따라서 성급한 치료는 외상을 재경험시켜 고통을 더 심하게 만들 수도 있다. 그러므로 항상 자신이 견딜 수 있을 만한 범위window of tolerance를 명확히 알아야 하며 이것은 결국 본인이 가장 정확하게 알 수 있다. 치료자는 피해자 스스로가 자신을 치유해 나가는 데 보조자라는 점을 자각하고 있어야 한다.

셋째, 폭력 외상에서는 '왜 이렇게 고통스러워하는가?'라는 질문보다는 '어떻게 그 고통을 견디어 왔는가?'라는 질문이 우선되어야 한다. 즉 피해자의 취약성을 파악하는 것에 앞서 그 사람의 회복력을 파악하고 이것을 강화하는 것이 일반적으로 효과적이다. 또한 폭력 외상은 피해자 스스로에게 심한 자책감이나 낮은 자존감을 가져오게 한다. 따라서 항상 존중과 신뢰가 치료자-환자 관계에서 이루어져야 한다. 특히 개별 증상의 개선보다는 피해자의 전인적 측면을 보아야 한다.

마지막으로 폭력 외상은 매우 다양한 증상과 문제를 발생할 수 있으므로 약물 치료, 심리 치료, 운동 요법 등 다양한 치료 기법을 상태에 맞게 사용하는 것이 필요하다. 따라서 치료자는 자신의 전문 영역에 머물지 말고 다른 치료 영역에 대해서도 개방적인 자세를 가져서 유연하게 치료에 임해야 한다.

폭력 외상의 치유 과정은 크게 3단계로 구분할 수 있다. 첫 번째 단계는 안전의 확보, 두 번째 단계는 기억과 애도, 그리고 마지막 단계가 연결의 복구라고 할 수 있다. 그 중 가장 중요하며 기본적인 것이 안전의 확보 단계라 하겠다. 안전하다는 것은 안전한 환경, 환자 자신의 안전, 치료자의 안전이 포함된다. 먼저 현재 환자의 환경이 안전한가를 평가하고 필요한 조치를 취해야 한다. 예를 들어 현재에도 폭력을 일상적으로 당하는 상태라면 즉각적으로 가해자와 격리하는 것이 가장 우선되어야 할 것이다.

최소한 환자가 위협을 느끼지 않는 치료 환경이 조성되어야 한다. 또한 치료 과정에서 필요한 과거 고통을 재기억해 내는 과정을 환자가 충분히 견딜 수 있어야 한다. 되살아나는 과거 기억에 압도되어 버리거나 공황 발작, 혹은 해리 증상이 일어나지 않도록 스스로를 제어할 수 있어야 한다. 이를 위해 충분한 심리 상담이나 이완 요법 등이 이루어져야 하며 필요시 약물 치료도 고려될 수 있다. 폭력 외상을 다루는 것은 치료자에게도 폭력에 대한 간접 경험을 하게 한다. 특히 치료자가 과거 폭력 피해 경험이 있을 경우에는 치료자도 고통을 겪을 수 있으며 치료 과정에도 악영향을 미칠 수 있다. 따라서 치료자 본인이 치료 과정을 안전하게 이끌 수 있을지를 평가해 보아야 한다.

두 번째 단계인 기억과 애도란 과거 폭력 외상 기억에 대해 재구성하고 이를 언어화하는 단계를 뜻한다. 자신에게 일어난 일을 정확히 인지하고 그 일들을 적절한 언어로 표현할 수 있어야 정리와 통제가 가능하다. 그렇게 언어를 통해 스스로를 이해할 때, 폭력으로 인해 잃어버린 것들에 대해 애도를 거쳐 떠나보낼 수 있으며, 이제 그 고통의 기억을 자신이 활용할 수 있게 된다.

세 번째 단계는 연결의 복구이다. 타인과의 관계 맺음이 생존에 필수 요건인 사람에게 폭력의 경험과 후유증은 사회의 적응을 어렵게 한다. 그래서 사람을 두려워하고 불신하게 만들며 이것은 결국 고립감과 자책감을 더욱 강화시키는 악순환을 만든다. 그래서 폭력 외상으로부터 벗어나기 위해서는 타인 및 공동체와의 관계 복원이 반드시 필요하다. 특히 폭력 외상의 피해자가 다른 피해자를 도와주는 이타적 활동은 치유 효과가 강하다.

폭력 외상 피해자들은 많은 경우 현재 본인들이 가지는 여러 증상들의 원인을 폭력 외상과 연결시키기보다는 자신의 취약함으로 돌린다. 이런 오해와 자책감으로 인해 치료를 꺼리게 되며 흔히 폭력 외상 피해자라는 것을 감추는 경우가 많다. 이러한 실수를 줄이기 위해서는 폭력 외상이 뇌 신경계에 미치는 생물학적 기전을 이해시키는 것이 효과적이다. 현재의 고통이 자기 잘못이 아니라 생물학적 변화에 기인함을 알게 되면 수치심이나 죄책감을 크게 줄일 수 있다. 또한 이러한 기전의 파악을 통하여, 각종 치료 기법 효과의 원리를 이해함으

로 피해자 스스로가 치료의 주도권을 가질 수 있게 되어 치료 순응도
도 높이게 된다.

• 마치며

앞에서 알아본 바와 같이 폭력 외상은 건강을 해치는 다른 질병들
과는 몇 가지 차이점을 보이고 있다. 첫째, 폭력 외상의 일차적 원인
은 피해자가 아니라 가해자의 존재라는 것이다. 즉 폭력 행위가 가능
한 조건이 있다는 것이 문제이다. 따라서 폭력 외상은 이러한 가해자
및 가해자가 생기는 여건에 대한 연구와 조사 및 예방 방법이 폭력
외상 해결의 최우선이라 할 수 있다. 가정 폭력, 고문, 성 폭력, 노인에
대한 폭력 등이 가능해지는 사회적, 정치적, 심리적, 경제적, 구조적
요인을 파악하여 이를 제어해야 하며 이를 위한 정치적, 제도적 뒷받
침도 필요하다.

둘째, 폭력 외상은 일상적이라고 할 정도로 다양하고 광범위하게
일어나고 있다는 점에서 어떤 요인보다도 더 심각한 건강 침해 원인
이다. 이로 인해 의료비 및 노동 능력의 저하 등이 발생하여 사회적
비용 역시 추정하기 어려울 정도로 크다는 점에서 폭력 외상 치료에
대한 국가적 관심과 지원이 요구된다.

셋째, 폭력 외상 피해자는 많은 경우 잠복된 상태를 유지한다. 폭
력 외상 피해자는 사회적 낙인에 대한 두려움과 자신의 죄책감, 낮은
자존감 때문에 진단 및 치료 과정에 나서는 것을 꺼린다. 그래서 초기
에는 임상가의 조사에 대한 적극적인 태도 및 피해자들이 치료 과정

에 나서도록 지지, 격려하는 것이 필요하다.

주요 내용을 다시 한번 정리하자면 다음과 같다. 폭력 외상은 우리 사회에 다양하고 광범위한 형태로 존재하면서 개인과 집단의 건강권을 해치고 있다. 특히 폭력 외상은 물리적 충격에 의한 직접적인 신체적 손상뿐 아니라 뇌 신경계의 기질적 변화를 유발하게 하여서 지속적인 심리적, 정신적 질환을 유발한다. 또한 생활 습관, 가치관, 인지 기능, 대인 관계 등 일상적 기능의 장애, 자율 신경계 장애 및 내분비, 대사 기능의 문제를 가져와서 각종 신체적 질환을 발생하게 한다. 그럼에도 불구하고 폭력 외상의 심각성은 그 동안 과소 평가되어 왔다. 폭력 외상으로 인한 질환의 치유를 위해서는 임상가의 적극적인 관심과 사려 깊은 치료와 더불어 폭력 외상이 없는 안전한 사회를 만들기 위한 사회적, 정치적, 제도적 뒷받침이 절실하다.

(참고 문헌)

베셀 반 데어 콜크, 『몸은 기억한다』, 재효영 옮김, 을유문화사, 2014.
루이 코졸리노, 『정신 치료의 신경과학』, 강철민, 이영호 옮김, 학지사, 2014.
주디스 허먼, 『트라우마』, 최현정 옮김, 플래닛, 2007.
Bonnie Badenoch, *Being a Brain-wise Therapist*, W.W. Norton & Company, Inc, 2008.
Krug et al., "World report on violence and health", World Health Organization, 2002.

재난 트라우마와 건강권

| 주요 내용 |

의료인으로서 재난 현장에서 만나는 생존자들과 가족 그리고 구조 요원들의 심리적 트라우마 반응을 잘 이해하고 적절하게 대응함으로써 이들의 심리적 안정과 회복을 돕도록 한다.

| 목표 |

1. 재난 상황에서 연령, 사회적 역할, 피해 연관성 등에 따라 나타날 수 있는 다양한 심리적 충격 반응이 무엇인지 학습한다.
2. 재난 현장에서 피해자들의 회복에 도움이 되는 의료인의 태도와 행동 양식을 익힌다.
3. 우리 사회의 취약 계층이 재난 사후 복구와 치유 과정에서 소외되지 않도록 의료인이 어떤 역할을 할 수 있는지 이해한다.

저자 안현의

미국 University of Wisconsin-Madison에서 상담심리학으로 석사와 박사 학위를 받았고 Indiana University-Bloomington의 대학건강센터에서 Psychology Internship을 수료하였다. 한국심리학회 재난심리위원회 위원장, 한국상담심리학회 위기대응지원위원회 위원장, 서울시 재난심리지원센터 자문위원 등을 역임하였으며, 한국트라우마스트레스학회(KSTSS)의 창립 이사 중 한 명이다. 현재 이화여자대학교 심리학과 교수이다.(email: ahn12@ewha.ac.kr)

국내에서 매년 크고 작은 재난 사건이 지속적으로 발생하고 있다. 통계청 자료에 의하면 2014년 국내에서 발생한 재난성 사고는 297,337건으로 화재, 산불, 폭발, 붕괴 등을 포함한다.(국민안전처, 2014) 큰 규모의 재난 사건으로는 2014년 세월호 침몰 사건, 2014년 경주 리조트 사건, 2011년 우면산 산사태, 2010년 천안함 침몰 사건 등이 있다.(김동일 등, 2015) 재난 사건이 발생하면 재난의 유형과 규모에 따라 다양한 직종의 전문가들(사회복지사, 간호사, 의사, 상담심리사, 응급 요원 등)이 동원되어 재난 직후부터 장기간에 걸쳐 재난으로부터 영향 받은 사람들을 대상으로 회복에 필요한 지원 업무를 수행한다.(Bride, 2007)

재난 정신 건강 전문가들은 재난 급성기부터 지속적으로 심리적 대응을 위한 업무에 동원되는데,(CMHS, 2001) 재난 사건의 생존자, 희생자, 생존자 및 희생자의 가족, 지역 사회의 취약한 사람 등을 대상으로 하여 모니터링, 평가, 위기 상담, 사례 관리 등의 다양한 직무를 수행한다.(Naturale, 2007)

국내에는 재난 활동에 특화된 정신 건강 전문가가 존재하지 않는다. 재난 심리 지원 센터가 시도별로 존재하지만 이 기관들은 독립된 기관으로 설립된 것이 아니라 이미 존재하는 기관이 비상시에만 재난 심리 지원 관련 업무를 수행하도록 지정되어 있다.(이나빈 등, 2015) 이로 인해 평소 각자 본인의 업무를 수행하다가 재난이 발생하면 직무나 자원 봉사 활동을 통해 재난 지원 활동에 투입되어 조력 활동을 진행하고, 재난 상황이 마무리되면 다시 일상으로 돌아와 본인의 업무를 수행하게 된다.

병원에 소속되어 있는 의료인들과 심리 상담 전문 센터에 소속되어 있는 심리 전문가들도 이와 다르지 않다. 2014년 세월호 사건 때도 다양한 정부 산하 의료 기관과 의학, 심리학, 사회복지학의 민간 학회에서 지원 활동을 수행하였으나, 현장에 투입된 전문가의 역할에 대한 지침이 명료하지 않아 업무의 혼란이 가중되었던 점이 지적된 바 있다.(이나빈 등, 2015) 이로 인해 재난 활동에 동원된 전문가들은 소진되기 쉽고, 재난에 간접적으로 노출된 것으로 인한 부정적인 영향을 체계적으로 관리하기 어렵다.

선행 연구에 의해서도 재난 활동에 참여하는 것이 일반 트라우마 내담자를 만나는 것에 비해 소진, 간접 외상 스트레스 등의 부정적인 영향을 보다 많이 받는 것으로 밝혀진 바 있다.(Creamer and Liddle, 2005) 재난 상황에 동원되는 것은 짧은 기간에 위기에 처한 수많은 사람들을 마주하며 압도될 수 있는 경험이며,(Miller, 2000) 재난 생존자가 보고한 사건에 대한 영향뿐만 아니라 재난 사건에 대한 전문가 자신의 개인적 반응에 압도될 수 있다. 또한 재난 건강 전문가들은 재난 사건에 동원되기 전보다 많은 수의 트라우마 생존자와 함께 일해야 하는 것뿐만 아니라, 전문가들은 같은 트라우마 사건을 다루는 사례

를 연이어 치료하는 것으로 인해 부정적인 영향을 상당히 받을 수 있다.(Palm et al., 2004)

전문가의 소진을 예방하는 가장 효과적인 방법 중 하나는 직무수행에 대한 자기 효능감(self-efficacy)이다. 자기 효능감이란 이미 익숙한 직무 활동이 주어졌을 때 느끼는 자신감과 주관적인 유능감이기도 하지만 새로운 문제 해결 상황이 닥쳤을 때 자신이 잘 대처할 수 있을 것이라는 신념이기도 하다. 이러한 자기 효능감은 실제 경험이 없다 하더라도 지식과 간접 학습을 통해 충분히 발달될 수 있다. 그동안 재난 피해자들을 효율적으로 돕지 못하고 좋은 의도를 가지고 재난 현장에 뛰어든 전문가들이 쉽게 스트레스와 직무 소진을 느껴서 치료 지원을 지속하기 어려웠던 이유는 비(非)재난 시기에 재난 관련 직무 효능감을 향상하지 못한 것과 관련이 많다.

재난과 참사 자체를 미리 예측하고 예방하기란 어렵지만 실제 그러한 사건이 발생했을 때 의료인과 정신 건강 전문가로서 어떻게 대응해야 하는지를 사전에 이해하여 직무 효능감을 높이는 것은 피해자의 회복 시간을 단축시킬 뿐 아니라 전문가 본인의 정신 건강을 지키는 데 도움이 된다.

이제 소개하는 내용은 미국의 National Center for PTSD에서 발간한 심리적 응급 처치Psychological First Aid 지침을 참조하여 국내 재난 현장에 적용했을 때 긍정적으로 평가된 전문가 가이드라인이다.

1. 재난 현장에서 의료인의 태도

재난 현장에서 의료인으로 활동하기에 앞서 준비되어야 하는 기본 자세와 태도, 역할, 면담 시 주의할 사항에 대해 다음의 내용을 숙지하도록 한다.

우선 의료인은 공인된 재난 대응 체제 안에서 활동하는 것이 권장된다. 재난 현장에는 흔히 각종 단체나 기관, 구호 요원들, 언론 기자, 그리고 구경꾼 등 많은 사람들이 몰려들기 때문에 피해자는 누구의 도움을 받아야 하는지, 누구를 신뢰할 수 있는지 판단하기가 어렵고 혼란스럽다. 그러므로 비전문가들이나 특정 이익 단체, 또는 단순 호기심을 가지고 접근하는 사람들로 인해 2차 피해를 입게 되기도 하고, 그로 인해 실제 도움을 줄 수 있는 이들조차 불신하게 되어 도움의 기회를 놓칠 수도 있다.

따라서 현장에 출동할 때는 공식적인 지위를 가지고서 활동을 해야 하고, 피해자들에게도 자신이 어디에 소속되어 있으며 어떤 자격으로 현장에 왔는지 잘 드러내야 한다. 또한 현장에서 자신의 존재를 잘 드러나게 하여, 피해자들이 필요할 때 쉽게 찾을 수 있도록 한다. 그리고 자신의 전문성과 주어진 역할의 한계를 넘지 않도록 주의해야 한다. 모든 것을 알고 답변해 주려 하지 말고 자신의 전문성, 지식, 정보력, 역할의 한계를 넘는 도움이 필요할 경우 해당 전문가나 담당자에게 즉시 의뢰하고 협업하는 것이 피해자들에게 더 큰 신뢰를 준다.

침착하고, 예의 바르며, 차분하게 실질적 도움을 주는 행동을 유지하는 것은 피해자들의 불안을 낮추는 데 도움이 되기도 하면서 건강한 대처 행동을 모델링할 수 있게 한다. 재난 현장에서 조용한 개별 공간이 마련되기가 힘들지만, 그럼에도 불구하고 의료인은 피해자와 대화를 나눌 때 최대한 대화 내용이 다른 사람들에게 들리지 않도록 노력해야 한다. 그리고 피해자와 나눈 얘기를 제3자에게 말하지 않음으로 비밀 보장을 지켜야 하고, 누군가에게 알려야 할 경우에는 피해자의 동의를 받은 후에 한다.

현장에 도착하면 섣불리 바로 참여하지 말고 예의바르게 상황부터 유심히 관찰해야 한다. 어느 정도 현장을 살펴본 후 만약 피해자들에게 말을 거는 것이 무례하거나 간섭적이지 않다고 판단되면 조심스레 접근하여 어떻게 도울 수 있을지 물어본다. 피해자들과 자연스런 첫 접촉을 할 때 가장 효과적인 방법 가운데 하나는 실용적인 도움을 제공하는 것이다.(음식, 물, 담요 제공)

말투는 차분하게 하고, 인내심을 발휘하되, 적극적으로 반응하고, 피해자가 무엇을 원하는지 민감하게 알아차리도록 한다. 최대한 천천히 말하고, 가급적 간단하고 구체적인 표현을 써야 한다. 가급적 약어나 은어, 전문 용어는 쓰지 않는 것이 좋다.

피해자가 말을 걸면 언제든지 들어줄 준비를 한다. 경청할 때는 상대방이 나에게 꼭 전달하고 싶은 내용이 무엇인지, 내가 도울 수 있는 방법은 무엇인지를 생각하며 들어야 한다. 피해자의 얘기를 들어주는 동안 간간이 생존자가 어떤 자기 보호 행동을 취해 왔는지를 찾아내어 그것을 강점으로 인정해 주는 것은 피해자로 하여금 무력감을 덜느끼게 해준다. 피해자들이 현재 어떤 마음 상태인지, 어떤 과정을 거쳐 왔는지 안다고 추측하지 말아야 한다. 그리고 모든 재난 생존자들이 다 정신적 외상을 입었다고 추측하지도 말아야 한다.

피해자들을 병리적으로 바라보는 것은 매우 위험하며, '증상' '진단 '정신 장애' 등의 표현은 쓰지 않아야 한다. 대부분의 충격 이후 반응들은 누구에게나 나타날 수 있는 것이며, 재난 같은 큰 사건을 경험한 이들은 충분히 그와 같은 일시적 상태에 놓일 수 있기 때문이다. 재난 현장에서 1차 처치의 목적은 극심한 정서적 충격을 안정시키고, 당장 필요한 문제를 해결함으로써 적응적 회복을 할 수 있게 도와주는 것이지, 절대로 충격적 경험 자체나 애도 반응을 다루는 자리가 아니라는 것을 기억해야 한다.

무력한 상태의 피해자들을 은근히 낮추어 대하거나, 피해자들의 실수나 장애, 약점, 무력함 등에 초점을 두지 말아야 한다. 대신 피해자가 재난 당시와 지금 현재 어떻게 잘 대처하고 있는지 발견해 주고, 그런 대처 능력이 다른 피해자들에게 어떻게 도움이 될 수 있는지 말해 줌으로 힘을 얻게 한다. 피해자가 취해야 하는 행동 과제들을 개입 전략으로 사용할 때는, 그것이 왜 중요한지를 함께 협의해야 한다. 이를테면 위기 사건 직후에는 부모가 아이들을 과잉 보호하고 싶어 하지만, 부모 자신의 불안정한 상태를 먼저 안정화시키기 위해서는 믿을 수 있는 친지나 이웃에게 잠시 아이들을 맡겨두는 것이 필요함을 설득할 수도 있다.

모든 피해자들이 상담자와 이야기하고 싶어 하거나 이야기할 필요가 있다고 가정하지 않는 것이 좋다. 상담자와 대화를 나누지는 않더라도 상담자가 현장에서 지지적이고 안정된 모습으로 오가는 모습을 보는 것만으로도 안심하고 스스로 대처 능력을 찾을 수 있는 경우가 많다.

재난과 같은 혼란스러운 상황에서는 즉각적인 정보 제공 자체가 피해자들을 정서적으로 안정시키는 데 중요한 역할을 한다. 피해자에게 당장 필요한 것을 해결해 줄 수 있는 모든 정보를 즉각 제공하고, 필요하다면 몇 번씩 반복해서 알려 주는 것이 좋다. 정신적 충격을 받은 경우 일시적으로 기억력이 떨어지므로 의료인은 중요한 말을 몇 번 반복해서 전달하는 것이 도움이 된다. 반드시 정확한 정보만 제공하도록 하고, 잘 모를 경우에는 모른다고 인정하는 것이 중요하다.

또한 피해자의 연령층에 맞게 필요한 정보를 제공한다. 어떤 정보를 언제 얼마나 줄 것인지를 잘 선택해야 한다. 정보가 적을수록 더 잘 기억해 냄을 기억하라. 반면, 너무 많은 정보나 너무 적은 정보는 치료 참여율을 떨어뜨린다. 피해자가 방금 들은 내용에 대해 질문할 기회를 주고, 전달한 내용이나 정보가 피해자에게 설득력이 있는지 적극적으로 확인하는 것도 중요하다.

필요한 정보를 제공할 때는 구체적이고 명확하게, 세부적이고 간단하게, 가급적 짧은 문장으로 대화하는 것이 좋다. 어려운 전문 용어는 피한다. 최대한 일상적 대화체로 전달하면서, 피해자가 방금 말한 내용을 이해하고 있는지 중간 중간 확인한다. 그리고 정보 제공의 시점을 잘 골라야 한다. 첫 만남부터 많은 정보를 전달하기보다는 매 회기마다 조금씩 나누어서 제공하는 것이 효과적이다. 한 번에 많은 정보를 주면 피해자가 압도당하는 느낌이 들 것이며, 피해자마다 수용 정도와 이해 수준이 다를 수 있음을 알고 있어야 한다. 또한 의료인이 말하는 내용의 첫 3분의 1 정도가 가장 잘 기억되므로, 중요한 내용은 앞 부분에 제시하는 것이 효과적이다.

정보를 제공하기 전에 왜 그러한 내용을 전달하는지 충분히 사전 설명하는 것도 도움이 된다. 즉, 외상 후 심리적 증상에 대해 설명하기 전에, 비록 지금 당장은 생존자가 아무 증상이 나타나지 않아도 시간이 지나면서 서서히 나타날 수 있기에 미리 알고 예상하는 것이 도움이 될 수 있다는 등의 사전 설명을 해 준다. 예를 들면 이렇다. "자, 처음에 제가 X에 대해 먼저 설명하고 Y를 설명하겠습니다. 그 전에 왜 그런 순서대로 다루어야 하는지를 설명 드리겠습니다. 이해가 되시나요?"

의료인이 제공하는 증상 관련 정보와 치료에 관한 정보가 생존자가 평소 개인적으로 알고 있는 내용이나 선입견과 어느 정도 일치하는지 탐색하는 것이 좋다. 설명 자료(예, 외상 후 심리적 반응, 도움을 받을 수 있는 기관들의 목록)를 간단한 한두 페이지 문서(핸드아웃)로 만들어서 짚어 주며 설명하는 것이 가장 효과적이다. 미리 설명할 내용의 요약문을 만들어 두는 것도 좋다.

피해자가 정보를 확실히, 정확하게 습득하기 위해서 반복 교육을 시키는 것이 좋다. 의료인과 이야기한 것을 생존자가 정확하게 이해하고 알고 있는지를 알아보기 위해 의료인에게 다시 설명해 보도록 시키는 것도 좋은 방법이다. 특히, 무엇을 해야 하는지 외에도 '왜' 그 것을 해야만 하는지도 함께 설명한다.

재난 지원 활동은 스트레스가 많은 활동이므로 의료인은 평소에나 재난 현장에서 일을 할 때 자신의 정서적, 신체적 반응에 주의를 기울이면서, 자기 관리를 특별히 신경 써야 한다. 만약 의료인이 재난 현장에서 정서적 충격을 감당하지 못하는 경우 현장을 떠나서 적절한 휴식을 취해야만 한다.

2. 재난 지원 활동의 실제

1) 첫 접촉과 라포 형성

(1) 자신을 소개하고 피해자가 당장 필요한 것을 물어 보아야 한다. 말을 걸어도 되는지 먼저 허락을 구한 뒤, 가급적 앉아서 대화를 한다. 주변이 시끄럽고 혼란스럽다면 최대한 조용한 구석이나 장소로 옮겨서 대화한다. 목소리는 최대한 조용히 낮게 유지하며, 상대방에게 비언어적으로나 언어적으로 모든 집중을 기울이며 대화를 한다. 의료적 처치가 필요한 피해자가 최우선적 관심을 받아야 할 대상이며, 아동 청소년의 경우 부모나 보호자와 먼저 대화를 시작하여 자녀와 대화를 나누어도 되는지 허락을 구해야 한다. 현장에서 필요한 물품(물, 구급약품 등), 간단한 건강 체크 등 피해자 중심의 실질적인 도움이 되는 것을 파악하고 제공함으로써, 도우려는 의사를 표현하는 것이 좋다.

(2) 비밀 보장이 중요하다. 산만한 상황에서도 최대한 비밀 보장과 유지를 위해 노력해야 한다. 장소를 이동하거나, 말소리를 낮추고, 사전에 생존자에게 비밀 보장에 대해 최대한 유의하고 있음을 전달하는 것이 좋다. 피해자나 가족들과 나눈 얘기들을 그들의 동의 없이 다른 분야의 전문가들이나 외부인(언론 기자나 동네 주민 등)에게 절대 누설해서는 안 되며, 같은 의료인 간에 생존자와 관련한 얘기를 나눌 때에도 서로 비밀 보장을 전제로 진행하는 것이 중요하다.

2) 심리적, 신체적 안전에 대한 확인

(1) 피해자의 신체적 안전을 확보하는 것이 가장 최우선적 과제이다. 쇼크 반응(피부 창백, 맥박 이상, 어지러움, 멍한 눈빛, 질문에 무반응, 소변 통제 불능)이 발견되면 의료진에게 의뢰하여 즉각 처치 받게 한다. 자살 진단, 자해, 타인을 해치려는 의도(가족 동반 자살 등)가 있는지 진단하고, 만약 가능성이 확인되면 다른 심리 요원들이나 의료진에게 연락하여 공조 대처한다.

(2) 재난일 경우 위기 상황에 대한 외부적 대응 노력과 가능한 서비스에 대한 정보를 제공한다. 현재 구조 작업이 어느 정도 진행되었는지, 어떤 단체에서 어떤 사람들이 와서 참여하고 있는지, 정부나 지방 자치 단체에서 어떤 대응책을 마련하고 있는지 등에 관한 정보를 제공해 준다.

(3) 신체적 불편감이 없는지 확인하고 이에 대한 조치를 즉각적으로 취한다. 장기적으로 약을 복용해야 하는 경우, 안경이나 신체 보조기가 필요한 경우, 물이나 음식, 담요가 필요한 경우 등이 이에 해당한다.

(4) 고립되어 있지 않고 사회적 상호 작용을 지속하도록 돕는다. 아동 청소년의 경우 위기 상황에서 성인들의 반응을 통해 안전함을 확인하고 적절한 행동을 모방한다. 따라서 비교적 침착하고 차분하게 대응하고 있는 또래나 어른 곁에 배치하는 것이 도움 된다. 부모나

보호자와 분리된 아동이 있다면 최우선적으로 주의를 기울인다. 다른 생존자들보다 우선적으로 접근하여 이름과 연락처를 알아내고, 만약 연락처를 알 수 없는 경우 안전한 임시 아동 보호 장소로 옮겨서 보호한다.

(5) 2차적 외상 경험이나 사건을 떠올리게 하는 자극으로부터 피해자를 최대한 보호해야 한다. 주변에 여전히 재난 사건과 관련된 냄새, 소리, 시각적 자극이 존재한다면 그것으로부터 멀리 떨어진 곳에서 보호하는 것이 좋다. 또한 언론 기자들, 구경꾼, 변호사 등으로부터 보호하는 것도 상담자의 역할 가운데 하나이다. 단, 피해자가 구체적으로 누군가를 필요로 한다면(종교인, 변호사 등) 연결시켜 준다.

(6) 가족 구성원이나 가까운 이를 찾지 못하는 피해자에 대한 배려를 우선적으로 해야 한다. 재난 상황에서 가족 구성원이나 가까운 이를 찾지 못하는 피해자의 경우 어느 병원이나 보호소에 있을 수 있는지 함께 정보를 구하고, 아무 정보가 없을 경우 신뢰할 수 있는 이웃이나 동료 생존자들, 또는 기타 구호 요원과 함께 있도록 해 준다.

(7) 가족이나 가까운 이가 사망한 생존자에게 특별한 주의를 기울여야 한다. 사람들마다 애도 슬픔을 표현하는 방식이 다름을 알려 준다. 누군가는 눈물을 흘릴 수도 있고, 누군가는 그렇지 않을 수도 있음을 전한다. 자신의 표현 방식이 잘못된 것이라는 생각을 하지 않도록 설명하고, 다른 이들의 표현 방식 또한 존중해야 함을 설명한다. 슬퍼하고 있는 이에게 그런 반응들이 충분히 이해되고 지금 그럴 수

밖에 없을 것이라고 말해 준다. 사망한 사람의 이름을 구체적으로 사용하고, '망자'라고 부르지 않는다. 한동안은 그처럼 슬프거나 외롭거나 화나는 감정을 겪게 될 수 있다고 알려 준다. 만약 시간이 한참 흐른 뒤에도 애도 반응이 극심하거나 우울증이 심해 일상 생활에 지장이 생긴다면 애도 치료를 잘 할 수 있는 전문 상담자나 종교인을 만나도록 권유하고, 후속 도움을 받을 수 있는 구체적 연락처나 조치를 제공한다.

(8) 영성적 또는 종교적 도움이 필요한지 물어 본다. 종교 여부를 떠나서 "혹시 종교나 영적인 조언이 지금 필요하신가요?" 하고 조심스럽게 제안해 볼 수 있다. 혹시 내담자가 신에 대해 분노를 표출하거나 할 때도 종교적 이슈에 대해 논쟁하거나 교정하려고 해서는 안 된다. 대부분의 사람들이 위기 상황에서 종교적, 영적 질문을 할 때면 어떤 구체적인 해답을 듣기 위해서가 아니므로 조용히 들어 주고 공감해 주는 것으로 충분하다. 가능하다면 혼자서 기도하거나 종교적으로 의지할 수 있는 공간을 마련해 주는 것이 좋다.

(9) 외상적 애도 반응이 나타날 때 트라우마 치료 전문가에게 의뢰한다. 사망자와 관련하여 좋았던 기억보다는 끔찍하거나 고통스러운 장면을 더 자주 떠올릴 때, 가까운 가족이나 친구들과 멀어지려 할 때, 외상적 사망 사건이 기억난다는 이유로 일상적인 활동을 하지 않으려 할 때, 아동의 경우 외상적 사망 사건과 관련된 놀이를 자주 할 때, 전문가에게 의뢰한다.

(10) 가족이나 가까운 이의 사망 통보를 받는 피해자에게는 특별히 세심하게 대한다. 사망 소식 전달 후 급하게 심리적 위로를 하려 들지 않는 것이 좋다. 당사자들이 각자 충격을 받아들일 시간을 충분히 줄 필요가 있다. 매우 강한 정서적 반응을 예상할 수 있다. 하지만 그것은 시간이 지날수록 완화된다. 의료적 처치가 필요한 상황이 언제든 발생할 수도 있음에 대비한다. 가족 가운데 자살이나 타인 위해 가능성이 있을 수 있음에 대비한다. 주변에 사회적 지지 체계를 확인하고 가용하도록 준비한다. 가급적 가족 단위나 친한 이들끼리의 소집단 형태에서 진행하는 것이 좋다.(예, 사망자 명단이나 사진 확인.) 가족을 잃은 아동 청소년이 있으면, 다른 친인척이 올 때까지 반드시 같이 있어 준다.

(11) 사체 확인을 해야 하는 피해자에게도 특별한 주의가 필요하다. 아동 청소년에게는 사체 확인을 하거나 사진으로도 사망자를 확인시키지 않는 것이 바람직하다. 대부분의 유가족은 사체가 어디서 어떤 형태로 발견되었는지, 그리고 사망 당시 어떤 고통을 겪었거나 경험을 했을지 궁금해 하고 물어본다. 이에 대해 관계자들이 사실대로 이야기해 주지 않는 것이 더 많은 고통을 유발한다. 따라서 지나치게 세부적인 묘사는 피하더라도 어느 정도 사실대로 이야기해 주는 것이 도움 된다.

(12) 자녀에게 가족 사망을 알려야 하는 경우 곁에서 도와준다. 가족 구성원이 사체 확인한 후 자녀들에게 그 사실을 전달할 때 상담자가 도와주는 것이 좋다. 즉, 곁에서 정서적으로 지지해주고 필요한 경

우 조금씩 개입할 수 있다. 생존자 가족이 자녀들에게 다음과 같이 말을 하도록 사전에 도와줄 수 있다. "돌아가신 엄마는 지금 아프거나 고통을 느끼지는 않는단다. 여기 있는 우리가 너희를 매우 사랑하고 있으며 엄마를 대신해서 잘 돌볼 것을 약속할게." 아동 청소년이 사체의 상태에 대해 구체적으로 물을 경우 알려 주지 않는 것이 좋다. 대신 다음과 같이 답변할 수 있다. "아빠가 돌아가신 모습을 보는 것이 결코 쉽진 않았어. 하지만 아마도 아빠는 평소에 우리와 함께 즐겁게 보낼 때의 모습을 더 많이 기억하길 원하실 거야. 전에 같이 등산도 가고 낚시도 갔을 때 기억 나지? 그런 순간을 더 많이 떠올리면서 그 속에서 아빠의 모습을 기억하도록 해 보자."

3) 문제 해결과 대처 행동의 강화

(1) 재난 경험을 하나의 구체적인 문제 상황으로 규정하고, 피해자가 이 문제 상황에서 효과적으로 대처할 수 있도록 계획을 세우고 행동할 수 있도록 도와준다. 피해자가 현재 자신에게 고통과 불편함을 야기시키는 요인이 무엇인지를 파악하기만 해도 상당히 큰 효과가 있다. 예를 들어 불면증에 시달리는 경우에는, 재난 경험 이후 최근까지의 수면 행동을 분석해보면서 피해자가 재난사건에 대한 신문기사를 읽거나 뉴스를 보거나, 취침 직전에 가족들과 생활 복구에 대한 논의를 하는 것이 잠을 취하는 데 중요한 방해 요인이 된다는 것을 발견하고 이러한 행동을 피하는 전략을 세운다.

(2) 피해자로 하여금 자신의 경험을 처음부터 이야기하도록 유도

하되, 그 과정에서 어떤 대처행동을 했는지, 어떤 내적/외적 자원을 활용했는지를 전문가와 함께 확인하고 구체화할 수 있도록 안내한다.

(3) 광범위한 스트레스(예, "이젠 세상이 무서워요")에서부터 구체적인 스트레스 상황(예, "혼자서 물가에 서 있기")으로 구분하여 불안과 위협 대상을 위계화하도록 하고, 이 과정에서 피해자의 행동적 측면에 초점을 맞추어 재구성한다. 즉, 왜 그 대상이 두려운지가 아니라 그런 구체적인 상황에서 피해자가 어떤 행동 반응을 보이는가에 초점을 맞추어 대화한다.

(4) 즉시 해결해야 하는 사안을 해결하도록 돕는다. 예를 들면 배고픔, 가족에게 전화해서 괜찮다고 안부 전하기, 사고로 잃어버린 가족 찾기, 일상생활로 돌아가기, 잃어버린 물건/재산 처리/보험처리, 도움이 필요한 가족 구성원에 대한 사회복지적 서비스 등의 사안이다. 피해자가 지금 당장 무엇을 우선순위로 필요로 하는지 함께 협의하여 찾도록 하고, 피해자가 너무 무력해져 있을 경우 다소 적극적이고 지시적인 방법으로 피해자에게 필요한 것을 제안해도 좋다.

피해자와 구체적 행동 계획을 논의하고 실행한다. 무엇이 필요한지 우선순위를 협의한 후에는 구체적으로 행동 계획을 수립한다. 피해자가 스스로 알아서 실행할 것이라고 믿고 돌려보내서는 안 된다. 행동 계획은 반드시 지금 당장 실행할 수 있는 것부터, 그리고 피해자에게 심적 부담이 되지 않는 작은 일부터, 그리고 생존자 스스로 실행할 수 있도록 유도한다.

4) 사회적 지지 체계와 연계

(1) 재난 현장에서 전문가의 가장 중요한 역할은 직접 치료보다도 생존자에게 필요한 각종 사회적지지 체계와 전문가를 연계해주는 것이다. 의료인은 흔히 재난 현장에 일시적으로 투입될 뿐이므로 피해자들에게 처음부터 역할의 한계를 명확하게 전달하고, 궁극적으로는 피해자들이 단기적, 장기적으로 도움을 받을 수 있는 다른 사람들과 연계되어야 함을 강조해야 한다.

(2) 연계하는 것이 중요한 목표라고 했을 때 자칫 해당 의료인의 역할이 덜 중요한 것으로 오인될 수 있으나, 사실은 그 반대이다. 현장에서 가장 먼저 피해자들과 접촉하는 의료인은 피해자들이 이후 다른 전문가나 사회적 지지 체계와 만나고자 하는 동기를 부여하는 데 매우 중요한 역할을 하게 된다. 즉, 의료인과의 첫 관계가 긍정적일수록 이후 다른 전문가들에 대해서도 긍정적인 기대를 할 가능성이 높아진다는 것이다. 특히 재난과 위기 사건의 생존자들이 초기의 혼란스러운 상황에서 누구를 신뢰해야 하고 누구에게 의지할 수 있는지 불명확하고 불안한 심리를 갖게 됨을 고려하면 첫 인상이 중요하다는 것을 가늠할 수 있다.

(3) 의료인은 짧은 시간 내 피해자에게 무엇이 가장 필요한지 평가 진단하여, 다양한 의뢰 기관과 전문가들 가운데 피해자의 개별 요구에 맞게 가장 도움이 될 상대를 찾아주는 역할을 맡는다. 이 같은 효율적인 의뢰 행위는 피해자들의 회복에 매우 중요하다. 효율적으로

의뢰하기 위해서 의료인은 트라우마 사건에 대한 심리적 반응과 상태에 대한 지식뿐만 아니라 적절한 개입이 무엇인지 판단할 수 있는 전문적 능력을 훈련받아야 한다.

[연계 지원 기관에 의뢰할 때 고려 사항]
• 피해자의 동의 필요. 경우에 따라 적극적 설득 필요
• 연계 기관(사람)에게 피해자가 지금 필요로 하는 것 설명
• 피해자에게 전달 내용이 정확한지 사전 확인
• 의뢰가 적절한지, 어떤 도움을 줄 수 있는지 재확인
• 피해자가 의뢰에 대해 어떻게 생각하는지 확인

5) 기타 정보 제공 및 행동적 개입

(1) 긍정적인 스트레스 대처 방법들을 알려 준다.
• 주변 사람들과 얘기 나누고 지지 확인하기
• 필요한 정보나 지식을 적극적으로 찾기
• 충분한 휴식, 영양, 운동
• 취미나 독서, 스포츠와 같은 긍정적 활동을 증가
• 최대한 정상적인 (위기 사건 이전의) 일상을 유지
• 이런 일을 겪으면 당연히 힘들다고 스스로 말하기 연습
• 건강하게 먹으려고 노력하기
• 자주 휴식하기
• 최대한 사람들 만나기
* 지지 그룹support group에 참여하기

- 전문 상담/치료 받기
- 일지나 그림 등을 통해 내면 경험 표현하기
- 과거 힘든 순간에 도움이 되었던 것을 다시 활용하기

(2) 효과적이지 못한 스트레스 대처 방법도 소개한다.
- 술, 담배, 약물
- 아무 것도 하지 않기
- 대인 기피
- 일에 지나친 몰두
- 폭력적인 분노 표출
- 자기 자신이나 누군가를 지나치게 탓하기
- 폭식 또는 거식
- TV 과다 시청이나 장시간 컴퓨터 게임
- 위험한 활동이나 과잉 스포츠
- 자신을 돌보지 않기(수면, 먹는 것, 운동 활동 등에서)

(3) 간단한 근육이완 기법을 지도한다.

(4) 가족 전체의 대처 방법을 지도한다.

(5) 가족이 서로 지지하고 도와줄 수 있도록 가르쳐 준다. 부모는 자녀의 행동 변화에 주의를 기울이고 대처하도록 정보를 제공하고, 자녀는 부모의 행동을 이해할 수 있도록 미리 교육을 한다.(예, 과도한 보호나 통제 행동, 부모의 정서 조절 문제.)

(6) 분노 반응에 개입한다. 분노는 매우 흔한 반응임을 사전에 알려준다. 그럼에도 분노가 일상 생활에 어떤 영향을 주는지 서로 의견을 나눈다.(예, 가족이나 이웃과의 관계, 부모 역할.) 분노 감정과 관련하여 어떻게 달라지고 싶은지 대화하고, 분노를 긍정적인 활동으로 표출하면 어떤 장점을 갖는지 함께 탐색한다.

(7) 극도의 부정적 감정이 나타나고 있는지 판단한다.(예, 수치심, 죄책감) 피해자가 지속적으로 부정적 감정을 나타내는 경우 이렇게 대화할 수 있다. "만약 당신이 아끼는 어떤 사람이 이런 감정을 느낀다면 뭐라 말해주고 싶으세요?" "나는 혼자 살려고 빠져나왔으니 나쁘다, 이렇게 느끼는 것과 실제 다른 사람을 구조해 함께 탈출하는 것이 과연 가능했을까는 서로 다른 문제입니다. 그 당시에는 당신도 겨우 빠져나왔음을 기억하세요."

(8) 수면 장애, 술, 약물 남용 있을 때는 의료진에게 의뢰한다.

• 마치며

국내에서는 아직 의료인이나 정신 건강 전문가를 위한 재난 개입 교육이나 추후 관리 교육이 부족한 실정이다. 향후 재난에 특화된 훈련 커리큘럼을 전문 분야별, 직무 특성별로 개발하고 전문가들이 재난 지원 활동에 대한 교육을 상시적으로 받고 대비하는 것이 중요한 과제이다. 이러한 훈련 및 관리 프로그램을 통해 의료인을 포함한 전문가들이 사전에 재난 현장을 간접적으로 체험하고 효율적인 개입 가이드라인을 익힘으로 실제 재난이 발생했을 때 높은 직무 효능감을 유지하며 활동할 수 있을 것이다.

사전 훈련이 잘 된 전문가도 참혹한 재난 현장에서는 정서적인 충격을 받을 수 있다. 전문가 본인이 예전에 트라우마를 겪은 적이 있었고 그것이 해결되지 못한 채 남아 있다면, 재난 현장에서 피해자들과 만날 때 자신의 과거 트라우마 기억이 촉발되어 개인적으로 고통스러울 뿐 아니라 전문가로서 직무를 수행하는 데 영향을 미칠 수 있다.

그러므로 재난 현장에 나가거나 재난 피해자를 만나기에 앞서 전문가 본인의 심리적 준비성을 충분히 살펴보아야 한다. 만약 심리적 준비가 되어 있지 않다면 소속된 병원이나 기관에 양해를 구해 그 직무에서 제외되도록 해야 한다. 병원장이나 기관장은 개별 전문가들의 요청을 수용하고 배려하는 것이 꼭 필요하다. 그리고 재난 현장에 투입된 전문가들은 활동이 끝나고 본업에 복귀한 후 한동안 심리적, 신체적 케어를 받도록 지지해 줌으로 간접 트라우마 후유증을 예방한다.

참고 문헌

국민안전처, 『인적 재난 발생 현황』, 2014.

김동일, 이윤희, 김경은, 안지은, 「재난대응 정신건강 위기상담 가이드의 분석: 트라우마 개입의 중단 지침을 위한 서설」, 『상담학연구』 3 : pp. 473-494, 2015.

심기선, 주혜선, 안현의, 「정신건강 전문가의 재난 지원 활동 여부에 따른 공감 만족, 소진, 간접 외상 스트레스」, 『정신보건과 사회사업』 44 : pp. 83-109, 2016.

이나빈, 심기선, 한상우, 이강욱, 심민영, 채정호, 안현의, 「세월호 참사 후 재난 심리 지원 실무자들의 경험을 통해 본 국내 재난 심리지원 체계의 한계 및 개선 방안」, 『정신보건과 사회사업』 43 : pp. 116-144, 2015.

Bride, B. E., 2007, "Prevalence of secondary traumatic stress among social workers", *Social Work*, 52: pp. 63-70.

Center For Mental Health Services, 2001, "An Overview of the Crisis Counseling Assistance and Training Program(CCP-PG-01)", Rockville, MD: Center for Mental Health Services.

Creamer, T. L. and Liddle, B. J., 2005, "Secondary traumatic stress among disaster mental health workers responding to the september 11 attacks", *Journal of Traumatic Stress*, 18: pp. 89-96.

Miller, L., 2000, "Traumatized psychotherapists", pp. 429-445, in *Cognitive-behavioral Strategies* in Crisis Intervention, edited by Dattilio, F. M. and Freeman, A., New York: Guilford Press.

Naturale, A., 2007, "Secondary traumatic stress in social workers responding to disaster: Reports from the field", *Clinical Social Work Journal*, 35: pp, 173-181.

Palm, K. M., Polusny, M. A., and Follette, V. M., 2004, "Vicarious traumatization: Potential hazards and interventions for disaster and trauma workers", *Prehospital and Disaster Medicine*, 19: pp. 72-78.

Psychological First Aid, National Center for PTSD http://www.nctsn.org/content/psychological-first-aid

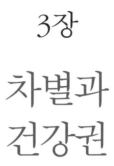

3장

차별과
건강권

정신 장애인의 인권 _ 이영문
HIV 감염인의 인권 _ 최용준

정신 장애인의 인권

| 주요 내용 |

정신 장애인에 대한 인권은 동시대의 사회 철학을 대변해 왔다. 이제 한국의 정신 보건 현장도 감금의 시대로부터 치료 공동체로 전환되는 기로에 있다. 정신 장애인의 인권은 모든 장애인의 인권을 기본으로 한다. 사회 통제에 대한 경찰력과 긴밀하게 연결되어 있는 사회권과 자기 결정권의 회복이 가장 필요한 영역이다. 이에 대한 고찰을 통해 올바른 정신 장애인 인권 개념을 익혀야 한다.

| 목표 |

1. 정신 장애인의 치료적 특수성을 이해한다.
2. 정신 장애인 인권의 기본 원칙을 숙지한다.
3. 구체적인 인권 침해 사례를 통해 정신 보건 현장의 문제점을 비판한다.
4. 정신 장애인 인권의 기본 원칙을 실천할 수 있는 보건 의료인의 올바른 역할을 모색한다.

저자 이영문

연세대학교 의과대학을 졸업하고 정신건강의학과 전문의로 활동하고 있다. 아주대학교 의과대학 정신과 교수, 인문사회의학과 교수와 보건복지부 국립 공주병원장을 역임했으며, 경기도와 중앙, 충청남도의 정신보건사업 지원단장을 맡아 지역사회 정신보건센터 설립과 정신 장애인 재활, 인권 분야에서 일하였다. 현재 아주대학교 인문대학 특임교수와 아주편한병원, 아주다남병원 교육원장으로 재직 중이며 정신건강 협동조합 '소통과 담론' 대표를 맡고 있다.(email: humanishope@gmail.com)

• 들어가며

정신 장애인의 인권이란, 정신 질환을 앓게 되는 초기부터 적절한 정신 건강 서비스를 적합한 환경에서 제공받는 일련의 과정을 모두 포함하는 말이다. 치료 과정에서도 인간으로서의 기본 권리를 침해 당하지 않으며, 치료 이후에는 다시 지역사회로 돌아와 독립적인 생활을 할 수 있도록 지원받는 것이 정신 장애인 인권의 목표이다. 정신 장애인의 인권은 몇 가지 이유에서 특별한 의미를 지닌다.

첫째, 정신 장애인은 장애 자체의 특성으로 인해 다른 집단에 비해 인권 침해 가능성이 매우 높다. 둘째, 정신 장애인의 인권은 낙인, 배제로부터 이들을 지켜 주는 유일한 수단이다. 다른 측면으로는 인권 증진이 치료적 관계와 효과로 연결되는 목적이자 수단이라는 특이성이 있다. 또한 정신 장애인은 자신을 보호하기 어려운 상황에 직면하게 되었을 때, 정신 장애 자체로 인한 자기 결정권을 주장하지 못하는 상태를 나타낼 수 있기 때문에 다른 영역의 인권 분야보다 더 책임 있는 절차와 엄격한 모니터링과 감시가 범적 틀 안에서 요구된다. 많은 국제법이 정신 장애인의 권리를 명시하는 인권 조항을 포함하고 있다.

국제 인권법은 정신 보건 시스템 내에서 적용되어야 할 주제로 다음 여섯 가지 주제를 선정하고 있다. ① 인간 존엄성과 자율성, 자유의 존중 ② 정신 보건 서비스의 전문화 과정 ③ 정신 질환으로 인한 피해로부터의 보호 ④ 치료를 위한 장치가 최소한의 제한을 받고 치료적 환경을 보장 받을 것 ⑤ 어떠한 이유로도 정신과 치료 과정에서 차별을 받지 않도록 할 것 ⑥ 합당하고 공정한 법 절차를 통해 입원 치료가 이루어지도록 명시할 것 등이다.

그러나 우리나라의 정신 보건 서비스 현장에서 정신 장애로 인한 치료 과정은 위의 여섯 가지 모두 만족되지 않는 경우가 대부분이다. 이는 지난 시기 수용 위주의 장기적인 입원 문화가 오랫동안 방치된 결과로 판단된다. 특히 비민주적 절차에 따른 입원 과정은 정신 장애에 대한 사회적 편견을 더욱 야기하고 있으며 치료 과정에서도 정신 장애인의 치료 권리에 대한 것이 현재까지 잘 논의되지 않고 있다. 국가 정신 보건 체계의 부실화와 지나치게 왜곡된 정신 장애에 대한 사회적 인식, 보호자의 정신 장애에 대한 이해 부족과 편견, 치료진의 인권에 대한 무관심 등이 주요 원인으로 꼽히고 있다.

1. 정신 장애인 인권의 기본 원칙

1) 국제 기준

정신 장애인의 인권에 대해서는 국제 사회에서 많은 원칙들이 확립되어 왔다.([표 2]) 그 중에서 특히 1991년 12월 국제연합 총회에서 결의된 '정신 장애인 보호와 정신보건 의료 향상을 위한 원칙'(MI 원칙)[63]이 가장 체계적이고 보편적인 원칙으로 인정받고 있다. 국제연합 MI 원칙은 일반적 제한 사항 및 원칙 1. '근본적 자유와 기본권'부터 원칙 25. '기존 권리 구제'까지, 정신 장애인 인권에 관한 모든 사항을 포함하고 있다.[64]

[표 2] 정신 장애인 인권을 위한 국제 선언

• 정신 지체인 권리선언(Declaration on the Rights of Mentally Retarded Persons) : 1971년 12월 국제연합 총회에서 결의되었다. 제1조부터 7조까지 정신 지체인의 인권을 보장하고 있다.
• 카라카스 선언(Declaration of Caracas) : 1990년 11월에 열린 '정신 의료 개편에 관한 아메리카 지역 회의'에서 만장일치로 정신 의료의 원칙을 선언하였다.
• 하와이 선언 II (Declaration of Hawaii/ II) : 1992년 세계정신의학협회(WPA) 총회에서 정신 장애인의 치료에 관하여 정신과 의사가 준수하여야 할 원칙을 선언하였다.
• 정신의학과 인권에 대한 권고 1235(Recommendation 1235 on Psychiatry and Human Rights) : 1994년 '유럽회의 의원 총회'에서 정신 장애인의 인권 존중을 보장하는 법적 조치를 채택하여야 함을 선언하면서 입원 절차 및 요건, 치료 등에 관한 포괄적인 권고를 하였다.
• 세계보건기구 정신보건의료법 10대 기본 원칙 : 세계보건기구가 1996년 발표한 정신 보건 의료법의 기본 원칙이다.

---

63. Principles for the Persons with Mental Illness and Improvement of Mental Health Care, 이른바 'MI 원칙.
64. MI 원칙에 포함된 권리 내용은 근본적인 자유와 기본권부터, 미성년자의 보호, 지역사회 내에서의 삶, 정신 장애의 판단, 의학 검사, 비밀 보장, 지역사회 문화의 역할, 의료 기준, 치료, 약물 치료, 치료의 동의, 권리의 고지, 정신 보건 시설에서의 권리와 조건, 정신 보건 시설의 자원, 입원 원칙, 비자의 입원, 심사 기관, 절차상 보호 조치, 정보 열람권, 이의 제기권, 감시와 규제, 실행, 정신 보건 시설 적용 범위, 기존 권리의 구제 등, 25개 원칙이 포함되어 있다.

• 장애인 권리 협약(Convention on the Rights of Persons with Disabilities) : 2006년 8월 25일 유엔 총회에서 채택된 인권 협약이다. 장애 여성 및 장애 아동 보호, 장애인에게 동등한 법적 능력 부여 및 평등권의 보장, 장애인에 대한 비인도적인 처우 금지 등 인권 보호 및 신장, 장애인의 자립 생활 보장을 위한 이동권 보장, 국제 모니터링 관련 개인 청원 및 심사 절차에 대한 선택 의정서 채택 등의 내용을 담고 있다.

2) 국내 기준

우리 헌법은 (정신) 장애인의 인권에 관한 규정을 별도로 두고 있지는 않고 '신체 장애자 및 질병, 노령 기타의 사유로 생활 능력이 없는 국민은 법률이 정하는 바에 의하여 국가의 보호를 받는다'(제34조 제5항)는 규정과 차별 금지 규정(제11조)만을 두고 있다. 정신 장애인 인권과 관련한 주요 법률 등은 다음과 같다.

정신 장애인의 입원 및 치료, 사회 복귀 및 이를 담당하는 정신 보건 시설(정신 의료 기관, 사회 복귀 시설, 정신 요양 시설)에 관한 기본법인 「정신보건법」, 장애인의 권리 및 복지에 관한 「장애인복지법」, 장애인에 대한 차별을 금지하는 「국가인권위원회법」과 장애를 이유로 한 모든 차별을 명시적으로 금지하고 위반 행위에 대하여 손해 배상 및 형사 책임을 인정하는 「장애인 차별 금지 및 권리 구제 등에 관한 법률」(2007년 제정), 1998년에 국제연합 장애인 인권선언을 바탕으로 제정 및 선포된 「한국 장애인 인권 헌장」이다. 설령 구체적인 법률 규정이 마련되어 있지 않더라도 정신 장애인 인권에 관한 국제 원칙들이 정신 장애인 인권에 관한 중요한 판단 기준이 된다.

2. 정신 장애인의 인권 보호

정신 장애에 대한 정의는 나라마다 사회 문화적, 의학적, 법적 맥락에 따라 다양하게 규정된다. 예를 들면, 비자의적 입원과 치료의 중요성을 강조하는 법률들은 정신 장애인의 범위와 자기 결정권을 제한하고, 반대로 정신 장애인의 권리를 강조하는 법률들은 정신 질환을 갖는 모든 이를 정신 장애인 범주 안에 포함하여 실질적인 권리를 보장하려고 한다. 일반적으로 '정신 질환mental illness'이라는 용어보다는 '정신 장애mental disorder'가 국제적으로 더 선호되고 있고, '정신적 무능력mental disability'은 장애, 행동 및 참여 제한 등을 위한 광범위한 용어로 쓰인다.

1) 정신 장애인의 자기 결정권

세계보건기구는 정신 장애인의 자기 결정권 허용 범위를 결정할 때, 능력과 역량의 개념 차이를 이해하는 것이 가장 중요하다고 말한다. 능력이란 의사 결정을 할 수 있는 정신적 능력의 존재 여부를 뜻하며, 역량은 정신적 능력을 갖지 못할 때 생기는 법적 결과를 의미한다. 다시 말해, 능력은 건강의 개념이며, 역량은 법적 개념이다.

예를 들어, 한 개인이 심각한 정신 장애 때문에 정신적 능력이 결핍되면, 결과적으로 입원 결정을 내릴 역량이 없는 것으로 간주된다. 이에 따른 가장 첨예한 문제는 정신 의료 기관 입퇴원에 관한 절차와 결정이다. 정신 장애인의 판단과 결정을 어느 범위까지 인정하느냐에 따라 정신 장애인은 자의로 입원할 수도 있고 비자의로 입원할 수도 있기 때문이다.

2) 치료 과정에서의 인권

치료 과정에서의 인권에 대한 5가지 원칙은 다음과 같다. 첫째, 보호containment의 원칙이 준수되어야 한다. 의식주 전반이 기본적 인권 상황에 미치는 영향, 입원 치료가 가져올 수 있는 치료적 장점이 일시적 인신 구속의 사유를 대치할 수 있는 상황인가, 인간으로서의 존중감이 치료 현장에 존재하는가의 원칙이 검토되어야 한다.

둘째, 지지support의 원칙이 검토되어야 한다. 입원 치료를 통한 치료적 효과성과 인권 이슈 간 모순은 없는가, 지지를 위한 치료적 행위가 인권 침해 요소로 작용하는 것은 없는가의 원칙이 준수되어야 한다.

셋째, 구조structure의 원칙이다. 입원 치료를 정당화할 수 있는 치료적 장치가 인권 이슈와 함께 잘 지켜지고 있는가, 인신 구속이 아닌 치료받는 치료적 세팅setting이 이루어져 있는가의 원칙이다.

넷째, 참여involvement의 원칙이 반영되어야 한다. 치료 방향에 대해 당사자들이 직접 참여할 기회를 가지는가, 해당되는 치료 행위에 본인의 의사로 참여하고 있는가, 일부 병원/요양원의 부당 노동 행위에 강제로 참여를 강요당하고 있는가의 검토가 필요하다.

다섯째, 타당성validation에 대한 것이다. 입원 치료에 대한 평가가 타당성을 지니는가, 평가에 대해 당사자들의 참가가 보장되고 있는가, 입원 기간에 대한 외부 평가가 제대로 이루어지고 있는지가 반영이 되어야 한다.[65] 치료 과정에서 나타날 수 있는 인권 사항은 [표 3]에 정리되어 있다.

3) 정신 장애인의 권리

정신 장애인의 권리에 대한 성명statements은 정의와 인간애의 이상적인 원칙만이 아니라 정신 장애인의 권리를 소홀히 하는 사회로부터 정신 장애인을 보호하는 실제적 노력이라는 점에서 매우 중요하다. 20세기 들어 정신 장애인의 권리에 도움을 준 세 가지 미국 정신의학계의 사례로 첫째는 치료받을 권리right to treatment를 인정한 Wyatt v. Stickey 사례, 둘째는 자유로움에 대한 권리right to liberty로 Donaldson v. O'Connor 사례, 셋째는 치료를 거부할 권리right to refuse treatment를 인정한 Rogers v. Okin 등의 사례를 들 수 있다.

정신 장애인의 장기 수용만으로도 자기 존중감은 소홀해질 수 있고 의존성, 절망감 등은 치료의 목적을 방해할 수 있다. 이 요소들이 수용을 조장하는 환경에 쉽게 노출되면 이는 아주 심각한 결과를 초래한다. 이러한 결과를 막으려면 오직 끊임없이 정신 장애인의 권리를 존중하려는 의료인과 사회의 노력이 필요하다.

정신 장애인의 권리를 옹호하기 위한 방향은 크게 두 가지로 나누어 생각해 볼 수 있는데, 정신 보건 체계 내의 활동과 정신 보건 체계

---

65. 5가지 치료 원칙을 인권과 연결시켜 8가지 핵심 주제로 정리하면 다음과 같다. ① 의식주, 건강과 위생을 추구할 권리 ② 신체적 안전에 대한 권리 ③ 정서적 도움을 통한 치료를 받을 권리 ④ 치료 과정에서 인간적 존엄성을 추구할 권리 ⑤ 합당한 환경에서 치료 받을 권리(적절한 병실 규모, 치료 인력 구성 ⑥ 의사 소통이 원활하게 이루어지는 민주적 환경 ⑦ 프로그램에 대해 명확하게 알 권리와 치료 과정에 대한 자기 결정권 ⑧ 치료 전반에 주관적 평가를 할 수 있는 권리.(이영문, 2008)

외부에 대한 활동으로 구분된다. 이는 또한 네 가지 기본적인 접근 방법을 취한다.

첫째는 법리적 옹호 활동judicial advocacy으로 법정에서의 실질적인 사례 판독을 하는 경우이다. 두 번째는 인권 보호 활동right protection advocacy으로 정신 보건 체계 내에서 법령의 제정 등에 주안점을 두는 것이다. 세 번째는 서비스 제공 활동service advocacy으로 지역사회 내에서 정신 장애인들이 잘 기능할 수 있도록 돕는 방향을 말한다. 마지막으로는 시스템 옹호활동system advocacy으로 사회적 서비스, 정신 보건 등의 체제 변화를 목적으로 하는 방향을 말한다. 이들 네 가지 방향은 흔히 중첩되며 동일한 사람에 의해 진행될 수도 있다.

[표 3] 입원과 치료 과정에서 고려해야 할 사항과 권리

원칙	영역	항목	인권 구분
보호	의식주, 건강 및 위생	의복 및 침구류 등의 위생 상태 병실의 규모와 인원 적절한 식단 및 식당 환경 개인 소유 물품, 사물함 관리	인간 존중권 사생활 보호권
	신체적 안전	세면실, 병실의 위생 상태 신체 건강에 대한 점검 상태 입원 생활에서 발생하는 건강 문제 해결 (감기, 급성 복통, 외상 등)	건강권
지지	정서적 도움	강제 격리에 대한 타당성 비하 언어나 비존칭어 사용여부 폐쇄 공간에서의 위협 기타 모욕감을 느낄 만한 상황	인간 존중권
	인간적 존엄성	강박 처치 관련 사항 학대 행위(비하 언어, 성 폭력, 물리적 폭력)	인간 존중권

		개인 정보 보호와 관리	
구조	합당한 치료 환경 조성	개인 정보 보호와 관리 입원시 프로그램 활동에 대한 참여 여부 결정 정기적 치료적 목적의 면담 : 회진, 정신 치료 의사 소통의 구조 치료 상황에 대한 비밀 보장 구조 면담실의 개방적 구조 집단 치료실의 설치 정서적 프로그램실 운영 정기적 외출 및 외박 프로그램의 시행	사생활 보호권 비밀 보장권
	의사 소통이 원활한 민주적 치 료 환경	정기적인 보호자 면담 및 외부 접촉 종교에 대한 선택 질환 상태별 개방형 구조	인간 존중권 자유권
참여	프로그램에 대한 알 권리와 자기 결정권	치료 방향에 대한 교육 및 참여 입원 기간에 대한 인식 치료 과정에 대한 정신 장애인의 인식	자유권 참정권 자유 결정권 참여권
타당성	치료에 대한 주관적 평가	개인 공간과 시간에 대한 배려 병실 운영에 대한 개인 평가 여부 병실 운영에 대한 외부 평가 여부 정신 장애의 심각성에 따른 합당한 입원 기간	사생활 보호권 참정권 자유권 자기 결정권

4) 입원/퇴원 과정에서의 인권

정신 장애인들의 인권 문제가 가장 심각하게 나타나는 부분은 입퇴원 과정에 대한 평가이다. 다른 장애와 마찬가지로 정신 장애인들에게는 사회의 편견이 강하게 작용한다. 증상의 최소화 과정을 치료라고 정의한다면, 정신 질환 자체는 치료 효과가 높게 나타난다. 그러나 재발이 잦고 병 자체의 경과가 만성적으로 진행되기 때문에 장애를 최소화하기 위한 재활 치료 과정이 반드시 필요하다. 또한 정신 장애로 인해 사회적 불이익을 받기 때문에 이를 최소화하기 위한 사회적 장치가 필요한데 이것은 정신 장애인 인권과 밀접한 연관을 지닌다.

입원 과정에서 정신 장애인들은 불가피하게 보호자 혹은 지역사회
로부터 강제 입원을 권유받게 된다. 정신 장애의 증상에 자해 및 타해
에 대한 위험도가 늘 공존하기 때문이다. 또한 자신이 입원 치료를 거
부할 수 있는 권리는 선언적으로 존재하지만, 실제로는 지켜지지 않
는다. 만일 입원을 거부할 경우 급성 증상이 남아 있는 상태에서는 사
회의 공익적 관계를 깨뜨리는 경우가 많기 때문이다. 우리나라의 정
신장애인 입원은 아직도 비자의 입원의 비율이 높다.([표 4]) 이것은
정신 의료 기관과 보호 의무자의 이해, 정신 장애인에 대한 모니터링
시스템의 부재가 가장 큰 원인이다. 또한 정신과 치료에 대한 사회의
편견으로 인해 질환 자체의 만성화를 초래하는 경우가 많기 때문이다.

[표 4] 우리나라와 유럽의 비자의 입원율

국가	연도	비자의 입원율	국가	연도	비자의 입원율
한국	2011	79.7%	프랑스	1999	12.5%
일본	2002	35.8%	아일랜드	1999	10.9%
핀란드	2000	21.6%	영국	1999	13.5%
독일	2000	17.7%	벨기에	1998	5.8%

3. 정신 장애인 인권 침해 사례와 실천 방향

1) 개요

모든 정신 장애인은 인간으로서 존엄과 가치를 가지며 행복 추구

권리를 가진다. 그리고 정신 장애인도 건전한 사회 구성원으로 책임 있는 삶을 살아가며, 자신의 능력을 계발하고 자립하도록 노력하여야 한다. 입원 치료 과정에서 이 같은 개인의 존엄성이 부정되지 않도록 정신 의료 기관 종사자들의 인권 향상 노력이 동반되어야 한다. 우선 정신 질환의 치료 과정에서 보호 받을 권리, 다음으로 인간의 존엄성이 지켜지는 치료 환경을 제공받을 권리, 끝으로 신체적 강요나 구타로부터 자유로울 권리가 있다.

특히 어떤 이유로든 정신과 입원 치료 과정에서 정신 장애인에 대한 구타는 없어야 한다. 감정적 교류가 빈번하게 일어나는 치료 과정에서 치료진 또한 격한 감정에 휘말릴 경우가 허다하다. 환자들로부터 구타를 당하는 치료진들 또한 많다. 하지만 이 경우 치료진의 반응이 나타나는 것은 금지되어야 한다. 그러나 우리나라 입원 시설에서 이 같은 폭력은 아직도 많다. 성 폭행, 성 폭력 또한 같은 맥락에서 이해되어야 하며 입원 병상에서 일어나는 환자에 대한 구타는 어떠한 이유로도 정당화되지 못한다.

2) 사례

[사례 1] 부당한 입원 생활을 하는 사례

A병원에 입원했던 정신 장애인은 "부당한 입원, 격리와 강박, 전화 제한 등으로 인권을 침해하고 있어, 입원 환자들이 구금 시설보다 못한 생활을 하고 있다"라고 병원을 고발했다. 병원 임의대로 정신 장애인을 병동에 가둬 놓았으며 병원의 화장실과 복도, 홀 등을 청소시켰다고 한다.

서울 소재 J정신병원에 입원했던 정신 장애인은 병원 측이 "환자들을 그룹으로 나누어 부당하게 통신의 자유를 제한하고, 환자가 입원하면 양손과 양발, 가슴을 묶는 등 부당하게 강박했다"라고 한다. 조사 결과 이 말은 사실로 드러났다. J병원만 아니라 많은 병원들이 비슷한 폭력을 일상적으로 저질러 왔다.

[사례 3] 부당 감시 및 구타, 가혹 행위 사례

H정신병원에 입원했던 정신 장애인은 "병원에서는 샤워 시설과 함께 사용되는 화장실에 문과 칸막이가 없어 용변을 보는 모습과 목욕 장면이 바로 노출될 뿐만 아니라, 이를 CCTV를 통해 관찰하고 있다"라고 폭로했다. 병원 측 직원들의 정신 장애인 폭행은 수시로 일어났다. 보호자가 없거나 장애가 심한 사람에게 욕설을 하는 것은 기본이고, 구타가 필수적으로 뒤따랐다.

3) 관련 법규

유엔의 장애인 권리 협약[66]을 중심으로 위 사례들을 분석하면 다음과 같다.

(1) 제15조는 '고문이나 잔혹한 또는 비인도적이거나 굴욕적인 취급 및 형벌로부터의 자유'에 관한 조항으로서, 장애인 개개인에 대한 존엄성이 보장되도록 부당하며 불법적인 물리적 행위를 비롯하여 차

---

66. Convention on the Rights of Persons with Disabilities.

별적이거나 부당하거나 불법적인 처우를 금하며 형벌이 있게 될 경우 이에 대한 구제 조치가 즉각적으로 이루어져야 한다'고 밝힌다.

(2) 제16조는 '착취, 폭력, 학대로부터의 자유'로 장애로 인해 신체적 혹은 정신적으로 개인의 존엄성이 무시당하거나 훼손되지 못하도록 보장하고 있다. 동 조항에서는 그 범위를 넓게 규정하여 '모든 유형의 착취, 폭력, 학대'로 명시하고 있으며 폭력 등으로 인한 권리 침해가 발생하는 경우 적극적이고 즉각적인 입법적, 행정적, 사회적, 교육적 및 기타 조치를 취하도록 하고 있다. 또한 발생의 예방과 피해자 보호의 중요성을 강조하여 폭력 발생의 예방을 위한 정보와 교육의 제공, 보호 서비스의 제공, 시설과 프로그램에 대한 감시, 피해자의 신체적, 인지적 및 심리적 회복, 재활 및 사회 재통합을 위한 조치, 관련 입법 및 정책 마련 등을 규정하고 있다.

(3) 제25조에서는 장애인들이 장애를 이유로 어떠한 차별 없이 최상의 신체적, 정신적 건강 수준을 향유할 수 있는 권리를 인정하고 있다.

4) 실천 지침

• 환자의 신체적 강박이나 비자발적 격리는 환자나 다른 사람들의 직접적이고 절박한 위해를 막기 위한 유일한 수단인 경우에 한해, 반드시 해당 정신 보건 시설에서 공식적으로 승인된 절차에 따라서 사용되어야 한다.

• 또한 반드시 필요한 기간을 초과하여 연장되어서는 안 된다. 모든 신체적 강박이나 비자발적 격리 사건은 그 이유와 성격, 범위를 환자의 의료 자료에 기록해야만 한다.

• 강박 및 격리된 환자는 인도적 환경에 있어야 하며, 자격을 갖춘 의료진이 정기적으로 면밀한 감독을 하고 보살펴야 한다.

• 관련된 개인 대리인이 있는 경우 환자의 신체적 강박이나 비자발적 격리를 반드시 즉시 통보해야 한다.

• 어떤 이유로도 신체적 학대, 언어 및 심리적 학대, 성적 학대, 재정적 착취, 방임 등의 학대 행위가 일어나지 않도록 신체적 처벌에 관한 엄격한 내부 지침을 만들어 직원과 입소자들이 공유하며, 신체적, 정신적 안전의 권리를 침해하지 않도록 교육받는다.

4. 정신 장애인 치료의 방향과 인권 실천

1) 사회 개념

'사회'를 개념화할 때는 사회 통제와 사회 계층화라는 두 측면을 고려해야 한다.

사회 통제social control는 사회학 관점에서 가장 보편적으로 사용되는 개념의 하나이다. 사회의 저항적 요인들을 협조의 대열로 끌어들이기 위해 사회가 사용하는 여러 수단을 가리킬 때 우리는 이 용어를 쓸 수 있다. 근본적으로는 사회 통제 없이 어떤 사회도 존재할 수 없다. 사회 통제 방법 중 가장 오랜 역사를 가진 수단은 힘에 의한 제압 즉 폭력이며 민주적 형태를 가장한 것으로는 사회적 율법이 있다. 또한 법적 강제는 아니지만 사회가 요구하는 상식이 있으며 이는 그 시대마다 요구하는 바가 다르고 같은 시대 내에서도 상황과 사람에 따라 다르게 적용되어 왔다.

사회 계층social stratification 개념은 어떤 사회든지 권력, 특전, 위신의 면에서 지배와 종속의 관점에 입각해 모든 사람들을 서로 관련시키는 여러 단계로 구성되어 있다는 사실을 말해 주고 있다. 달리 말하면, 계층이란 과거 전제주의 시절의 계급과는 다른 개념이지만 모든 사회가 하나의 위계 질서 시스템hierarchical system을 지니고 있음을 의미한다. 어떤 계층은 높은 위계에 속하고 또 어떤 계층은 낮은 위계에 속한다. 그것들을 모두 합친 총체적 구조가 사회를 형성한다.

2) 사회와 개인

사회라는 함의 속에 우리는 존재한다. 우리 자신은 책임감을 갖지만 이는 사회 구성원으로서 의무이기도 하다. 치료라는 개념은 개인에 적용되는 것이다. 그러나 각 개인의 치료에 대한 정책을 만드는 곳은 사회의 일환이다. 정신 장애가 발생한 시점에 사회 구성원을 보호하기 위한 정책의 일환으로 정신 장애인은 강제 입원이 이루어진다. 정신보건법이 가진 독소 조항이며 경찰력을 대신하는 유일한 사법권의 논쟁이 발생하는 것이 정신과 입원이다. 병원 중심의 치료 공동체는 어떻게 하면 정신 장애인을 병원 밖으로 내보내고 지역사회 내 적응이 잘 이루어지는가를 주요 관심으로 삼아야 한다.

이를 정신 사회 재활의 개념으로 정의할 수 있다. 그러나 문제는 다음부터 발생한다. 지역사회 내 적응한 정신 장애인은 우리 사회 구성원의 일부가 된다. 비록 정신 장애가 다시 재발한다고 하더라도 치료 공동체 개념이라면 사회적 수용에 따라 거주지 중심에서 치료해야 한다. 다시 말해 입원화 과정은 탈수용화의 과정보다 더욱 신중해야 한다는 것이다. 정신 장애인에 대한 인권 개념은 입원과 지역사회 모두에 적용됨을 기억해야 한다.

3) 인간 존엄을 위한 치료

정신 장애인에 대한 치료 철학은 인적 생산성의 핵심적인 요소이다. 신뢰와 협동을 바탕으로 하는 사회적 자본social capital 형성은 장애인에 대한 사회 통합을 목표로 한다. 또한 인권과 평등의 실천은 민주적 결정 과정을 통해 사회 운동과 결합된다. 지역사회 내 다른 구성원들의 합의가 없다면, 정신 장애를 앓는 당사자는 즉시 지역사회로부터 퇴출되어 입원화 과정에 들어가게 된다. 큰 틀의 공동체 필요성이 작동하는 원리이다. 그들 또한 우리의 구성원이므로 치료 공동체와 사회 공동체가 다른 이상과 목표에 따라 충돌하게 되는 것이다.

이 과정에서 중요한 의학적 결정을 내리는 사람은 정신과 의사이다. 그의 정신 병리에 대한 판단에 따라 정신보건심판위원회는 입퇴원을 결정한다. 반정신과 운동Antipsychiatry movement은 의사의 권한이 비록 중요하더라도 사회적 입장에서 그들의 결정이 옳다고 보지 않는 것에서 출발한다. 스코틀랜드 출신의 로널드 랭Ronald Laing은 이탈리아 정신 보건 개혁자 프랑코 바잘리아Franco Basaglia[67]와의 대담에서 정신과 의사의 존재가 정신 장애인을 사회로부터 격리시켜 치료한다는 전제를 반대하였다. 그 반대로 정신 장애를 만든 사회에 그 책임이 있다면서, 질환 만들기being mental illness에 정신과 의사가 동의하지 말 것을 주장하였다.

최소한의 규제는 이러한 철학을 배경으로 한다. 정신 병리적 측면에서 매우 심한 정신병 상태의 시민을 입원이 아닌 다시 말해 자유가 보장된 세팅에서 돌볼 수 있는 구조를 만들어 낸다면, 입원실이라는 인위적 폐쇄 공간은 필요하지 않게 된다는 것이다.

4) 보건 의료인의 역할

정신 장애인을 대하는 의료인들은 다음과 같은 원칙을 가지고 그들과의 치료적 관계를 설정하도록 노력해야 한다. 이 모든 원칙은 인권 실천의 기본 원리와 연결되어 있다.

① 모든 보건 의료인은 치료가 지속되는 동안 정신 장애인의 권리를 존중하고 보호해야만 한다.
② 모든 정신과 치료는 잠재적 효용성의 이면에 위험 요소가 있다. 따라서 정신 장애인을 치료하는 사람들은 현존하는 정신과 치료의 제

---

67. 반정신의학 운동을 전개한 로널드 랭의 철학은 영국 치료 공동체의 실천으로 이어졌으며, 정신 질환의 원인이 부조리한 사회에 기인한다는 주장을 주요 내용으로 담고 있다. 이탈리아 정신 보건 개혁을 주도했던 프랑코 바잘리아의 철학 또한 불필요한 정신 장애인의 입원을 규제함으로써 지역사회의 통합이라는 동시대의 철학과 부합되었다. 이에 대한 자세한 내용은 「정신 장애인 인권 개선을 위한 각국의 사례 연구와 선진 모델 구축」(국가인권위원회, 2009) 237-255쪽을 참고하기 바란다.

한 점을 숙지하고 있어야 한다.

③ 정신 장애인들이 스스로 선호하는 치료를 따르기도 하지만, 자신이 받기 싫어하는 치료적 방법에 대해서는 반대할 수도 있는 치료적 힘이 있다는 사실을 과소평가해서는 안 된다.

④ 정신 장애가 영원하다는 생각을 가져서는 안 된다. 기대는 결과에 영향을 미친다. 따라서 보건 의료인들은 자신들의 기술에 자신감을 갖고 가능한 낙관적인 견해를 갖도록 노력해야 한다.

⑤ 부적절하거나 부당한 치료는 아무런 치료를 하지 않는 것보다 못하다.

⑥ 정신 장애인이라는 낙인은 병 자체만큼 큰 핸디캡이다. 낙인이 정신 장애인들의 회복에 미치는 영향을 간과하면 안 된다.

⑦ 보건 의료인들은 자신의 사적인 가치관이나 편견을 정신 장애인에게 부과해서는 안 된다.

⑧ 강제적이고 위압적인 치료는 치료자의 역할을 왜곡시킨다. 더 정교하고 덜 위압적인 방법을 고안하도록 치료자는 노력하여야 한다.

⑨ 독립심과 자존심은 정신 장애인의 회복을 지속시키는 초석이 된다. 치료자들은 모든 치료 영역에서 이러한 목표를 지지하도록 노력해야 한다.

⑩ 어떠한 위해도 행하지 않아야 한다. 이는 치료의 이면에 존재하는 기본적인 원칙이다.

정신 장애인에 대한 치료는 동시대의 사회 철학을 반영하며 성장해 왔다. 권위적이고 폐쇄된 사회에서는 정신 장애인을 억압하고 감금 수용하였으며, 인간 본위의 사회에서는 이들에 대한 도덕 치료와 치료 공동체 운동이 펼쳐졌고, 인권 중심의 치료를 지지하였다. 한국 의료는 미국식 성장과 경쟁에 전염된 거대한 암 조직과 같이 병들어 있다. 반치료적이고 반민중적인 의료의 형태로, 자본 증식 위주의 구조 안에 함몰되어 있다.

또한 여전히 정신 장애인에 대한 치료에 공공 투자가 이루어지지 않는 이유는 정신 장애의 치료가 사회 철학과 연결된다는 문제 의식을 전혀 인식하지 못함을 입증하고 있는 것이다. 인간 자유권이 무시되고 사회 방위적 측면으로 관리되고 있는 한국 정신 보건의 현실을 바꿀 패러다임이 반드시 필요하다.

(참고 문헌)

국가인권위원회, 『정신 장애인 인권 보호와 증진을 위한 국가보고서』, 2009.
이영문, 「치료 과정에서의 인권」, 『정신장애 분야 인권 교육 교재』, 국가인권위원회, 2008.
홍선미, 이영문, 홍진표 등, 『정신 장애인 인권 개선을 위한 각국의 사례 연구와 선진 모델 구축』, 국가인권위원회, 2009.
President's New Freedom Commission on Mental Health, Archieving the Promise: Transforming Mental Health Care in America, 2003.

HIV 감염인의 인권

| 주요 내용 |

의료인이 HIV 감염인을 대할 때 해야 할 일과 하지 말아야 할 일을 학습한다.

| 목표 |

1. HIV/AIDS의 역학적, 사회적 특성을 설명할 수 있다.
2. 동성애와 HIV/AIDS의 관계를 설명할 수 있다.
3. HIV 감염인이 겪는 인권 침해와 그 결과를 설명할 수 있다.
4. HIV 감염인에 대하여 해야 할 일과 하지 말아야 할 일을 설명할 수 있다.

저자 최용준

대학에서 의학을 공부하고 대학원에서 의료관리학을 전공하였다. 일차의료 연구로 박사 학위를 받았고 현재 한림대학교 의과대학 사회의학 교실 교수로 있다. 에이즈 연구와 인권 운동에 참여하였다.(email: ychoi@hallym.ac.kr)

• 들어가며 —————————————————

　후천성 면역 결핍증acquired immunodeficiency syndrome, AIDS(이하 에이즈)은 1981년 처음 보고되었다. 미국 질병통제예방센터는 로스앤젤레스 거주 남성 동성애자 5명에서 원인 불명의 폐포자충 폐렴이 발생하였고 뉴욕과 샌프란시스코, 로스앤젤레스의 남성 동성애자 26명이 카포시 육종을 진단 받았음을 보고하였다. 첫 사례가 남성 동성애자에서 발견된 탓에 한때 '게이 돌림병'이란 오명을 얻었던 에이즈는, 그러나 곧 정맥 주사 약물 사용자와 혈우병 환자, 수혈자, 남성 감염인의 여성 파트너, 여성 감염인이 출산한 아이에서도 확인되었다.[68]

　1983년, 미국과 프랑스의 과학자들이 인체 면역 결핍 바이러스human immunodeficiency virus(이하 HIV)를 분리함으로써 에이즈의 원인이 HIV임이 분명해졌다. 1985년에는 효소 면역 측정법이 개발되어 HIV를 쉽게 확인할 수 있게 되었다.[69]

———————

68. Fauci AS, Lane HC. "Human Immunodeficiency Virus Disease: AIDS and Related Disorders." In: Kasper D, Fauci A, Hauser S, Longo D, Jameson JL, Loscalzo J, editors. *Harrison's Principles of Internal Medicine, 19e. New York*, NY: McGraw-Hill Education; 2015.
69. HIV는 에이즈의 원인 바이러스이고 이 바이러스에 감염된 상태가 HIV 감염이다. HIV 감염이 있는 상태에서 면역 체계가 약화하여 기회 감염 등 여러 합병증이 생겨 진단 기준에 부합하면 에이즈로 진단되므로

에이즈는 국제 보건 이슈가 된 지 오래다. 무엇보다 감염인 수가 많다. 2015년 현재 전 세계 에이즈 감염인은 3,670만 명, 2015년 한 해의 신규 감염인은 210만 명으로 추정된다.[70] 2015년 현재 에이즈는 질병 부담 크기를 기준으로 주요 질병 중 11위, 만성 감염병 중 1위를 차지하였는데 이는 결핵이나 말라리아보다 높은 순위다.[71]

에이즈는 단일 질병으로는 보기 드문, 높은 수준의 국제 협력을 이끌어 낸 대표적 사례이기도 하다. 1996년 발족한 UNAIDS(Joint United Nations Programme on HIV/AIDS)[72]는 세계보건기구의 사업이 아니라 국제연합의 프로그램이다. 또 에이즈 기금 규모는 단일 질병으로는 가장 크다. 글로벌 펀드는 한 해 40억 달러를 모금하여 에이즈뿐 아니라 결핵과 말라리아의 예방과 치료를 지원하고 있으며[73] 세계 최대의 민간 재단인 게이츠 재단은 16억 달러에 이르는 글로벌 펀드 기부를 포함하여 지금까지 46억 달러를 에이즈 예방과 치료에 지원하였다.[74]

물론 에이즈가 뚜렷한 국제 보건 의제로 자리 잡은 데에는 1980년대 이후 수많은 에이즈 감염인이 겪은 비참함과, 그들의 극복 노력,

---

양자는 구분하여야 한다. 여기에서는 양자를 꼭 구분해야 하는 경우가 아니면 '에이즈'라 하였다.

70. Joint United Nations Programme on HIV/AIDS. *Global AIDS update.* Geneva: UNAIDS; 2016.

71. World Health Organization. *Global health estimates 2015: disease burden by cause, age, sex, by country and by region, 2000-2015.* Geneva: World Health Organization; 2016.

72. 세계보건기구는 에이즈 대응을 위하여 1986년 에이즈 통제 프로그램(Control Programme on AIDS)을 설치하고 조너선 만(Jonathan Mann)을 책임자로 임명하였다. 이 프로그램은 1987년 에이즈 특별 프로그램(Special Programme on AIDS)으로, 1988년 국제 에이즈 프로그램(Global Programme on AIDS, GPA)으로 명칭이 바뀌었고 1996년 UNAIDS로 계승되었다.

73. The Global Fund [Internet]. Geneva: The Global Fund to Fight AIDS, Tuberculosis and Malaria; c2017 [cited 2017 Mar 21]. Available from: https://www.theglobalfund.org/en/

74. Bill & Melinda Gates Foundation [Internet]. Geneva: Bill & Melinda Gates Foundation; c2017 [cited 2017 Mar 21]. Available from: http://www.gatesfoundation.org

이름 없는 의료인의 헌신이 있었다.

　에이즈가 처음 보고된 1980년대의 사정과, 많은 감염인이 최소한의 치료조차 받지 못하는 아시아와 아프리카 일부 국가의 현실을 생각하면, 오늘날 한국 에이즈 감염인의 형편은 그나마 나은 편이라 생각할 수도 있겠다. 한국은 세계적으로 에이즈 유병률이 낮은 나라 중 하나다. 또 보건소가 에이즈 검진을 무료로 하고 있으며 진단과 치료에 드는 비용 일부를 국가가 부담하고 있다. 에이즈 감염인 조직이 있고 관계 학회나 민간단체도 있어 전문가들이 에이즈 예방 활동에 참여하고 있다.

　그러나 한국 민주주의의 사정이 북한에 비해 낫다는 이유로 한국 시민의 권리를 유보할 수 없는 것처럼, 한국 에이즈 감염인의 처지가 다른 나라나 과거보다 낫다는 이유로 여전한 차별에 눈감아서는 안 된다. 상대적으로 낮은 한국의 에이즈 유병률 때문에 감염인 인권 보장 등 에이즈 이슈가 공중 보건의 우선순위에서 밀린 면도 있다. 동성애와 동성애자에 대한 편견과 몰이해가 에이즈 감염인의 인권 침해로 이어지는 현실도 여전하다. "나이, 질병이나 장애, 신념, 종족, 성별, 국적, 정치적 배경, 인종, 성적 지향, 사회적 지위, 기타 요인을 초월하여 오직 환자에 대한 의무를 지키겠노라."[75]고 맹세한 의료인들이 에이즈 감염인의 인권에 관심을 가져야 하는 이유가 여기에 있다.

---

75. World Medical Association. [Internet]. Ferney-Voltaire: World Medical Association; c2017 [cited 2017 Mar 21]. Declaration of Geneva; [about 3 screens]. Available from: http://www.wma.net/en/30publications/10policies/g1/

1. HIV/AIDS는 무엇인가?

HIV는 인체의 면역 체계를 약화하는 에이즈의 원인 바이러스다. HIV는 유전 정보가 RNA에 담겨 있는 레트로 바이러스의 일종으로 그로 인한 질병이 대체로 오랜 기간에 걸쳐 발생한다 하여 레트로 바이러스 중 렌티 바이러스로 분류된다.[76] HIV가 공격하는 것은 면역 체계 세포들, 특히 CD4+ T세포다. HIV는 세포 내에서 증식한 후 세포를 파괴하면서 방출되어 다른 세포를 감염시킨다.[77] 여러 세포가 감염되어 HIV가 일정 수준까지 증식, 방출되면 바이러스나 항체를 검사로 확인하여 감염이 진단된다. 감염이 진행되어 면역 체계가 약화되고 기회 감염이나 카포시 육종이 생기는 등 진단 기준에 부합하면 에이즈로 진단된다.

첫 에이즈 치료제는 1987년 미국 FDA가 처음 승인한 지도부딘 zidovudine이다. 1996년에는 치료제를 2-3가지 병용하는 일명 '칵테일 요법highly active anti-retroviral therapy, HAART'이 사용되기 시작하였다. 칵테일 요법 시행으로 에이즈는 '관리 가능한' 질병이 되었다. 그러나 2000년대 초반까지만 해도 에이즈 감염인은 하루에 알약 수십 알을 먹어야 했다. 또 크고 작은 부작용에 시달려 치료제를 꾸준하게 복용할 수 없었다. 이런 문제를 해결하기 위하여 2000년대 중반 개발된 치료제가 여러 약물을 하나의 알약에 담은 단일정 복합제였다. 이제

---

76. Fauci AS, Lane HC. "Human Immunodeficiency Virus Disease: AIDS and Related Disorders". In: Kasper D, Fauci A, Hauser S, Longo D, Jameson JL, Loscalzo J, editors. *Harrison's Principles of Internal Medicine, 19e. New York*, NY: McGraw-Hill Education; 2015.

77. Whiteside A. *HIV/AIDS. A very short introduction.* Oxford: Oxford University Press; 2008.

하루에 알약 하나만 먹으면 되는 것이다. 복약 순응도는 자연스레 개선되었다. 그 결과 미국 등 일부 국가에서는 에이즈 사망률이 크게 낮아졌다.[78]

교육과 상담, 행동 변화 중재는 에이즈 예방의 일차적 수단이다. 이들 예방 조치를 에이즈 검진과 결합하면 더 효과적이다. 신규 감염의 상당수가 자신의 감염 사실을 모르는 감염인에 의하여 발생하기 때문이다. 예를 들어 미국은 감염인의 16-18%가 자신의 감염 사실을 모르고 신규 감염의 약 49%가 이들 때문에 발생한다고 한다.[79] 콘돔을 사용하는 안전한 성관계는 감염을 효과적으로 예방할 수 있는 간편한 방법이다. 여성이 항레트로 바이러스 약물 함유 젤gel 살균제를 사용하거나 남성과 성관계를 하는 남성men who have sex with men이 항레트로 바이러스 약물을 매일 복용하는 노출 전 예방pre-exposure prophylaxis, PreP도 효과적인 예방 조치 중 하나다.

주사 약물 사용자는 주사기를 공용하지 않으면 감염을 예방할 수 있다. 또 수혈 및 혈액 제제에 의한 감염은 공혈자 검사 및 혈액 제제 관리를 통하여, 수직 감염은 엄마에 대한 항레트로 바이러스 약물 치료 및 제왕 절개술, 모유 수유 금지 조치를 통하여 예방할 수 있다.[80]

염두에 두어야 할 점은 어떤 예방 조치도 100% 효과적이지 않다는 점이다. 예방 조치에 대한 순응도가 효과를 좌우한다. 반면 한 번

78. 나영정, 권미란, 김대희, 김성연, 김재왕, 손문수, 이훈재, 『감염인(HIV/AIDS) 의료 차별 실태 조사』, 국가인권위원회, 2016.
79. Fauci AS, Lane HC. "Human Immunodeficiency Virus Disease: AIDS and Related Disorders". In: Kasper D, Fauci A, Hauser S, Longo D, Jameson JL, Loscalzo J, editors. *Harrison's Principles of Internal Medicine, 19e. New York*, NY: McGraw-Hill Education; 2015.
80. Fauci AS, Lane HC. "Human Immunodeficiency Virus Disease: AIDS and Related Disorders". In: Kasper D, Fauci A, Hauser S, Longo D, Jameson JL, Loscalzo J, editors. *Harrison's Principles of Internal Medicine, 19e. New York*, NY: McGraw-Hill Education; 2015.

[표 5] 노출 행위별 추정 HIV 감염 확률

노출 종류	10,000회 노출 당 감염 위험
비경구적	
수혈	9,250
주사 약물 사용 시 주사 바늘 공용	63
주사 바늘에 의한 피부 상처	23
성관계	
감염인이 성기를 삽입하는 항문 성교	138
비감염인이 성기를 삽입하는 항문 성교	11
남성 감염인과 비감염 여성의 질 성교	8
여성 감염인과 비감염 남성의 질 성교	4
구강 성교	낮음

출처 : Fauci AS, Lane HC. "Human Immunodeficiency Virus Disease: AIDS and Related Disorders". In: Kasper D, Fauci A, Hauser S, Longo D, Jameson JL, Loscalzo J, editors. *Harrison's Principles of Internal Medicine, 19e. New York*, NY: McGraw-Hill Education; 2015.

의 노출 행동이 감염으로 이어지는 것은 아니다. 또 행위 종류에 따라 감염 위험도 달라진다.([표 5])

2. HIV 감염인은 누구인가?

에이즈에 대한 의학적 이해가 증진되고 효과적 치료법이 개발되었으나 에이즈는 여전한 국제 보건 이슈다. 감염인 수가 수천만 명에 이르며 매년 수백만 명의 신규 감염인이 나타나고 있다. 2015년 전 세계 추정 감염인은 3,670만 명이며 그중 1,740만 명이 여성(47%)으로, 0-14세 감염인은 180만 명으로 추정된다. 또 같은 해 신규 감염인은 210만 명으로 추정되며 사망자는 110만 명 수준이다. 이는 2000년 기준 신규 감염인 320만 명과 사망자 150만 명에 비하여 크게 줄어든 수치다. 0-14세 신규 감염인도 2015년 15만 명으로 2000년 49만 명에 비하여 감소한 것으로 추정되었다.

이는 항레트로 바이러스 요법이 도입, 확산된 결과로 이해된다. 감염인 집단의 특성에 따라 2014년 신규 감염인 구성을 살펴보면 성 매수자 및 기타 핵심 인구 집단[81] 성 파트너가 16%, 남성 동성애자와 주사 약물 사용자, 성매매 종사자가 각각 8%와 7%, 4%를 차지하는 것으로 나타났다. 나머지 64%는 일반 인구 집단이었다.[82]

한국의 에이즈는 1985년 처음 확인된 후 완만한 증가 추세를 보였다. 그러나 1999년 누적 감염인 수가 1,000명을 넘은 후 2000년대 들어서면서 신규 감염인 수가 빠르게 증가하였다.([그림 1]) 내국인 기준 누적 감염인 수는 2007년에 5,000명을 넘어섰고 2015년 현재 12,523명에 이른다. 누적 감염인 중 생존자가 10,502명, 15-49세 생존자가 6,979명이다.[83] 이들 수치를 이용하여 계산한 2015년 현재 15-49세 감염률은 0.03%로서, 같은 해 스와질란드의 29%는 물론이거니와 세계 평균 0.8%와 비교할 때도 크게 낮다. 또 스페인(2014년 0.4%)과 스위스(2014년 0.3%)보다 낮다.[84] 그러나 이 수치는 의료 이용 결과 신고된 감염인 수만 집계한 결과이므로 실제로는 3배에 이를 것으로 추정

---

81. UNAIDS는 성매매 종사자와 주사 약물 사용자, 트랜스젠더, 남성 동성애자 및 MSM 등을 핵심 인구 집단으로 보고 있다.

82. Joint United Nations Programme on HIV/AIDS. *Prevention gap report*. Geneva: UNAIDS; 2016.

83. 질병관리본부, 『2015 HIV/AIDS 신고 현황』. 2016.

84. World Health Organization. [Internet]. Geneva: World Health Organization; c2017. Prevalence of HIV among adults aged 15 to 49 estimates by country (2000-2014); [cited 2017 Jun 9]; [about 2 screens]. Available from: http://apps.who.int/gho/data/view. main.22500?lang=en

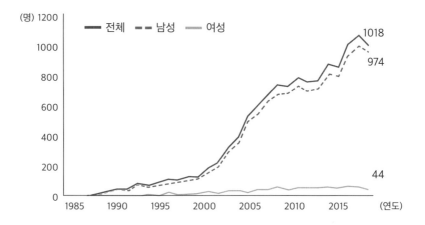

[그림 1] 한국 HIV/AIDS 신고 추이(1985-2015)

출처 : 질병관리본부, 『2015 HIV/AIDS 신고 현황』 2016.

된다. UNAIDS도 전 세계 감염인의 약 40%가 자신의 감염 사실을 모른다고 보고한 바 있다.[85]

한국의 에이즈 감염인은 여성보다 남성이 많고 다른 연령대에 비해 20-30대가 많다. 2015년 현재 내국인 생존 감염인의 93%, 같은 해 신규 감염인의 96%가 남성이었다. 또 같은 해 생존 감염인 중에서는 40대가 28%로 가장 많지만 2000년 이후 신규 감염인 중 40대가 가장 많았던 때는 2008년과 2011년 두 해뿐이다. 이때를 제외한 2000-2010년까지는 30대 감염인이, 2012년 이후에는 20대 감염인이 가장 많았다. 2015년에도 20대가 35%로 가장 많았고 30대가 23%,

---

85. Joint United Nations Programme on HIV/AIDS. *Global AIDS update.* Geneva: UNAIDS; 2016.

40대가 18%로 뒤를 이었다.[86]

한국의 에이즈 감염 경로 중 가장 비중이 큰 것은 성 접촉이다. 2015년 내국인 신규 감염인을 상대로 감염 경로를 조사한 결과, 성 접촉이 64%로 가장 많았다. 수직 감염이나 주사기 공동 사용에 의한 감염, 수혈 및 혈액 제제에 의한 감염은 한 건도 없었고 나머지 36%는 무응답이었다. 특히 혈액 제제에 의한 감염은 1995년 이후, 수혈로 인한 감염은 2006년 이후 발생하지 않았다. 또 이성 간 성 접촉이 동성 간 성 접촉보다 비중이 더 크다. 2015년 성 접촉에 의한 신규 감염 652건 중 374건(56%)이 이성 간 성 접촉에 의한 것으로 조사되었다. 또 동성 간 성 접촉에 의한 감염이 이성 간 성 접촉에 의한 감염보다 많은 적은 한 번도 없었다. 성 접촉에 의한 여성 감염 28건은 모두 이성 간 성 접촉에 의한 것으로 파악되었다.[87]

그러나 질병관리본부의 에이즈 신고 통계와 달리 감염인 상당수가 이성 간 성 접촉보다 동성 간 성 접촉에 의한 것이라는 주장이 있다. 생존 감염인 절대 다수가 남성이고 1988년 이후 신규 감염 남성이 여성보다 적은 때가 한 번도 없었을 뿐더러 내국인 남녀 감염인의 성비도 1988년 3.4에서 2015년 22.1로 꾸준히 증가하였기 때문이다.[88] 동성애자에 대한 한국 사회의 편견과 차별 때문에 일부 남성 동성애자 감염인이 자신의 성적 지향과 동성 간 성 접촉 사실을 숨겼을 개연성이 있다. 이로부터 남성 '동성애'가 HIV 감염의 원인이라는 주장이 나오기도 한다. 여기에 남성 동성애자의 HIV 감염 위험이 여성 동성

---

86. 질병관리본부, 『2015 HIV/AIDS 신고 현황』, 2016.
87. 질병관리본부, 『2015 HIV/AIDS 신고 현황』, 2016.
88. 질병관리본부, 『2015 HIV/AIDS 신고 현황』, 2016.

애자나 이성애자 등에 비하여 크다는 연구 결과가 그런 주장의 근거
로 덧붙여진다.

3. 동성애와 HIV/AIDS는 어떤 관계에 있는가?

그러나 에이즈의 원인이 바이러스라는 점은 명백하게 밝혀져 있
다. 인체 면역 결핍 바이러스, HIV가 그것이다. 이 바이러스가 성관계
나 수직 감염, 주사기 공동 사용, 수혈 및 혈액 제제 사용 등의 경로를
통하여 인체를 감염시킨다. 성관계 상대가 HIV에 감염되어 있다면
HIV에 감염될 수 있다. 이는 성적 지향이 동성애냐 이성애냐와 무관
하다. 미국 메이요 클리닉의 홈페이지는 에이즈의 위험 요인을 다음
과 같이 설명한다.[89]

"나이나 인종, 성별, 성적 지향과 무관하게 누구든 에이즈에 걸릴 수 있
다. 다만 다음의 경우에 특히 감염 위험이 커진다."
- 안전하지 않은 성관계를 하는 경우
- 또 다른 성 매개 감염이 있는 경우
- 정맥 주사용 주사기를 타인과 같이 사용하는 경우
- 이성애자 남성이 포경 수술을 하지 않은 경우

---

89. Mayo Clinic [Internet]. Rochester: Mayo Clinic; 2017. HIV/AIDS risk factors; [updated 2015
Jul 21; cited 2017 Jun 11]; [about 4 screens]. Available from: http://www.mayoclinic.org/
diseases-conditions/hiv-aids/basics/risk-factors/con-20013732

마약류를 정맥 주사하면서 주사기를 공동 사용하는 경우를 제외하면 세 경우 모두 성관계를 통한 감염의 위험을 높인다. 성관계가 안전하지 않거나 또 다른 성 매개 감염이 있으면 성관계가 이성 간에 이루어지든 동성 간에 이루어지든 감염 위험이 커진다. 그런데 왜 (남성) 동성애자와 에이즈 간의 관계가 주목받는 것일까? 콘돔 등을 사용하지 않은 채 맺는 성관계를 '안전하지 않은 성관계unsafe sex'라고 한다. 이때 남녀 간 질 성교보다 남성 간 또는 남녀 간 항문 성교 시 감염 위험이 커진다.[90] 남녀 간 삽입 성교의 대부분은 질 성교지만 남성 간 삽입 성교는 항문 성교일 수밖에 없다. 한국 남성의 콘돔 사용률이 그리 높지 않으므로 삽입 성교 시 항문 성교를 하는 남성의 HIV 감염 위험이 커지게 되는 것이다. 성관계를 할 때마다 콘돔을 바르게 사용하면 이성 간 성관계를 통한 HIV 감염률을 80%,[91] 남성 간 성관계를 통한 감염률을 95%까지[92] 감소시키는 것으로 보고된 바 있다. 결국 콘돔 사용 또는 안전한 성관계 여부를 감안하면 동성애 등 성적 지향과 에이즈의 관계는 의미가 없을 가능성이 크다.

사정이 이런데도 동성애와 에이즈를 연결하려는 시도가 끊이지 않는 이유는 무엇일까? 이것은 에이즈 이전에 동성애에 대한 부정적 태도와 관련이 있다. 거꾸로 에이즈와의 관계를 강조함으로써 동성애에 대한 부정적 태도가 강화되는 면도 있다. 이런 태도의 기원은 무엇일

90. 성관계나 성교에 대한 국어사전의 정의와는 달리 성관계나 성교는 이성 간에서만 이루어지는 것은 아니다. 또 성교에는 질성교 외에도 항문 성교, 구강 성교 등 여러 종류가 있다.
91. Weller S, Davis K. "Condom effectiveness in reducing heterosexual HIV transmission". *Cochrane Database Syst Rev. 2002*; (1): CD003255.
92. Pinkerton SD, Abramson PR. "Effectiveness of condoms in preventing HIV transmission". *Soc Sci Med*. 1997 May; 44(9): pp. 1303-12.

까?[93] 하나는 성에 대하여 엄격한 종교관, 종교 윤리에서 찾을 수 있다. 과거 기독교에서는 동성 간 성관계는 물론이거니와 임신과 출산을 목적으로 하지 않는 모든 성 행위를 죄악시하였다고 한다. 동성 간 성 행위를 처벌하는 법이 있는 나라도 여럿이었다. 현대에 와서는 이런 관점이 시대착오적이었다는 것이 명백해졌다.

또 다른 원인은 정신의학이 이성애를 '정상'으로, 동성애를 '비정상'으로 보았다는 점에서 찾을 수 있다. 실제로 동성애를 정신과 진단명에 포함시키고 치료의 명목으로 정신 분석, 호르몬 요법, 뇌 수술 등을 행하기도 하였다. 1973년, 동성애가 정신과 진단명에서 제외되고 뒤이어 세계보건기구도 이 점을 명백히 하면서 동성애가 질병이라는 인식이 오해였음이 입증되었다. 이념 차이에도 불구하고 독일 나치즘, 미국 매카시즘, 중국 공산당이 동성애자를 박해하였던 국제 정치의 경험도 영향을 끼쳤다. 이러한 태도는 결국, '다름'과 '차이'에 대한 부정과 두려움, 차이를 비정상으로 보는 관점, 다양성 대신 획일성을 필요로 하는 정치적 필요성과 관계가 있다. 어느 경우든 박해받는 쪽은 소수자다.

4. 에이즈 감염인의 인권은 의료 현장에서 어떻게 침해되는가?

한국의 에이즈 감염인은 인권 보장의 사각 지대에 놓여 있다. 2005

---

93. 강남순 김승섭 김지혜 김현미 박한희 백영경 이승현 이지하 조대훈 조수미 차효록 홍성수. 『혐오의 시대에 맞서는 성소수자에 대한 12가지 질문』 한국성소수자연구회(준), 2016.

년 국가인권위원회 의뢰로 인하대학교 이훈재 교수 등이 수행한 'HIV 감염인 및 AIDS 환자 인권 상황 실태 조사'는 에이즈 감염인이 겪는 인권 침해 사례를 사생활 침해, 신체의 자유 침해, 감염인 자신에 대한 낙인, 의료 기관에서의 차별 경험, 경제적 빈곤의 위협 등으로 구분하여 살펴보았다. 그중 감염 사실 누설 등 사생활 침해, 의료 기관에서의 차별 경험, 경제적 빈곤의 위협을 경험하는 감염인은 감염 후 경과 기간이 길수록 많은 것으로 나타났다. 또 의료 기관에서 차별을 경험한 감염인 비율은 차별 종류에 따라 응답자의 36-84% 수준을 보였다.[94]

10여 년 전에 비하여 에이즈 감염인이 겪는 사회적 차별, 특히 의료 기관에서의 차별은 많이 개선되었다. 2016년 국가인권위원회 의뢰로 수행된 '감염인(HIV/AIDS) 의료 차별 실태 조사' 결과에 따르면 의료 기관에서의 차별 발생 빈도가 과거에 비하여 개선되었다고 한 응답자 비율이 44%였다. 직장 및 학교에서의 차별 개선이 있었다고 한 응답자 비율 18%과 16%에 비하여 높은 수준이다. 의료 기관에서의 차별 발생 빈도가 과거에 비하여 심해졌거나 변화가 없다고 답한 응답자 비율 19%, 37%에 비해서도 높다. 감염 후 경과 기간이 줄어들수록 차별 경험자 비율이 낮다는 사실은 의료 기관에서의 차별이 어느 정도 개선되었음을 시사한다.([표 6])

하지만 응답자의 76%가 '다른 질병으로 병원 방문 시 감염인임을 밝히기 어렵다'고 답하였고 '치료나 시술, 입원 시 감염 예방을 이유

---

94. 김연미 김현구 김형석 박광서 이미영 이후소 이훈재 정현미 한채윤, 『HIV 감염인 및 AIDS 환자 인권 상황 실태 조사』, 국가인권위원회, 2005.

[표 6] 감염 경과 기간에 따른 의료 기관에서의 차별 경험

	n (%)			
	< 5년	5-9년	≥ 10년	계
검사나 수술 순서가 밀림	6 (9.7)	15 (23.8)	28 (35.4)	49 (24.0)
타과 진료 시 차별	10 (16.4)	13 (20.6)	31 (38.8)	54 (26.5)
간호사의 차별	7 (11.3)	9 (14.3)	17 (21.5)	33 (16.2)
방사선과나 검사실 직원의 차별	3 (4.8)	4 (6.3)	10 (12.7)	17 (8.3)
행정 직원의 차별	3 (4.8)	6 (9.5)	11 (14.1)	20 (9.9)
HIV 감염인에 대한 수군거림	6 (9.7)	13 (20.6)	21 (26.9)	40 (19.7)
차트 등에 있는 감염인 표식	8 (13.1)	19 (30.2)	29 (37.2)	56 (27.7)
병원 방문이 불편하여 대도시 이사 희망	18 (29.0)	18 (28.6)	37 (46.8)	73 (35.8)
감염인 의사에 반하여 처방전 등에 HIV 명시	11 (17.7)	14 (22.2)	29 (37.2)	54 (26.5)
다른 질병으로 병원 방문 시 감염인임을 밝히기 어려움	43 (69.4)	51 (82.3)	60 (76.9)	154 (76.2)

출처 : 나영정 권미란 김대희 김성연 김재왕 손문수 이훈재, 『감염인(HIV/AIDS) 의료 차별 실태 조사』 국가인권위원회, 2016.

로 별도의 기구나 공간을 사용한 경험이 있다'는 응답자도 41%였다. 설문에 응한 감염인은 의료 기관 규모가 작을수록 차별이 심각한 것으로 인식하고 있었으나 더 이상 선택의 여지가 없는 대형 병원이나 종합 병원에서 차별 경험이 있다고 답한 감염인도 18명, 전체 응답자의 9%였다.[95]

---

95. 나영정 권미란 김대희 김성연 김재왕 손문수 이훈재, 『감염인(HIV/AIDS) 의료 차별 실태 조사』 국가인권위원회, 2016.

의료 기관에서의 에이즈 감염인 차별은 한국만의 문제는 아니다. 예를 들어 유럽 14개국 에이즈 감염인을 상대로 한 설문 결과에서도 의료 제공자로부터 차별받은 경험이 있는 감염인이 응답자 1,291명 의 약 17%인 216명이나 되었다. 의료 차별 경험이 있는 감염인 비율 은 나라마다 다양하지만 비율이 가장 큰 나라는 오스트리아로 응답 자 57명의 35%인 20명이었다.[96] 또 세계보건기구가 인도와 인도네시아, 필리핀, 태국 등지에서 수행한 연구 결과 응답자의 34%가 의료인 의 비밀 보장 위반을 경험하였다.[97]

에이즈 감염인의 의료 차별 경험은 의료인을 매개로 이루어진다는 점에서 의료인, 특히 진료를 담당하는 의사의 지식이나 태도가 중요 하다. 2004년 공중 보건 의사 407명을 상대로 한 설문 결과 주변인의 감염 사실을 알게 된 경우 '주위에 알린다'고 답한 응답자가 64%였고 '배우자의 강제 검진이 필요하다'고 답한 응답자 비율이 91%였다. 또 감염인 입원 시 '별도 표시가 필요하다'고 답한 응답자가 94%, 감염 인의 성관계에 대하여 '금욕을 권고하겠다'고 답한 응답자가 29%, 감 염인의 출산을 '만류하겠다'고 답한 응답자 비율이 71%였다.[98]

이것은 십여 년 전 설문 결과로 오늘날과는 차이가 있을 것이다. 그러나 의사의 태도 상당 부분이 부정확한 지식에 바탕을 두고 있다 는 점은 정확한 지식 보급으로 에이즈 및 에이즈 감염인에 대한 의료 인의 태도, 나아가 의료 차별 개선이 가능하다는 기대감을 갖게 한다.

---

96. Nöstlinger C, Rojas Castro D, Platteau T, Dias S, Le Gall J. "HIV-Related discrimination in European health care settings". AIDS Patient Care STDS. 2014 Mar; 28(3): pp. 155-61.
97. World Health Organization. Towards universal access: scaling up priority HIV/AIDS interventions in the health sector: progress report 2008. Geneva: WHO Press; c2008.
98. 이진석 윤호제 김형수. 「에이즈 감염인의 인권에 대한 공중보건의사 인식 조사」. 『보건행정학회지』. 2005, 15(1): pp. 57-77.

왜 의료 차별이 문제가 될까? 의료 차별은 의료 이용으로부터 에이즈 감염인을 배제하기 때문이다. 에이즈 환자의 고관절 치환술을 위해서는 특수 장갑이 필요한데 수입이 안 된다며 수술을 거부하는 사례가 대표적이다.[99] 의료 이용 배제가 감염인의 건강 악화로 이어질 수 있음은 물론이다.

둘째, 의료 차별은 나쁜 품질의 의료 제공 또는 에이즈 감염인의 분리 치료를 의미한다. 의료 이용을 전적으로 배제하는 것은 아니지만 치료를 지연시켜 건강에 부정적 영향을 미칠 수 있다. 또 합리적 이유 없는 감염인의 분리 진료는 감염인의 인격과 품위를 손상하는 결과를 초래할 수 있다. 감염인의 치과 진료를 거부하였다가 사과 후 진료를 하였으나 별도 공간에서 김장 비닐로 의자와 탁자, 주변 집기 등을 덮은 후 진료한 예가 실제로 있었다.[100]

셋째, 의료 차별의 반복은 감염인을 위축시켜 의료 이용을 망설이는 결과를 초래한다. 또 감염인 스스로 에이즈에 대한 낙인을 내면화하는 데 영향을 끼친다.[101] 그 결과는 자존감 상실과 신체적, 정신적 건강 악화로 이어질 수 있다. 에이즈 감염인이 겪는 의료 차별은 질병이 치료 대상이 아니라 치료 거부나 지연의 구실이 되는 역설을 드러내고 있는 것이다.

---

99. 나영정 권미란 김대희 김성연 김재왕 손문수 이훈재. 『감염인(HIV/AIDS) 의료 차별 실태 조사』 국가인권위원회, 2016.
100. 나영정 권미란 김대희 김성연 김재왕 손문수 이훈재. 『감염인(HIV/AIDS) 의료 차별 실태 조사』 국가인권위원회, 2016.
101. 한국은 에이즈 감염인에게 낙인의 내면화를 강제하는 사회적 문화적 특징이 두드러진 나라다. (한국 HIV 낙인 지표 조사 공동 기획단. 『한국 HIV 낙인 지표 조사』 한국HIV/AIDS감염인연합회, 2017.)

5. 무엇을 해야 하고 무엇을 하지 말아야 하는가?

의료인, 특히 의사는 에이즈에 대하여 어떤 태도를 지니고 어떤 행동을 취해야 할까? 의사도 인격을 지닌 한 사람의 시민이다. 의료 현장에서도 기능인으로서만 환자를 대하는 것이 아니다. 환자는 의사가 건네는 말 한 마디, 짓는 표정 하나에서도 상대의 태도와 의지를 읽어내곤 한다. 의료 전문가로서만 아니라 동료 시민으로서 지녀야 할 책무 또한 살펴야 하는 이유다.

의료 전문가인 동시에 동료 시민으로서 의사가 해서는 안 되는 첫 번째는, 동성애자를 비롯한 성소수자에게 차별적 언사를 내뱉거나 경멸하는 태도를 취하는 일이다. 성적 지향은 스펙트럼이 다양하다. 이성애자뿐 아니라 동성애자도 있고 양성애자도 있다. 게다가 성적 지향이 일생에 걸쳐 변화를 겪는 경우도 있다. 정상과 비정상이 따로 있는 것은 아니라는 얘기다. 이것은 '다름'에 불과하다. 너와 내가 성별이 다르고 나이가 다르며 고향이 다르고 피부색이 다른 것과 마찬가지다. 상대의 성적 지향이 나와 다르다는 사실이 나의 인권을 침해하지 않는다.

한국의 국가인권위원회법은 헌법상의 평등권을 구체화하여 성적 지향이 다르다는 이유로 행하는 차별을 평등권 침해의 차별 행위로 본다. 최근 들어 유엔의 여러 기구가 성적 지향에 따른 차별을 금지하는 결의안이나 보고서를 연이어 발표하고 있다는 점도 주목해야 한다. 부지불식간에 차별적 태도를 보이는 의사에게 성 소수자 환자는 자신의 성적 지향을 드러내기가 어렵다. 에이즈처럼 감염 위험이 성적 지향과 깊은 관계를 지닌 경우에조차 그렇다. 차별적 면모를 지닌 의사가 환자와의 의사 소통에 실패하는 것은 당연하다. 의사 소통의 실패는 환자-의사 관계의 실패, 결국 치료의 실패로 귀결된다.

에이즈와 성, 성적 지향에 대하여 바른 지식, 무엇보다 정확한 의학 지식을 갖추는 것도 중요하다. 에이즈의 원인은 바이러스다. 바이러스는 동성 간이나 이성 간을 막론하고 위험한, 즉 감염 위험이 큰 성관계를 통하여 인체에 감염된다. 콘돔 사용은 가장 비용 효과적인 에이즈 예방책이다. 항레트로 바이러스 약물을 매일 복용하면 감염 위험을 90% 이상 낮출 수도 있다. 그러나 성관계를 통한 감염 위험이 크다는 이유로 동성 간 성관계, 나아가 동성애를 에이즈의 원인으로 취급하는 경우가 적지 않다. 동성애를 교정 가능한 것으로 보고 치료 대상으로 보았던, 과거 의학 지식에 머물러 있는 의료인도 있다.

정신건강의학 진단의 표준 지침인 『정신 장애 진단 및 통계 편람』 3판(DSM-Ⅲ)이 동성애를 진단명에서 삭제한 것이 1973년, 40여 년 전이다. 동성애 등 성적 지향을 개인의 선택으로 보는 것도 비과학적이다. 그것이 개인의 선택 결과라면 선택을 바꾸는 것도 가능하다는 논리다. 성적 지향이 선천적인지 후천적인지의 논쟁은 꽤 오래 되었으나 아직 이렇다 할 합의는 없다.

분명한 것은 성적 지향이 개인의 선택 결과가 아니라는 것이다.[102] 미국 소아과학회가 이 점을 확인하였고 캐나다 소아과학회도 동성애자 및 양성애자 청소년이 겪는 심리적 사회적 의학적 문제가 성적 지향 자체가 아니라 이들이 직면하는 낙인 찍기 또는 오명 씌우기

---

102. 강남순 김승섭 김지혜 김현미 박한희 백영경 이승현 이지하 조대훈 조수미 차효록 홍성수, 『혐오의 시대에 맞서는 성소수자에 대한 12가지 질문』 한국성소수자연구회(준), 2016.

stigmatization에서 비롯된다는 점을 지적한다.[103] 성적 지향에 따른 차별이 문명 사회의 일이 아니라는 인식이 확대되고 있으나 오명 씌우기가 여전한 현실은 다양한 성적 지향에 대한 인식과 성 소수자에 대한 배려가 필요한 이유가 된다.

예를 들어, 에이즈 검진에서 강조되는 3C가 있다. consent(동의), confidentiality(비밀 보장), counseling(상담)을 말하는 3C는 일반 검진에서도 강조해야 하지만 HIV 검진에서는 특히 중요하다. 이때 상담은 검진 후뿐 아니라 검진 전 상담도 가리킨다. 에이즈에 대한 오명이 심각하여 잘못된 선택을 하는 경우가 있기 때문이다. 에이즈 감염인은 임신해서는 안 된다는 일부 의사들의 생각도 과거 의학 지식에 기초한 경우가 많다. 임신 초기부터 엄마가 치료받는다면 아이의 감염 확률은 1%에 못 미치는 것으로 알려져 있다. 미국의 경우 출생 시 HIV에 감염되는 아이는 한 해 200명 미만인 것으로 보고될 정도다. 성적 지향과 에이즈에 대한 바른 지식을 지닌 의료인이 많아질수록 비극은 줄어든다.

에이즈 감염인에 대한 의사의 책무가 따로 있는 것이 아니다. 에이즈 환자뿐 아니라 모든 환자에게 공통된 주의 의무를 다하는 것이 중요하다. 에이즈에 대한 오명 씌우기 때문에 중요성이 더 부각되는 면이 있지만, 의료 행위 과정에서 알게 된 환자의 비밀을 지키는 것은 의료의 기본이다. 과거에는 의료인 간 대화나 일상 대화 중 환자의 감염 사실을 다른 이에게 노출하는 경우가 있었다. 보건소가 감염인에게 검사 결과를 우편 통보하면서 감염 사실이 이웃에게 알려지

---

103. "Adolescent sexual orientation". *Paediatr Child Health*. 2008 Sep; 13(7): pp. 619-30.

는 일도 적지 않았다. 감염 전파를 차단하기 위한 보편 주의universal precaution나 표준 주의, 전파 매개 주의 등을 준수하는 것도 중요하다.

에이즈는 감염원으로부터 의료진과 환자를 보호하는 격리 조치의 발전에 큰 영향을 끼친 것으로 알려져 있다. 그러나 표준 수의 등은 에이즈 감염 전파 차단만을 위한 것이 아니다. 에이즈보다 감염력이나 전파력이 큰 감염 질환을 효과적으로 차단하기 위한 조치이기도 하다.[104] 평소에 이것을 잘 지킨다면 에이즈에 대한 불필요한 두려움을 해소할 수 있다. 에이즈만을 염두에 둔 특별 조치가 필요하지 않게 된다.

에이즈 감염인이 의료 현장에서 가장 빈번한 고통으로 호소하는 진료 거부 문제도 마찬가지다. 진료 거부 금지는 법에 의한 의료 규율의 기본이다. 질병은 치료의 대상이지 치료 거부의 이유가 될 수 없다. 그렇다고 법이 의료진에게 건강과 생명의 위험을 무릅쓰는 희생 정신을 요구하는 것은 아니다. 법은 윤리의 최소한이라는 상식에 비추어 볼 때 진료 거부 금지는, 소수의 의료인이 지닌 희생 정신이 아니라 과학적 지식과 의료 기술로 무장한 대다수 의료인의 역량을 신뢰한 결과로 보아야 할 것이다. 의료 현장의 에이즈 감염인 인권 보장은 여기에서 출발해야 한다.

---

104. 정선영, 「격리 방법 길라잡이」『Hanyang Med Rev』, 2011, 31(3), pp. 190-99.

에이즈는 세상에 모습을 드러낼 때부터 환자를 죄인으로 낙인찍었다. 원인이 명백히 밝혀진 오늘날에조차 많은 감염인이 오명에서 벗어나지 못하고 있다. 이 점에서 에이즈는 '난치병'이다. 효과적 예방법이 있고 치료제가 개발되었지만 가난과 여성 차별로 신음하는 여러 나라에서도, 에이즈는 여전한 불치병이다. 정도 차이가 있으나 한국의 에이즈 감염인도 그 고통에서 예외가 아니다.

의료와 의료인은 사회적 냉대에 지친 에이즈 감염인이 의존하는 최후의 피난처다. 의료 현장에서의 에이즈 감염인 차별이 뼈저린 이유다. 75%가 넘는 에이즈 감염인이 자신의 감염 사실을 의료인에게 밝히는 것을 꺼리고 있다. 25% 내외의 감염인이 에이즈를 이유로 수술 등 진료 순서가 뒤로 밀리거나 차트 등에 별도의 표식이 부착되는 등 차별을 경험하였다고 한다.

의료 차별은 감염인을 치료에서 배제하거나 질 나쁜 의료 제공으로 이어지며 반복되는 차별은 감염인을 위축시켜 의료 이용을 망설이게 한다. 그것이 감염인의 건강 악화로 이어지는 것은 분명하다. 의료 차별의 일부 원인이 의료인에게 있고 의료인의 바람직하지 않은 태도가 잘못된 의학 지식에 있다는 것은 실망스럽다. 그러나 다른 한편, 정확한 지식 보급으로 의료 차별이 어느 정도 개선될 수 있다는 희망을 갖게 한다.

의료인이 에이즈와 성, 성적 지향 등에 대한 정확한 지식을 갖추는 일이 중요한 것은 바로 이 때문이다. 바른 지식이 있다고 반드시 바른 태도가 뒤따르는 것은 아니다. 하지만 지식은 태도의 필요 조건이고 오늘날 강조되는 과학적 의료의 바탕이기도 하다. 에이즈 감염인이 겪는 의료 차별을 철폐하여 의료 현장에서 감염인의 인권을 보장하기 위해서는 보편적 주의 의무를 다하는 것이 중요하다. 에이즈 감염인뿐 아니라 모든 환자를 상대로 지켜야 할 비밀 보장, 성실과 주의 의무 준수가 그것이다. 모든 환자에 대하여 지켜야 할 보편 주의나 표준 주의는 그 구체적 사례가 된다. 결국 에이즈 감염인의 인권을 보장하는 노력은 모든 환자의 안전과 인권을 지키는 일과 맥락을 같이하는 것이다.

(참고 문헌)

강남순, 김승섭, 김지혜, 김현미, 박한희, 백영경, 이승현, 이지하, 조대훈, 조수미, 차효록, 홍성수. 『혐오의 시대에 맞서는 성소수자에 대한 12가지 질문』, 한국성소수자연구회(준), 2016.

김연미, 김현구, 김형석, 박광서, 이미영, 이후소, 이훈재, 정현미, 한채윤. 『HIV 감염인 및 AIDS 환자 인권 상황 실태 조사』, 국가인권위원회, 2005.

나영정, 권미란, 김대희, 김성연, 김재왕, 손문수, 이훈재. 『감염인(HIV/AIDS) 의료 차별 실태 조사』, 국가인권위원회, 2016.

이진석, 윤호제, 김형수. 『에이즈 감염인의 인권에 대한 공중보건의사 인식 조사』, 『보건행정학회지』, 2005, 15(1), pp. 57-77.

정선영. 「격리 방법 길라잡이」, 『Hanyang Med Rev』, 2011, 31(3), pp. 190-99.

질병관리본부. 『2015 HIV/AIDS 신고 현황』, 2016.

한국 HIV 낙인 지표 조사 공동 기획단. 『한국 HIV 낙인 지표 조사』, 한국HIV/AIDS감염인연합회, 2017.

"Adolescent sexual orientation". *Paediatr Child Health*. 2008 Sep; 13(7): pp. 619-30.

Bill & Melinda Gates Foundation [Internet]. Geneva: Bill & Melinda Gates Foundation; c2017 [cited 2017 Mar 21]. Available from: http://www.gatesfoundation.org

Fauci AS, Lane HC. "Human Immunodeficiency Virus Disease: AIDS and Related Disorders". In: Kasper D, Fauci A, Hauser S, Longo D, Jameson JL, Loscalzo J, editors. *Harrison's Principles of Internal Medicine, 19e*. New York, NY: McGraw-

Hill Education; 2015.

Joint United Nations Programme on HIV/AIDS. *Global AIDS update*. Geneva: UNAIDS; 2016.

Mayo Clinic [Internet]. Rochester: Mayo Clinic; 2017. HIV/AIDS risk factors; [updated 2015 Jul 21; cited 2017 Jun 11]; [about 4 screens]. Available from: http://www.mayoclinic.org/diseases-conditions/hiv-aids/basics/risk-factors/con-20013732

Nöstlinger C, Rojas Castro D, Platteau T, Dias S, Le Gall J. "HIV-Related discrimination in European health care settings". *AIDS Patient Care STDS*. 2014 Mar; 28(3): pp. 155-61.

Pinkerton SD, Abramson PR. "Effectiveness of condoms in preventing HIV transmission". *Soc Sci Med*. 1997 May; 44(9): pp. 1303-12.

The Global Fund [Internet]. Geneva: The Global Fund to Fight AIDS, Tuberculosis and Malaria; c2017 [cited 2017 Mar 21]. Available from: https://www.theglobalfund.org/en/

Weller S, Davis K. "Condom effectiveness in reducing heterosexual HIV transmission". *Cochrane Database Syst Rev. 2002*; (1): CD003255.

Whiteside A. *HIV/AIDS: a very short introduction*. Oxford: Oxford University Press; 2008.

World Health Organization. *Global health estimates 2015: disease burden by cause, age, sex, by country and by region, 2000-2015*. Geneva: World Health Organization; 2016.

World Health Organization. *Towards universal access: scaling up priority HIV/AIDS interventions in the health sector: progress report 2008*. Geneva: WHO Press; c2008.

World Health Organization. [Internet]. Geneva: World Health Organization; c2017. Prevalence of HIV among adults aged 15 to 49 estimates by country (2000-2014); [cited 2017 Jun 9]; [about 2 screens]. Available from: http://apps.who.int/gho/data/view.main.22500?lang=en

World Medical Association. [Internet]. Ferney-Voltaire: World Medical Association; c2017. Declaration of Geneva [cited 2017 Mar 21]; [about 3 screens]. Available from: http://www.wma.net/en/30publications/10policies/g1/

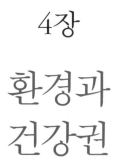

4장

환경과
건강권

방사능과 건강 _ 김익중

노동 환경과 건강권 _ 공유정옥

방사능과 건강

| 주요 내용 |

우리나라는 원자력 발전소의 가동과 의료 행위에 의해 전 국민이 방사선에 피폭되고 있다. 특히 후쿠시마와 같은 대형 핵사고가 발생할 경우 전 국민의 피폭량은 급격하게 증가될 것으로 예측된다. 건강에 위협이 되는 방사선 피폭 문제를 인권 차원에서 인식하고 의료인으로서의 대처 방안을 생각해 본다.

| 목표 |

1. 방사능 피폭의 인체 영향에 대한 의학적 기본 지식을 습득한다.
2. 현재 우리나라에서의 방사능 피폭 상황을 인지한다.
3. 방사능 피폭 상황을 인권 측면에서 평가한다.
4. 방사능 피폭에 관한 바람직한 의료인의 태도가 무엇인지 생각해본다.

저자 김익중

미생물학과 면역학을 전공한 동국의대 교수이다. 경주 중저준위 방폐장의 안전성 평가에 관심을 가지면서 반핵 운동을 시작해 후쿠시마 핵 사고 이후에는 원자력 발전 자체의 위험성을 깨닫고 탈핵 운동으로 전환했다. 핵으로부터의 탈피를 의미하는 탈핵을 위해 『한국 탈핵』(2013, 한티재) 등의 책을 저술했고, 현재까지 1,200회 이상의 탈핵 강의를 했다. 탈핵에너지교수모임, 반핵의사회 등의 설립에 참여하고 현재도 이 단체들에서 활동하고 있다.(email: kimikjung@gmail.com)

인류 역사에서 방사능 피폭에 의한 질병이 알려진 것은 100년이 채 되지 않는다. 1945년 히로시마와 나가사키 원폭 투하가 거의 최초로 발생한 대중 피폭 사례이다. 이후 방사능 피폭에 의한 질병에 관한 많은 연구들이 수행되어 현재에 이르고 있다. 방사능 피폭은 주로 핵 폭탄이나 핵 발전소와 연관되어 있다. 또한 병의 진단과 치료 과정에서도 방사선에 의한 피폭이 이루어지고 있다. 핵 폭탄과 핵 발전소에 의해 발생되는 피폭은 주로 정부의 정책과 연관되어 있고, 의료 방사선 피폭은 의료 기술과 연관되어 있다. 국가 정책과 관련된 인공 방사선 피폭과 질병의 진단 및 치료와 관련된 병원 방사능 피폭은 모두 윤리적인 문제, 혹은 인권 문제와 필연적인 관계를 가진다.

   피폭자에게서 암, 유전병, 심장병 등 수많은 질병이 발병된다는 것은 현대 의학에 의해 충분히 밝혀져 있다. 질병을 일으키는 방사능 피폭은 피폭자의 생명과 연관되는 윤리적 문제를 포함할 수밖에 없는데, 본 장에서는 이러한 방사능 피폭 문제의 윤리적 측면을 살펴보기로 한다.

1. 방사능 피폭의 인체 영향

1) 방사선의 종류

방사선에는 알파, 베타, 감마, 그리고 중성자선 등 다양한 종류가 존재한다. 알파선은 양성자와 중성자가 각각 3개씩 존재하는 헬륨의 핵으로 구성되는 입자이다. 덩어리가 커서 큰 에너지를 갖지만 물질을 투과하는 능력은 매우 약하다. 베타선은 전자로 구성된다. 아주 작은 입자로 되어 있어 에너지는 알파선보다 작지만 사람의 피부를 통과할 수 있는 정도의 투과성을 갖는다. 감마선은 입자가 아니고 전자기파에 속한다. 에너지는 파장의 길이에 따라서 다르지만, 입자가 아니기 때문에 투과성이 매우 좋다. 몇 미터 정도의 콘크리트를 투과할 수 있다.

피폭량을 계산할 때 알파선은 베타나 감마선보다 약 20배 정도 많은 에너지를 갖는 것으로 계산한다.

2) 피폭의 유형

(1) 외부 피폭과 내부 피폭

방사선 피폭의 유형은 크게 외부 피폭과 내부 피폭으로 나뉜다. 방사성 물질이 인체 외부에 존재하면서 방사선만이 인체를 통과할 때 이를 외부 피폭이라고 한다. 반면에 방사성 물질이 인체 내부로 침투하는 경우 이를 내부 피폭이라고 한다.

(2) 피폭의 출처에 따른 피폭 유형

방사선 피폭은 그 출처에 따라서 자연 방사능, 병원 방사능, 인공 방사능 등으로 나뉜다.

자연 방사능은 우주선, 라돈 가스, 방사성 칼륨(K40) 등 십여 가지 방사능을 의미하는데, 그 특징은 인간의 노력으로 줄일 방도가 적다는 것이다. 우주선은 지구 전체에 골고루 떨어지는, 그야말로 하늘에서 내려오는 방사선을 의미한다. 이 우주선은 비행기 승무원이나 등산가 등 높은 곳을 다니는 사람들에서 더 많은 피폭을 일으킨다. 라돈 가스는 땅속에 있는 라듐이나 우라늄 등의 물질에서 발생되는 기체 상태의 방사성 물질인데, 이것은 장소에 따라서 상당한 편차를 보인다. 우리나라는 이 라돈 가스가 많은 편에 속하고, 특별히 라돈 가스 농도가 높은 지역이 존재한다. 방사성 칼륨은 자연계의 생물체에 존재하는 방사성 물질로, 우리가 먹는 거의 모든 음식에 포함되어 있어서 사람이 피하는 것은 불가능하다.

병원 방사능은 질병의 진단과 치료를 목적으로 의학적인 공간에서 인위적으로 발생되는 방사능 피폭을 의미한다. 피폭 유형으로는 내부 피폭과 외부 피폭이 모두 존재한다.

인공 방사능은 핵 폭탄과 핵 발전소에서 발생한다. 세계적으로 2,000회에 이르는 핵 실험, 핵 폭탄 투여, 체르노빌과 후쿠시마 등 핵 발전소 사고 등에서 발생하는 방사성 물질이 이에 해당한다. 세슘 137, 세슘134 등이 여기에 속하는 물질이다. 역시 내부 피폭과 외부 피폭을 모두 일으킨다.

3) 방사선 피폭의 인체 영향

방사선 피폭에 의한 인체 영향은 피폭 유형, 피폭의 출처와 상관없이 단순히 피폭량에 의해서 결정된다는 것이 현재의 의학계가 받아들이고 있는 정설이다. 교과서에 기술된 방사능 피폭의 인체 영향은 다음과 같다.

세계 의학계에서 받아들이고 있는 방사능 피폭의 인체 영향은 [그림 2]와 같다. 방사능 피폭은 암, 유전병 등 여러 가지 질병을 일으키며, 그 발병 양상은 피폭량과 관계가 있다.

방사능 피폭으로 가장 많이 발생하는 질병인 암과 유전병 등은 역

[그림 2] 방사능 피폭과 건강 영향. A와 같이 피폭량과 정비례로 발생되는 질병에는 암, 유전적 변이, 배아 성장 저하 등이 포함되며, B와 같이 나타나는 질병에는 백혈구 감소, 소화기 증상, 폐렴, 백내장, 화상, 사망 등이 있다.(출처 : 『예방의학』 정문각, 2009.)

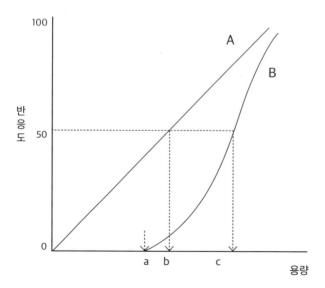

치 값이 존재하지 않는 정비례 관계가 형성된다. 반면에 화상, 사망 등 다른 질병들은 일정한 값(역치 값) 이상 피폭되어야 비로소 발생한다. 그런데 방사능 피폭에 의한 질병 중 가장 흔한 것은 암과 유전병이다.

그러므로 피폭량은 적을수록 안전하며, 우리는 피폭량을 줄이기 위해 최선을 다해야 한다는 의학적 근거가 된다. 한편, 이러한 이론이 히로시마 핵폭탄 투하 상황을 기본 모델로 삼은 것이어서 외부 피폭 유형에서는 잘 설명되지만 내부 피폭은 과소 평가되었다는 주장이 제기되고 있다.

2. 우리나라에서의 방사능 피폭 상황

1) 자연 방사능에 의한 피폭

우리나라는 자연 방사능이 다른 나라들보다 조금 많은 편이어서 1인당 1년에 평균 2.4mSv(밀리시버트) 정도 피폭되고 있다. 또한 국토의 일부 지역은 특별히 자연 방사능이 높은데, 이는 자연 방사능 중에서 라돈 가스의 농도가 높기 때문이다.

자연 방사능에 의한 피폭은 줄일 방도가 거의 없으므로 항공기 승무원 등 특수한 경우를 제외하고는 국가 차원에서 관리하지 않는다. 따라서 피폭량 기준치에도 포함시키지 않는다.

2) 핵 발전소에서의 피폭

우리나라는 2017년 현재 25기의 원전이 가동 중이다. 핵 발전소에서는 매일 기체와 액체 상태의 방사성 물질을 주변 환경으로 내보내고 있는데, 그 양은 발전소 부지별로 연간 수십 테라베크렐 수준이다. 영광, 울진, 경주, 부산(기장군)과 울산(울주군)이라는 4개 부지에서의 총합은 수백 테라베크렐이 넘는 상태이다. 특별히 경주에 있는 월성 원전은 중수로여서 많은 방사성 물질을 내보내고 있다. 또한 원전에서는 액체 방사성 폐기물을 온배수에 희석시켜서 바다로 내보내고 있는데, 그 양도 기체 폐기물 못지않다. 원전에서 발생하는 방사성 폐기물 중 고체 폐기물만이 경주에 있는 중저준위 방폐장에서 보관된다.

이러한 이유로 원전 주변은 방사성 물질로 오염되어 있음이 매년 발표되는 원자력안전기술원의 보고서에 나타난다. 원전 주변은 농산물, 수산물, 동식물 등의 방사능 오염이 지속되고 있고, 이에 따라 주변 주민들이 방사능에 노출되고 있는 것이다. 경주에 있는 월성 원전 주변 주민들의 소변에서 삼중수소라는 방사성 물질이 높게 검출되는 이유가 바로 여기에 있는 것이다.

원전 주변 주민들의 방사능 피폭은 주민들의 건강 영향으로 나타나고 있다. 정부가 조사한 원전 주변 주민의 암 발생 역학 조사 결과 보고서에는 원전 주변에서 갑상선암 등이 비교 집단보다 더 많이 발생하고 있음이 확인된 바 있다. 현재 1명의 환자가 한수원을 상대로 한 손해배상 소송에서 일부 승소를 하였고, 600명의 갑상선암 환자들이 집단으로 소송 중이다.

3) 핵 사고로 인한 피폭

2011년 3월 12일부터 시작된 후쿠시마 핵 사고의 영향으로 막대한 양의 방사성 물질이 공기와 바다를 통하여 방출되었다. 일본 국토의 대부분이 방사성 물질로 오염되었고, 북태평양의 오염도 진행 중이다. 앞으로도 수십 년에 걸쳐 사고 현장에서는 방사성 물질이 방출될 것으로 예측된다. 다행히 우리나라는 편서풍의 영향으로 국토 오염은 무시할 수 있는 수준으로 파악되었고, 2017년 현재까지 근해 오염 수산물도 거의 발견되지 않고 있다.

그렇다면 현재 우리 국민들의 후쿠시마 방사능 영향은 일본 여행이나 일본산 식품 섭취를 통한 피폭이 대부분이라고 판단된다. 정부는 일본산 식품 전체에 대한 방사능 검사를 하고 있지만 전수 검사가 아닌 표본 검사를 실시하고 있다. 검사를 실시함에도 시장에서 구입한 일본산 식품, 특히 수산물에서는 대표적 인공 방사성 물질인 세슘134와 세슘137이 꾸준히 발견되고 있다.

4) 병원 방사선으로부터의 피폭

병원에서는 X선, CT 촬영, 방사선 치료 등을 통하여 인체 피폭이 이루어지고 있다. [표 7]은 각종 방사선 검사의 피폭량을 표시한 것이다. 단위는 검사 당 mSv이다. 참고로 우리나라를 비롯한 많은 국가들이 일반 국민들의 피폭선량을 연간 1mSv 이하로 제한하고 있다.

병원 방사선 역시 피폭량에 비례하여 암이나 유전병의 발병 확률이 높아진다. 그러나 의료 방사선 피폭의 경우는 피해도 있지만 건강

[표 7] 병원 방사선량. 검사 당 mSv(출처 : 원자력문화재단)

검사 종류	검사 당 mSv
가슴 X-선 사진(정면)	0.02
가슴 X-선 사진(측면)	0.04
허리뼈(요추) X-선 사진(정면)	1.0
유방 촬영	0.27
바륨을 사용한 위 사진	2.6
바륨을 사용한 대장사진	7.2
머리 CT	2.0
가슴 CT	8.0
배 CT	10
골반 CT	10
심장혈관조영술	6.61
심장혈관중재술	7.42
갑상선 스캔	3.61
뼈 스캔	5.27
뇌 SPECT	8.45
심장 SPECT	20.4

상 이익도 있다. 피해보다 건강상의 이익이 더 클 때는 도덕적 정당성이 확보된다고 볼 수 있다. 그러나 기대되는 이익보다 피폭 피해가 더 크다고 판단되는 경우에는 그렇지 않다.

3. 방사능 피폭과 인권

1) 방사선 피폭량 기준치

방사성 물질이 처음 발견된 약 100년 전에는 생물학이나 의학이 발달하지 않아서 그 위험성에 대한 지식이 부족하였다. 급성으로 사망할 수 있는 피폭량이 1Sv(시버트)라는 사실도 모르고 있었다. 그러나 방사선 사용 경험이 쌓이면서 이에 관한 지식도 점차 넓어졌다. 이에 따라 방사선 기준치도 지속적으로 낮아져 현재는 연간 1인당 1mSv까지 되었다. 초창기 기준치의 100분의 1 수준이다. 앞으로도 이 수치는 더 낮아질 가능성이 있다.

현재 거의 모든 나라들에서 피폭량 기준치는 1인당 연간 1mSv이지만, 일본의 경우는 다르다. 일본은 후쿠시마 핵 사고 이후 이 기준치를 연간 20mSv로 상향시켰는데, 환경 오염으로 인하여 이전의 기준치는 쉽게 넘어버리기 때문인 것으로 생각된다. 한편, 피폭량 기준치를 넘지 않도록 하기 위해 많은 나라에서 음식에 기준치를 설정해 두고 있다.

우리나라에서 음식의 방사능 기준치는 일본과 동일하게 음식 1킬로그램당 100베크렐(100Bq/Kg)로 정해져 있다. 이 음식 기준치는 국가들 간 차이가 커서 미국은 1,200Bq/kg, 유럽은 370Bq/kg이다. 우리나라는 일본 후쿠시마 사고 이후 여론 영향을 받아서 370Bq/kg에서 100Bq/kg으로 낮추었다. 기준치가 국가들마다 차이가 나는 것은 이것이 의학적 '안전 기준치'가 아니고 정부의 의무 한도를 나타내는 '관리 기준치'임을 설명해 준다.

2) '기준치 이하라서 안전하다'는 의도적 거짓말

후쿠시마 핵 사고 이후 많은 국민들이 기준치 이하 방사능 오염은 신경 쓸 필요가 없다고 판단하고 있는데, 이는 정부와 핵 산업계의 홍보에 의한 영향으로 판단된다. 의학적으로는 전술한 바와 같이 피폭량과 암 발생은 정비례한다. 그러므로 우리는 방사선 피폭량을 줄이기 위해서 최대한 노력해야 한다.

이 '기준치 이하라서 안전하다'는 문장은 원전 근처 주민들에 대한 피폭에서도 핵 산업계의 논리적 도구로 사용되고 있다. 원전 주변이 오염되어 있지만 기준치 이하라서 정부나 한국수력원자력(한수원)의 책임은 없다는 주장이다. 이 문장은 일본에서도 똑같은 용도로 사용되고 있다. 심각한 환경 오염이 발생한 후쿠시마에서도 기준치 이하이므로 국가나 핵 산업계의 책임은 없다는 것이다. 다른 나라들보다 20배나 높은 일본의 기준치는 일본 정부와 핵 산업계의 책임 회피 수단이 되고 있다.

3) ALARA 원칙

정부의 기준치 결정에는 전 세계적으로 통용되는 원칙이 적용되어야 한다. ALARA 원칙이 바로 그것인데, 'As Low As Reasonably Achievable'을 의미한다. 기준치는 가능하면 낮게 설정해야 한다는 의미이다. 일본처럼 방사능 피폭 기준치가 높으면 전 국민의 피폭량이 증가하게 된다. 즉, 전 국민이 피해를 입게 된다. 반면에 가해자 측, 다시 말하여 방사능 오염을 일으킨 전력 회사의 책임이 가벼워진다. 그래서 기준치를 정할 때는 '가능하면 최대한으로 낮추어야 한다'는 원칙이 존재하는 것이다.

이런 측면에서 우리나라의 음식 방사능 기준치를 살펴보면 이 원칙을 위배하고 있음을 알 수 있다. 현재 우리나라 상황에서는 일본산 수산물을 포함해도 4Bq/kg 이상 오염된 식품을 발견하기 힘들다. 즉 우리나라는 기준치를 100Bq/kg가 아니라 4Bq/kg도 달성이 가능하다. 그런데도 기준치를 낮추지 않는 것은 국민의 이익보다는 방사능 오염시키는 업체들의 이익에 더 큰 기여를 하고 있는 셈이 된다. 식품에서의 방사능 오염 기준치를 낮추는 일은 인권 측면에서도 깊게 논의될 필요가 있다.

4. 방사능 피폭에 관한 의료인의 태도

의료 방사선 피폭량을 줄이기 위한 노력은 의료 윤리 차원에서 다루어져야 한다. 전술한 바와 같이 의료인은 상당히 많은 양의 방사선을 환자의 진단과 치료에 사용하고 있다. 따라서 이 피폭량을 낮추기 위한 노력은 의료인으로서 당연히 해야 할 의무이다. 예를 들어서 CT 검사는 기준치의 10배인 10mSv 정도의 피폭을 일으킨다. 그러나 MRI나 초음파 검사는 방사선이 없다. 가능하면 CT 검사를 지양하고 MRI나 초음파 검사로 대체하는 노력이 필요하다. 또한 CT 검사를 비보험화하고 대신 MRI를 보험 적용하는 등의 제도적 개선을 위한 노력도 필요하다.

의료인은 기준치 이하라서 안전하다는 안이한 생각에서 벗어나서 방사선이 사용되는 검사나 치료법에 위험이 뒤따른다는 사실을 주지해야 한다. 그리고 환자의 피폭량을 줄이기 위해서 꼭 필요한 경우에만 검사를 시행하는 등 지속적인 노력이 필요하다.

현대 사회에서 살아가는 개인들은 환경으로부터, 혹은 의료적인 이유로 방사능 물질. 혹은 방사선에 어느 정도 노출될 수밖에 없다. 그러나 후쿠시마와 같이 대형 핵 사고가 발생하면 엄청난 양의 피폭이 발생한다. 전술한 바와 같이 방사선 피폭은 인체에 여러 가지 질병을 일으킨다. 또한 이런 피해의 대부분은 피폭량에 비례하여 발생한다. 따라서 방사선 피폭량을 줄이기 위한 노력은 도덕적으로 온당할 뿐 아니라 적극적으로 권장되어야 한다. 의료 방사선에 의한 피폭은 피폭에 의한 위험보다 이익이 더 클 때만 도덕적으로 정당화 될 수 있다. 꼭 필요할 때만 피폭이 일어나도록 노력할 필요가 있다.

한편, 인공 방사능에 의한 피폭은 개인에게는 전혀 이익이 없다. 그러므로 모든 개인들은 인공 방사능 물질에 의한 피폭을 거부할 권리를 갖는다. 핵 발전소와 핵 폭탄이라는 인공 방사능 물질의 원천을 줄이기 위한 노력이 필요하다. 이 노력은 개인뿐 아니라 정부 정책으로 추진될 때 큰 효과를 나타낸다. 세계의 모든 정부들이 이러한 노력을 기울이는 날이 오기를 기대한다.

(참고 문헌)

김익중, 『한국탈핵』, 한티재, 2013.

ICRP publication 103 (The 2007 recommendations of the international Commission in Radiological Protection)

Health Risks from Exposure to Low Levels of Ionizing Radiation: BEIR VII –Phase 2 (Committee to Assess Health Risks from Exposure to Low Levels of Ionizing Radiation, National Research Council)

노동 환경과 건강권

| 주요 내용 |

노동자 건강권이 무엇이며 노동 환경, 사회 환경과 어떤 관계인지 이해한다. 의료인이 왜 노동자 건강권을 이해해야 하는지, 의료인의 역할은 무엇인지 생각한다.

| 목표 |

1. 노동 환경에 의한 사고와 질병 문제를 인권의 시각으로 해석한다.
2. 노동자 건강권이 무엇이며 이를 실현에 필요한 요건을 이해한다.
3. 의료인과 노동자 건강권의 관계를 이해하고 의료 현장에서 적용한다.

저자 공유정옥

직업환경의학 전문의. 대학원에서는 환경보건학을 공부했다. 한국노동안전보건연구소의 상임 활동가로 일하면서 다양한 업종의 건강 문제를 조사하거나 노동 환경을 개선하기 위한 사업들을 경험하면서 건강권을 실현하기 위해 노동자 현장 통제권이 얼마나 중요한지를 배웠다. 현재 경기동부 근로자건강센터에서 소규모 사업장 노동자들의 건강을 돌보는 일을 하고 있으며, 삼성 반도체 백혈병 사건을 계기로 만들어진 '반도체 노동자의 건강과 인권 지킴이 반올림'에도 참여하고 있다.(email: anotherkong@gmail.com)

1. 노동 환경과 노동자의 건강

1) 노동 환경이 건강에 미치는 영향

사람들은 많은 시간을 일터에서 보낸다. 세계보건기구는 세계 인구의 58%가 성인기의 3분의 1을 노동에 쓴다고 본다.[105] 한국 노동자들은 특히 오랜 시간 일한다. 2016년 경제협력개발기구OECD 34개 회원국의 취업자 1인당 연평균 실제 근로 시간은 1,766시간이다.[106]

산업화를 앞서 겪은 나라들은 일찍이 연 2천 시간 미만으로 노동시간을 줄였지만, OECD 회원국 중에서도 한국, 그리스, 멕시코의 노동자들은 여전히 연 2천 시간 넘게 일하고 있다. 개발도상국이나 국가 통계에 반영되지 않는 비공식 부문의 노동 시간은 훨씬 더 길 것으로 추정된다.

노동 시간이 긴 만큼 노동자의 육체적 정신적 사회적 건강은 노동환경에 크게 영향 받는다. 일터는 경제적 성취나 자아 실현, 사회 경

---

105. WHO, *Global strategy on occupational health for all: The way to health at work*, 1994.
106. ILO, *Working time in the twenty-first century*, 2011.

험과 관계 확장의 터전이 되기도 하지만 노동자의 생명과 건강을 위협하는 다양한 유해 요소들과 위험 요인들에 노출되는 공간이기도 하다.

노동 환경 중 유해 위험 요인으로는 화재, 폭발, 붕괴, 추락이나 기계나 설비에 끼이고 베이는 등 사고의 위험, 인체에 유해한 영향을 끼칠 수 있는 물리, 화학, 생물학적 요인들, 노동 강도나 조직 구조로부터 발생하는 정신적 압박이나 폭력과 차별 등 사회 심리적 유해 요인 등이 있다.

일터는 다른 환경들에 비해 이런 유해 요인에 10배에서 1000배까지도 노출 가능한 공간이다.[107]

때문에 노동 환경이 건강에 미치는 영향은 지대하다. 매년 66만 6천 명의 노동자가 일터에서 얻은 암으로 사망한다.[108] 석면 하나 때문에 사망하는 노동자만 매년 10만 7천 명이다.[109] 매년 3억 1천 7백만 건씩 사고가 발생하며 15초마다 153명의 노동자가 다치고 있다.

일터의 사고와 질병으로 사망하는 노동자의 수는 하루 6천 3백 명, 매년 230만 명 이상이다. 세계 어느 곳에선가 15초마다 한 명의 노동자가 일 때문에 죽어가고 있는 셈이다.[110]

107. WHO, *Global strategy on occupational health for all: The way to health at work*, 1994.
108. Nenonen N, Hämäläinen P, Takala J, Saarela KL, Lim SL, Lim GK, Manickam K. *Global Estimates of Occupational Accidents and Fatal Work-related Diseases in 2014*. (for ILO's 2014 Report on global Estimates at the World Congress).
109. WHO, *Asbestos: Elimination of Asbestos-Related Diseases*. Fact Sheet No. 343, 2010.
110. ILO, Safety and health at work. (http://www.ilo.org/global/topics/safety-and-health-at-work/)

2) 한국 노동자들의 재해 현황

(1) 사고로 인한 사망

한국은 경제 발전 수준에 비하여 업무상 사고로 인한 사망이 매우 많고 그 감소 추세가 매우 더디다. 2016년 산업 재해 통계에 따르면 그 해 969명, 하루 평균 2.6명이 일터의 사고로 사망했다. 2012년 OECD 주요 국가들과 비교 결과, 한국의 업무상 사고 사망률은 십만 명당 7.3명으로 29개 국 평균(십만 명당 2.6명)의 3배에 육박했다. 멕시코나 터키, 칠레보다도 높았고, 영국이나 네덜란드에 비하면 10배를 넘었다.[111] 2016년 현재 한국의 업무상 사고 사망률은 십만 명당 5.3명으로 조금 줄었지만, 여전히 같은 기간 영국(0.46명)보다 11.5배 높다.

(2) 질병으로 인한 사망

업무상 사고로 인한 사망이 매우 많은 것과 달리 질병에 의한 산업 재해 사망은 상당히 적게 드러나고 있다. 세계적으로 매년 노동으로 인해 사망하는 230만 명 중 질병에 의한 사망자는 약 88%, 유럽 연합이나 소위 선진국에서는 95%에 달하는데,[112] 2016년 한국에서 업무상 질병 사망자 수는 전체 산업 재해 사망의 45.5%로 훨씬 적은 비중

111. 박두용, 『산업재해 예방-보상제도간 합리적인 연계방안』 한성대학교 산학협력단, 2014.
112. Takala 등, "Global Estimates of the Burden of Injury and Illness at Work in 2012", *Journal of Occupational and Environmental Hygiene*, 11: pp. 326-337, May 2014.

을 차지하였다.

한국에서 업무상 질병에 의한 사망 원인 1위는 진폐이며, 그 다음은 순환기 질환이다. 직업성 암은 4.2%에 그치고 있다.[113] 하지만 직업성 암은 세계 산업 재해 사망의 32%로 가장 큰 원인이며 선진국에서는 직업성 암 사망의 비중이 60%에 달한다.[114]

(3) 노동 재해의 비가시성

한국 산업 재해 통계의 큰 특징은 노동자들의 질병과 사고 문제가 실제보다 적어 보인다는 점이다. 노동 재해의 실상이 공식 통계로 잡히지 않으므로 그 심각성이 잘 보이지 않고, 예방을 위한 정책이나 사회적 노력의 필요성도 실감 나지 않는다.

공식 산업 재해 통계의 비가시성이 발생하는 까닭은 과소 보고 under-report와 산업 재해 인정의 높은 문턱 때문이다. 이 통계는 산업재해보상보험법에 따라 산업 재해로 인정된 사례들을 기반으로 한다. 법에서는 업무로 인하여 4일 이상 치료를 해야 하는 모든 건강 문제에 대하여 산재 보험 보상을 받을 수 있도록 보장하고 있다. 그러나 큰 부상을 입거나 사망할 정도로 큰 사고가 아니면 산재 보상을 신청하지 않는 경우가 많다. 산재 보험 보상으로 얻는 득보다, 이를 신청함에 따라 발생하는 고용 불안이나 사업주와의 갈등, 혹은 절차상의 번거로움 등 부작용이 훨씬 크기 때문이다.

---

113. 고용노동부, 「2016년 산업 재해 발생 현황」
114. Takala 등, "Global Estimates of the Burden of Injury and Illness at Work in 2012", *Journal of Occupational and Environmental Hygiene*, 11: pp, 326-337, May 2014.

질병의 경우, 사망에 이를 정도로 심각한 경우조차 상당수가 통계에 잡히지 않고 있다. 노동자가 입은 재해와 원인 사이의 인과 관계를 따지기 쉬운 사고와 달리 질병은 그 인과성을 따지는 일이 좀 더 어렵다. 특히 원인에 대한 노출부터 빌병까지의 시간이 오래 걸리는 암이나 다양한 요인들이 발병에 기여하는 다요인 질환들은 더욱 그러하다. 특히 대다수 질병들은 그 직업적 원인이 거의 연구된 적 없기에, 업무와의 인과 관계를 판단하는 일이 쉽지 않다.

그런데 산업 재해로 인정받기 위해서는 업무와 질병 사이의 인과성을 노동자 스스로 입증해야 한다. 일하면서 어떤 유해 요인들에 얼마나 높은 수준으로 노출되었으며 그 노출이 질병을 일으킬 만한 상당한 인과성을 가진다는 사실을 노동자가 입증하기란 대단히 어렵다. 독성이 잘 알려진 물질, 인과 관계의 특이성이 높은 경우에도 노동자가 그 정보를 알지 못하면 산업 재해로 보고되지 않는다. 2016년 휴대 전화 부품을 생산하는 2차 하청 업체에서 메탄올에 중독되어 시력을 잃은 파견 노동자들은 자신이 취급하던 물질이 얼마나 유해한지 알지 못했고, 심지어 그 물질이 메탄올이라는 사실조차 모르는 경우도 있었다. 결국 업무상 질병 사례 하나가 공식적으로 기록되기 위해서는 노동자의 알 권리가 제도적으로나 현실적으로 보장되지 못하고 있는 문턱을 넘고, 업무 관련성을 입증하여 까다로운 인정 기준의 문턱도 넘어야 하며, 심지어 사업주에게 '찍히는' 불이익까지 감수해야 하는 다중의 어려움을 통과해야 한다.

세계 어디서나 산업 재해의 비가시성은 공중 보건의 큰 숙제 가운데 하나다. 그러나 한국의 비가시성은 유난히 심각하다. 2013년 산업 재해 사망자 수에 대한 전체 산업 재해자 수의 비율은 OECD 28

개 국가 평균 737이다. 한 명의 사망이 보고될 때, 그보다 7백 배 넘는 산업 재해가 보고된다는 뜻이다. 그런데 한국은 이 값이 84에 불과하다.[115] 실제 발생하고 있는 노동 현장의 사고와 질병들이 다른 나라들에 비하여 9배 가까이 과소 보고되고 있는 것이다.

2. 노동자 건강을 바라보는 관점

노동자의 건강과 안전을 바라보는 관점은 크게 세 갈래로 나누어 볼 수 있다. 극도로 위험하고 불결한 노동 환경은 인도주의적이지 못하므로 최소한의 위생과 안전을 보장해야 한다는 시각, 질병과 부상에 따른 사회적 비용의 증가를 해소하고 건강한 노동력에 대한 자본의 수요를 충족하기 위해 관리가 필요하다는 시각, 그리고 노동자들이 안전하고 건강하게 일할 권리를 보장해야 한다는 시각이다. 일반적으로 전자의 한계에 대응하여 후자의 시각이 출현하였다고 볼 수 있지만, 지금도 세 가지 시각이 혼재되어 있고 사안에 따라서는 서로 충돌하기도 한다.

1) 구제와 시혜로서의 안전 보건

노동 환경을 규율하는 최초의 법은 1802년 영국의 '도제의 건강과 윤리에 관한 법'으로 알려져 있다. 이 법은 면방직 공장에서 일하는

---

115. 박두용, 『산업재해 예방-보상제도간 합리적인 연계방안』, 한성대학교 산학협력단, 2014.

아동 노동자들에게 하루 12시간 이상 일을 시키지 말고, 입을 옷과 읽기 쓰기 등 최소한의 교육을 제공하며, 침대 하나에 두 명 넘게 재우지 말고 일 년에 두 번은 공장을 청소하라는 등의 내용을 담고 있다. 다만 이 법의 이행 여부를 확인하거나 강제할 방법은 없었다. 이후 마련된 다른 공장법이나 광산법도 마찬가지였다. 법의 내용은 극도로 처참한 노동 환경을 조금 완화하는 수준이었으며, 그 실행은 사업주들의 자발성에 의존하고 있어 실효를 거두지 못하였다. 이런 실패의 경험을 통하여 영국을 비롯한 산업화 국가들에서는 사업주(시장)의 자발성에 기대어서는 인간적이고 안전한 노동 조건을 만들 수 없다는 교훈을 얻게 되었다.[116]

2) 노동력 관리를 위한 산업 안전 보건

산업화의 확장에 따라 노동자 질병, 부상, 사망에 대한 사회적 부담이 커졌다. 노동 운동이 성장하면서 안전 보건에 대한 노동자들의 요구도 높아졌고, 건강한 노동력을 확보하고 안정적으로 유지해야 하는 자본의 필요도 커졌다. 그러나 개별 사업주의 자발적 의지는 단기간의 이윤 동기를 넘어설 수 없고, 문제 해결 역량에도 한계가 분명하여 국가가 개입하여 시장의 이행을 강제해야 했다. '산업'을 위한 안전 보건은 이런 맥락에 뿌리를 두고 있다.

그러나 이런 접근은 산업을 우위에 두고 있기에 노동자의 안전과

---

116. David Eves, "Two steps forward, one step back"-A brief histroy of the origins, development and implementation of health and safety law in the United Kingdom, 1802-2014. (http://www.historyofosh.org.uk/brief/index.html)

건강 보호에 필요한 국가의 개입을 적기에 효과적으로 달성하기가 어렵다. 자본은 예방을 위한 조치가 생산성을 저하시키고 안전 보건 규제가 경영권을 제약한다며 저항하는 경향이 있다.

세계 2위의 광업 국가인 미국의 사례는 국가의 개입이 얼마나 중요한지, 동시에 이런 개입이 실행되기까지 얼마나 오랜 시간이 걸리는지를 잘 보여준다. 미국에서 광산의 안전 보건에 대한 최초로 법령이 만들어진 시기는 1891년으로, 그 내용은 영국의 초기 공장법처럼 '지하 갱도 내 최소한의 환기'와 '12세 미만의 아동 고용 금지' 정도의 최소 시혜적 수준이었다. 정부에 광산 안전 보건을 담당하는 부서를 만든 것은 1910년의 일이었고, 그조차 연구와 조사 기능만을 담당했다.

1941년이 되어서야 정부 감독관이 탄광에 들어갈 법적 권한을 갖게 되었으며, 광산 사업주들이 지켜야 할 특정 안전 조치들을 법제화한 것은 1947년의 일이었는데, 이 법은 위반에 대한 처벌 조항이 없어 실효성이 없었다. 광산 사업주들의 안전 보건 법규 준수를 감독하고 위반자를 처벌할 수 있는 수준의 광산안전보건법이 만들어진 것은 1977년이었다. 1891년 미국 광산 노동자들은 한 해 2천 명 이상 사망했고 이 추세는 10년 이상 지속되었는데도 실효성 있는 법제도를 갖추는 데 88년이 걸렸다. 광산안전보건법 제정 직후인 1978년 광산 노동자 사망은 242명이었고, 2015년에는 28명으로 기록되고 있다.[117]

한국의 경우도 다르지 않다. 업무상 사고나 질병을 당한 노동자들

---

117. 미국 광산안전보건청 Mine Safety and Health Administration. https://www.msha.gov

을 위한 사회 보장의 일환으로 1964년부터 산업재해보상보험제도가 도입되기는 하였으나, 노동자의 안전과 건강을 보호하여 재해를 예방하도록 규율하는 산업안전보건법은 1981년이 되어서야 도입되었다. 이 법이 제정된 이유는 그 제정 취지문이 밝히고 있듯 '중화학공업의 추진 등 급격한 산업화에 따라 (중략) 산업 재해의 대형화와 빈발, 유해 물질의 대량 사용 및 작업 환경의 다양화에 따른 직업병의 발생 증가'[118] 때문으로, 고속 경제 성장을 위한 개발 독재의 후유증이 심각해짐에 따라 국가 차원에서 규제책을 마련한 것이다.

산업을 우선 순위에 두고 그 부작용으로 발생하는 안전 보건 문제를 '적정 수준'에서 관리하려는 시각의 접근법은 대체로 '최소 규제' 경향을 띠기 마련이다. 따라서 반드시 해결해야 하는 상황, 즉 이미 발생한 문제를 사후 대처하는 방식 위주이며, 사전 예방이라 해도 사실은 기존 경험을 통해 확인된 '손실이 클 것으로 예상되는' 유해 위험 요인 관리 정도에 그치기 쉽다. 또한 관리 목표는 최상의 안전 보건 달성이 아니라 예상 손실보다 적은 비용을 들여 도달할 수 있는 정도에 제한된다. 위험한 작업 방식을 개선하고 사고를 예방하기 위한 비용을 지출하기보다는 비정규직이나 이주 노동자처럼 취약한 집단을 고용하여 위험한 일을 시킨다거나, 심각한 독성이나 환경 오염을 일으켜 사용 금지되거나 까다로운 조건을 갖추어야만 사용할 수 있게 된 화학 물질을 다른 안전한 물질로 대체하는 대신 그 물질에 대한 규제가 아직 마련되지 않은 저개발국이나 개발도상국들로 공장을 옮겨버리는 것도 이런 맥락에서 발생한다.

---

118. 법률 제3532호 산업안전보건법 신규 제정 이유, 1981.12.31. (출처 : 국가법령정보센터)

이런 한계를 보여주는 대표적인 예로 석면 산업을 꼽을 수 있다. 미량의 노출로도 심각한 피해를 일으키기에 선진국에서는 일찍이 석면의 사용 자체를 금지하는 정책들이 도입되었으나 정작 석면 산업은 별다른 타격을 받지 않고 독일에서 일본으로, 다시 한국으로, 그리고 다시 중국과 인도네시아로 옮겨 가면서 여전히 성업 중이다. 세계 경제가 신자유주의 질서로 재편되면서 이런 문제는 세계 각 국의 거의 모든 산업에서 확인되고 있으며, 20세기 중후반에 와서야 비로소 자리 잡기 시작한 안전 보건 시스템과 정부의 역할이 단기간에 뿌리째 흔들리게 된 것이다. 노동자의 건강과 생명 자체의 가치 때문이 아니라 자본이 필요로 하는 수준에서 안전 보건을 적절히 관리하자는 관점 속에는 이러한 위험이 상존할 수밖에 없다.

3) 인권으로서의 노동자 건강권

구제나 시혜로서, 혹은 사회 안정과 노동력 관리의 수단으로서 안전 보건을 바라보는 시각의 한계를 확인해 온 역사적 경험을 통해, 안전 보건이란 침해 불가능한 노동자의 기본권으로서 접근해야 비로소 달성될 수 있다는 인식이 싹틀 수 있었다. 가령 1994년 세계보건기구는 '도달할 수 있는 최상의 건강에 대한 권리'가 노동자의 기본권이며[119] 세계 누구나 건강하고 안전한 노동에 대한 권리와 사회적 경제적으로 생산적인 삶을 살 수 있게 하는 노동 환경에 대한 권리를 갖

---

119. WHO, "Declaration on occupational health for all", 1994.

는다고 선언하였다.[120]

이러한 선언은 이윤이나 생산성에 흠이 되지 않는 선에서 노동자들이 비참함을 면할 수 있는 최소 수준의 안전 보건을 요구해 온 기존 관점을 극복하고 권리로서의 건강, 인권으로서의 안전으로 나아가자는 의지의 표현인 동시에, 20세기 말에도 여전히 이런 선언이 필요할 정도로 일터의 안전 보건 문제가 심각하다는 현실 인식의 표현이다.

안전 보건이 노동자의 권리이며 사업주와 정부의 의무는 이 권리를 존중하고 보장하는 것이라는 인식은 아직 보편적이지 않다. 한국의 경우, 여전히 주류의 인식은 시혜적 차원 내지는 산업 사회의 질서를 유지하기 위한 최소 규제 관점에 머물러 있다. 일본의 제국주의 지배와 냉전 체제 하 미군정 및 군부 독재의 정치 체제를 거치면서 산업화되었기 때문에 그만큼 노동 인권에 대한 인식이 뿌리를 내리고 열매를 맺기 어려웠다. 그 결과, 한국은 급속 경제 성장을 달성하고 개발도상국에서 산업화 선진국의 대열에 오르기는 하였으나 OECD 회원국 중에 장시간 노동, 자살, 노동 재해 등의 후진성 지표에서도 압도적인 수위를 차지하고 있다.

노동 인권, 특히 안전하고 건강한 일터에 대한 권리가 만성적으로 결핍된 한국 사회가 얼마나 취약한지를 보여주는 사건들이 최근 몇 년 사이에 부쩍 늘고 있다. 서울 지하철 구의역에서 스크린 도어를 고치다가 열차에 치어 사망한 노동자, 시간에 쫓기며 음식을 배달하다 오토바이 사고로 사망하거나 큰 부상을 입는 노동자들, 파견 업체를 통해 휴대 전화 부품 공장에 가서 일하다가 메탄올에 중독되어 실명

---

120. WHO, "Global strategy on occupational health for all: The way to health at work", 1994.

한 노동자들, 현장 실습생으로 콜 센터에서 일하다가 실적 압박과 직장 내 폭력으로 자살한 고교생 노동자, 대기업 반도체 공장에서 일하다 백혈병이나 뇌종양 등으로 사망한 노동자 등, 청년 노동자들의 노동 재해가 바로 그것이다.

한 사회의 노동 인구 중에서 가장 건강하고 활기 있는 청년층이 짧게는 몇 달에서 길어야 몇 년 안 되는 짧은 고용 기간 사이에 병들고 다치고 죽어간다는 것은 그만큼 사회의 안전망이 취약하다는 뜻이다. 한국 국적의 비정규직 청년 노동자들의 실태가 이렇다면, 그보다 더 위험한 일을 떠맡고 있는 이주 노동자들의 안전 보건은 과연 어떠할 것인가. 경제 규모가 커지고 산업 구조가 복잡해진 만큼 노동자 건강권 수준이 발전하지 못하면 노동자들은 그만큼 더 복잡하고 촘촘한 위험에 처하게 된다.

3. 인권으로서의 노동자 건강권

1) 보호와 예방의 권리

노동자는 일터의 유해 요인과 위험 요인들로부터 자신을 보호할 권리가 있다. 이 권리를 실현하려면 유해, 위험 요인들에 대하여 잘 알아야 하고, 자신을 보호할 방법을 알아야 하며, 무엇보다도 보호와 예방의 권리가 있다는 그 사실 자체를 알아야 한다. 알 권리에 더하여 행동할 권리도 필수적이다.

(1) 알 권리

• 화학 물질을 수송하는 배관을 수리하기 위해 일용직 노동자들이 투입되었다. 이 중 어떤 파이프 속에는 황산이 남아 있었는데, 일용직 노동자들은 그 사실을 알지 못한 채 파이프를 열었다. 황산이 쏟아져 나와 1명이 죽고 4명이 다쳤다.
• 한 철거업체 노동자들이 낡은 전구 공장을 철거하러 갔다. 전구에 사용하던 수은이 기계 속과 공장 바닥에 흥건하게 남아 있었지만, 이 노동자들은 그것이 수은이라는 사실도 몰랐고 호흡기를 통해 노출되어 수은 중독에 걸릴 수 있다는 사실은 더더욱 몰랐다. 다수의 노동자들이 수은 중독에 걸려 일을 할 수 없게 되었다.
• 휴대 전화 부품을 제조하는 업체에서 수개월 일했던 노동자들이 대사성 산증과 시력 상실을 보였다. 해당 공장에 가보니 메탄올이 아무런 안전 조치 없이 마구 사용되고 있었고, 노동자들은 자신이 사용하는 물질이 메탄올인지조차 모르고 있었다.

위 사례들은 모두 2015년 전후에 한국에서 발생한 사건들이다. 원인 물질들은 황산, 수은, 메탄올 등 오래 전부터 그 유해성이 잘 알려진 것들이지만, 피해 노동자들은 누구도 자신이 사용하거나 노출되고 있는 물질이 무엇인지 알지 못했다.

세계보건기구는 모든 노동자에게 자기가 하는 일과 일터의 잠재적 유해 요인들과 위험들에 대한 알 권리가 있다고 선언하고 있으나[121] 이 권리는 저절로 실현되지 않는다. 우선 알 권리의 대상이 되는 정보의 내용이 생산되어야 한다. 황산이 사용되었던 배관이 어떤 유형인지, 전구 공장에 잔류해 있을 수 있는 독성 물질에는 어떤 것들이 있

---

121. WHO, "Declaration on occupational health for all", 1994.

으며 이를 확인하는 방법은 무엇인지, 휴대 전화 부품 제조 과정에서 노동자들이 사용하는 화학 물질의 이름은 무엇인지, 그리고 이런 물질들의 유해성은 무엇이며 어떻게 해야 노출을 피할 수 있는지 등은 사업주가 정보를 만들어 제공하지 않는 한 노동자가 알기는 어렵다.

생산된 정보는 그 내용이 왜곡이나 은폐 없이 투명하고 온전하게, 특히 알 권리의 주체인 노동자들이 이해하고 이용할 수 있는 형태와 방식으로 제공되어야 한다. 산업용 화학 물질들의 용기에는 해당 물질의 유해성이나 위험성에 대한 경고 표지와 문구를 부착해야 하는데, 그 문구가 외국어로 되어 있거나 경고 표지 그림의 뜻에 대한 교육이 제공되지 않는 한 노동자들은 그 의미를 알 수가 없다. 미국 안전보건청(OSHA)이 홈페이지 첫 화면에 '(안전 보건에 대한) 노동자의 권리'를 소개하면서 '당신이 이해할 수 있는 언어로 (안전 보건) 훈련을 받을 권리Right to be trained in a language you understand'를 가장 먼저 꼽을 만큼,[122] 정보의 온전한 전달은 매우 중요하다.

알 권리가 노동자 건강권의 기초라면, 노동자 건강권에 대한 앎은 알 권리의 기초다. 2013년 4월 산재 사망 노동자 추모의 날 기념 연설에서 당시 미국 대통령 버락 오바마는 "노동자들이 자신의 권리를 확실히 알고, 일터에서는 법률이 확실히 지켜지며, 잘못한 자들은 확실히 책임을 지게 하여" 안전보건법령을 실현하겠다고 약속했다. 앞서 소개한 것처럼 미국 안전보건청 홈페이지의 첫 화면에는 노동자에게 어떤 법적 권리가 있는지를 소개하는 내용이 있다. 권리의 주체로 하여금 자신의 권리를 알게 하는 것도 정부의 임무이기 때문이다.

---

122. 미국 안전보건청 (https://www.osha.gov/workers/index.html)

(2) 행동할 권리

행동할 권리 중 최소한은 위험 작업 회피권, 즉 위험하거나 유해하다고 여기는 작업을 스스로 중단하고 대피할 수 있는 권리다. 그 다음으로는 자신의 안전과 건강에 영향을 줄 수 있는 각종 의사 결정에 참여하는 권리, 그리고 노동자가 직접 노동 환경을 더 안전하고 건강하게 개선할 권리 등으로 크게 분류할 수 있다.

- 1993년 5월 10일 오후 4시 경 태국의 케이더Kader 장난감 공장에 불이 났다. 한낮에 일어난 화재였으나 공장 안에서 일하던 노동자들은 제대로 대피할 수 없어 188명이 사망하고 5백 명 이상 다쳤다. 가난한 노동자들이 장난감 인형을 공장 밖으로 빼돌리지 못하도록 공장 1층의 유일한 출입문이 바깥에서 잠겨 있었기 때문이다.
- 2013년 4월 23일, 방글라데시 수도 다카의 라나 플라자Rana plaza 건물 일부에서 균열이 발견되었다. 건물주는 언론에 안전을 장담한다고 발표하고는 대피하였고, 이 건물에 입주하여 베네통과 월마트 등 세계적인 브랜드의 옷을 생산하는 공장의 사업주들은 불안에 떠는 노동자들에게 정상 출근을 명령했다. 다음날 아침 9시 이 건물은 무너져 내렸고, 단일 사건으로 1천 129명이 사망하고 2천 5백여 명이 다치는 사상 최악의 산업 재해로 기록되었다.
- 1990년대 초반 한국의 S반도체 공장에서 화학 물질 누출 사고가 발생하였다. 생산 라인 전체가 멈췄고 모든 작업자들에게 대피 명령이 내려졌다. 다만 작업자들은 대피하기 전에 작업 중이던 모든 제품들을 안전하게 옮겨 두라는 지시를 받았다. 생산이 완료되지 않은 반도체 웨이퍼들이 화학 물질에 노출되어 불량품이 되지 않도록 하라는 취지였다.

한국의 산업안전보건법 제26조에서 '근로자는 산업 재해가 발생할 급박한 위험으로 인하여 작업을 중지하고 대피할 때는 지체 없이 그 사실을 바로 위 상급자에게 보고하고, 바로 위 상급자는 이에 대한 적절한 조치를 하여야 한다.'(제2항)고 해두었듯, 여러 나라들은 급박한 위험으로부터 대피할 권리를 간접적으로라도 보장하고 있다. 그러나 실제로 이 권리를 실행에 옮기기는 쉽지 않다. 사업주나 관리자의 명령을 거부했다가 나중에 어떤 불이익을 받을지 모르기 때문이다. 이 문제를 해결하기 위해 위험을 중단하고 대피한 노동자에게 불이익을 주지 말도록 하는 조항도 마련되었다. 가령 한국의 경우 '사업주는 산업 재해가 발생할 급박한 위험이 있다고 믿을 만한 합리적인 근거가 있을 때에는 제2항에 따라 작업을 중지하고 대피한 근로자에 대하여 이를 이유로 해고나 그밖의 불리한 처우를 하여서는 안 된다.'(산업안전보건법 제26조 제3항)는 법이 있다.

문제는 노동자가 작업을 멈추고 대피했을 때 '급박한 위험이 있다고 믿을 만한 합리적인 근거'를 제시하지 못하면 사업주의 해고나 불리한 처우가 허용된다는 점이다. 설령 급박한 위험이 입증된 상황에서 노동자를 부당하게 대우하였더라도, 그에 대하여 사업주는 별다른 처벌을 받지 않는다. 그러니 노동자로서는 당장 건물이 무너질 것이라고 믿을 만한 합리적 근거를 확보하기 전에는 선뜻 작업을 중단하고 대피할 결심을 하기 어렵고, 사업주로서는 심각한 위험이 명백히 예상되는 상황만 아니라면 굳이 생산에 차질을 초래하면서 대피를 시키지 않아도 된다고 여기게 된다.

위험 작업 중지 및 대피권은 행동할 권리 중에서도 생존을 위한 최소 수준일 뿐이다. 세계보건기구는 노동자들에게 '적절한 경로를 통하여 자신의 노동과 안전 보건에 대한 계획과 의사 결정에 참여'할 권리와 '노동자 스스로의 실천을 통해 노동 조건을 개선할 수 있는 권한' 및 이런 권한이 실효를 거둘 수 있도록 '모든 정보를 제공받'을 권리가 보장되어야 한다고 밝혔다.[123]

다른 인권들도 그렇지만 특히 노동자 건강권은 법에 그 권리를 선언하는 것만으로는 저절로 보장될 가능성이 거의 없다. 노동자가 권리를 행사하기 위한 전제 조건으로 정부와 사업주들이 이행해야 할 책무를 정하고, 이들이 책임을 이행하지 않거나 노동자의 권리를 훼손 혹은 방해할 경우 엄중히 처벌하는 등, 적극적으로 노동자 건강권을 옹호하고 실현의 동력을 제공하는 제도가 필수적이다.

2) 치료와 재활의 권리

보호와 예방이 충분히 이루어지지 않은 경우, 혹은 최고 수준으로 실행하더라도 불가피한 사고 등으로 노동자가 질병이나 부상을 당하였을 때에는 '치료와 재활의 권리'가 보장되어야 한다. 또한 일 때문에 의료 서비스에 대한 접근성이 방해받아서는 안 된다.

(1) 신속하고 적절한 치료를 받을 권리

병을 키우기 전에 필요한 치료를 최적의 시기에 받을 수 있는 권리가 보장되려면 1차 의료 서비스 기관에 대한 접근성이 높아져야 한다. 한국의 경우 의료 기관이 없어서 문제가 되는 경우보다는 시간이 없어서 접근성이 낮아지는 문제가 훨씬 심각할 것이다. 정부와 기업

---

123. WHO, "Declaration on occupational health for all", 1994.

들이 추진해 온 노동시간 유연화 정책은 생산량에 따라 노동 시간을 고무줄처럼 조절하고 싶어 하는 자본의 필요에 맞춘 것이지 노동자가 자신의 몸 상태나 사회적인 필요에 따라 근무 시간을 유연하게 조절할 권한을 주는 제도는 아니었다.

그러다보니 의료 기관을 이용해야 하는 상황인데도 늦게 출근하거나 일찍 퇴근하기가 어려워 미루고 미루다 병을 키우는 일이 여전히 허다하다. 신속하고 적절한 치료를 받을 권리란 곧 1차 의료 서비스를 편하게 접근할 수 있는 권리, 아플 때 참지 않을 권리를 말한다.

(2) 질병과 부상에 따르는 경제적 고통으로부터 보호받을 권리

한국을 비롯한 여러 국가들은 산업 재해 보상 보험 제도를 가지고 있다. 업무로 인한 질병이나 부상에 대하여 개별 사업주를 대신하여 정부가 보상을 제공한다. 보상에 소요되는 재원은 사업주들로부터 보험료를 걷어서 마련하고, 그 운영은 정부가 맡는 것이다. 이는 노동 재해 발생 시 이를 보상하느라 개별 사업주가 부담해야 하는 위험을 분산시키는 '사업주들의 보험'으로서의 성격과 동시에 노동자의 치료비와 생계비 부담을 사회가 덜어 준다는 '사회 보장 제도'로서의 성격을 갖는다. 가령 한국의 산업 재해 보상 보험 제도에서는 재해와 업무의 인과성이 인정되면 그 치료에 소요되는 요양급여뿐 아니라 해당 재해로 인해 일을 하지 못한 기간에 대해 평균 임금의 70퍼센트에 해당하는 휴업 급여를 지급해 생계를 보장한다.

다만, 재해와 업무의 인과성을 인정받는 일이 쉽지 않다. 사고성 재해의 경우 인과 관계를 입증하기가 비교적 쉽지만, 업무상 질병의

경우는 그렇지 않다. 근골격계 질환의 경우 조금 나이가 많으면 '퇴행성 질환'이라며 인과 관계를 부정하고, 뇌심혈관 질환의 경우 비인간적인 수준까지 과로했다는 사실을 증명하지 못하면 업무 관련성을 인정하지 않는 등, 산재보상 여부를 심사하여 판정하는 근로복지공단이 지나치게 보수적인 잣대를 내세워 노동자의 권리를 훼손해 왔다는 비판의 목소리가 오래 전부터 있었다.

특히 업무와 재해 사이의 인과 관계를 입증해야 하는 부담을 재해당사자에게 지우고 있어, 사업주가 노동 환경에 대한 정보를 제공하지 않거나 암처럼 질병 자체의 직업적 원인이 별로 연구되지 않은 질환의 경우는 산업 재해로 인정받기가 하늘의 별따기만큼 어려운 현실이다. 신속하게 치료와 생계를 지원하기 위하여 만들었다는 산재보험 제도 도입 취지가 무색해지는 현실이다.

소위 선진국에서도 업무상 질환을 산업 재해로 인정받기 어려운 문제는 존재한다. 그러나 한국은 문제가 훨씬 심각하다. 예를 들어 2006년 프랑스에서는 산재 보험 가입 인구 10만 명당 10.44건, 벨기에 9.86건, 핀란드 6.53건, 독일 6.07건, 이탈리아 5.15건의 직업성 암이 산업 재해로 인정받았는데, 한국의 경우 산재 보험 가입 인구 10만 명 중 단 0.25명(2011년 자료)만이 직업성 암으로 산업 재해 보상을 받을 수 있었다.[124]

입증 책임의 부담을 완화하고, 사업주들이 작업 환경 정보를 은폐하지 못하도록 엄격하게 규제하는 등, 산업 재해 보상 보험 제도가 제구실을 할 수 있도록 법과 행정의 개선이 시급하다. 평생 직장 개념이

---

124. 「KBS 파노라마」 "직업성 암-0.01%의 좁은 문", 2013.8.9. 방영. (원 자료는 한국노동연구원, 『국제노동브리프』 2013년 1월호.)

사라지고 사업장 이동이 많아지고 있는 현실을 고려한다면 이후 업무 관련성을 확인하기는 더욱 어려워질 수 있으므로, 아예 업무 관련성과 상관없이 모든 질병과 부상에 대하여 휴업 급여를 제공하는 보편적인 사회 보험 제도의 개편도 고려해야 한다.

(3) 재활과 복귀의 권리

업무 복귀return-to-work 문제는 노동자의 일할 권리로서도 중요하지만 산업 중심의 안전 보건 제도에서도 매우 중요한 영역으로 간주되어 왔다. 특히 숙련된 기술과 경험이 중요한 직무에서는, 질병이나 부상으로 일을 쉬었던 노동자가 하루 빨리 복귀하여야 하는 사업주의 필요가 크기 때문이다. 그러나 숙련 여부나 직무의 특성을 불문하고 모든 노동자는 질병과 부상의 후유증을 최소화하도록 적절한 재활 서비스를 누릴 권리가 있다. 또한 어떤 후유증이나 장애가 남더라도 그 상태에서 노동 및 일상 생활로 최대한 복귀할 수 있어야 한다.

3) 온전한 삶을 누릴 권리

세계보건기구는 건강을 단순히 질병이나 부상이 없는 상태가 아니라 육체적, 정신적, 사회적으로 안녕한 상태라고 정의한다. 노동자가 누려야 할 건강권도 단지 일터에서 죽거나 다치거나 병들지 않을 정도를 뜻하지 않는다. 육체적으로, 정신적으로, 사회적으로 더 건강해지고 풍요로워질 권리를 말한다.

이렇게 균형 있고 온전한 삶을 누릴 수 있는 적극적 의미의 건강권에서 가장 대표적인 권리는 '자기 상태에 따라 적응할 권리'다. 개인적 감수성, 장애, 기타 노동 역량에 영향을 미치는 특징을 갖고 있는 노동자들은 일을 자신에게 맞춰 직무에 적응할 권리를 갖는다.[125] 적응할 권리는 실병이나 손상을 경험한 노동자들이 원래 직장에 돌아가거나 다른 직업을 구하게 될 경우 등 앞서 소개한 재활과 복귀의 권리를 온전하게 실현할 수 있는 기반이기도 하다.

그리고 적응할 권리는 자신이 적응할 만한 환경을 요구하고 바꿀 권리이기도 하다. 예를 들어 임신한 여성이 그 상태에서도 안전하고 건강하게 일할 수 있는 업무 전환을 요구하는 것, 아이를 양육하기 위해 필요한 시간을 확보하기 위해 노동 시간 단축을 요구하는 것 등이 있다. 일과 삶의 균형을 누릴 권리, 어떤 이유로도 차별받지 않고 평등하게 일하고 대우받을 권리 등도 사회적으로 더 건강하고 풍요로운 삶을 누리기 위해 보장되어야 할 건강권의 일환이다.

4) 노동자 건강권의 전제가 되는 기본권

노동자 건강권을 실현하기 위한 과정은 개별 기업의 입장에서 때로는 생산성과 효율에 배치되는 것처럼 보이기도 한다. 안전 보건을 위해서는 단기적으로는 비용이 들지만 장기적으로 혹은 사회 전체적으로는 비용을 절감하게 된다는 분석도 있기는 하다. 그러나 대개 개별 사업주들은 장기적으로 기대되는 무형의 사회적 효과보다는 당장 안전 보건에 드는 비용에 민감하다. 따라서 사업장 차원의 안전 보건

---

125. WHO, "Declaration on occupational health for all", 1994.

조치를 실행에 옮기기 위해서는 노동자 개인이 아니라 집단으로서 요구할 수 있는 경로와 힘이 필요하다. 국가나 국제적인 수준에서 법과 제도를 통하여 규제하고자 할 때도 마찬가지다.

국제 기구나 국제 협약 등에서 결사의 자유freedom of association 즉 노동조합 등 노동자들이 자주적으로 단체를 구성할 수 있는 권리와 함께 단체 협상권과 단체 행동권을 노동자 건강권의 전제로 꼽는 이유가 있다. 노동조합이 있는 사업장의 안전 보건이 노동조합이 없는 사업장보다 예외 없이 더 탄탄하며 노동자들의 집단적 힘이 우세한 국가의 안전 보건 수준이 그렇지 못한 국가에 비하여 훨씬 우수하다는 역사적 경험 때문이다.

4. 보건 의료인과 노동자 건강권

노동자 건강권을 실현하는 데 보건 의료인, 특히 의사들이 기여할 수 있는 부분은 매우 크다. 동시에 의사들이 노동자 건강권을 억누르거나 방해한 일들도 많다. 가장 흔한 사례들은 노동 재해 환자에 대하여 '보상을 바라는 꾀병쟁이'라는 편견에 사로잡히거나 부조리한 관행을 지속하는 경우다. 이런 편견을 버리고 노동 환경과 관련하여 발생한 질병이나 부상을 산업 재해로 인지하고 기록하는 기본 임무를 충실히 하는 것이 노동자 건강권에 힘을 보태는 첫 걸음일 것이다.

조금 더 나아가면 노동 환경 때문에 발생한 새로운 건강 문제를 규명하는 역할을 할 수도 있다. 도저히 진단명을 알 수 없어 대학 병원을 전전하던 15세 소년 문송면 군에게 '혹시 공장에서 일을 하지는 않았는지?' 물어 봄으로써 온도계 공장에서 일하다가 수은에 중독된 것임으로 규명해 낸 것은 어느 초보 의사였다고 한다.

대사성 산증으로 입원한 젊은 환자가 유해 물질에 노출된 것은 아닐지 의문을 품고 직업환경의학과에 자문을 구한 신장내과 의사가 없었다면 2016년 휴대폰 부품 공장 파견 노동자들의 메탄올 중독은 세상에 알려지지 않았을 것이다. 굳이 직업환경의학을 전공하거나 산업 보건을 공부하지 않더라도, 환자의 질병이 업무 때문에 발생하였거나 악화되었을 가능성이 의심될 때 직업환경의학과에 문의해 보는 작은 노력으로도 새로운 직업병 사례를 발견하는 데 기여할 수 있다.

어떤 의사들은 산업 재해 보상 보험을 청구한 사례들을 검토하여 보상 여부를 판정하는 위원으로 위촉되거나 이와 관련된 소송에서 전문가로서 의견을 제출하기도 한다. 그런데 이런 직책을 수행할 때 매우 엄격한 과학적 근거가 없으면 산업 재해로 인정하지 않겠다고 주장하는 의료인들도 있다. 법과 제도 본래의 취지를 알지 못하거나 법리를 잘못 이해하고 있어서 과오를 저지르는 경우다.

산업 재해 보상 보험 제도 등 직접적인 산업 보건 제도와 연관된 일은 아닐지라도, 임상에서 환자를 진료하면서 노동자 건강권에 기여할 수 있다. 환자의 건강 관리를 위하여 노동 환경을 검토하고 그 개선을 조언하는 방법도 있고, 노동자 건강권을 위한 사회 운동에 직접 참여하는 방안도 있다. 보건 의료인들 스스로의 노동자 건강권에 대한 인식과 실천에 기여하는 길도 있다.

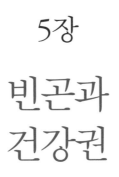

5장

빈곤과
건강권

차상위 계층의 건강권 _정형준
의료 민영화와 건강권 _우석균

차상위 계층의 건강권

| 주요 내용 |

건강과 소득의 관계를 이해하고, 건강 결정 요인 중 중요한 여러 가지 요소들이 결합되어
있다는 사실을 확인한다. 또한 저소득층의 건강 문제는 의료 제도와 빈곤층 복지 제도와
연결되어 있다는 사실을 확인한다.

| 목표 |

1. 건강 결정 요인과 소득의 관계
2. 빈곤과 건강 문제의 악순환
3. 의료 긴축 정책의 문제점
4. 저소득층 건강 문제 해결의 대안

저자 정형준

재활의학과 전문의이며, 인도주의실천의사협의회 회원으로 활동하고 있다. 건강보험심
사평가원의 가입자 대표 전문위원이며, 의료 민영화 저지와 무상 의료 실현을 위한 운동
본부에서 정책위원장을 맡고 있다. 지난 10년 동안 의료 민영화 반대 및 건강보험 보장성
강화 운동에 적극 참여하고 있다.(email: akai0721@hanmail.net)

1. 건강 결정 요인

건강에 영향을 미치는 요인들은 너무나 광범하여 사실 사회, 환경, 역사 등 수많은 요소들이 복합적으로 결합된 것으로 알려져 있다. 특히 병리학적 요인뿐만 아니라 건강 행태 및 물리적, 사회적 환경의 영향을 함께 고려해야 한다는 지적은 전 국민 건강 보장을 통해 예방, 치료 등을 강화한 서구 선진국의 경험에서도 도출되고 있다. 때문에 건강 불평등을 다루는 최근 논문과 저서들에서는 다양한 요인들이 건강에 영향을 끼친다는 점을 강조하는데, 예를 들어 생물학적, 행동적, 사회적 요인과 건강의 상호 작용[126]과 개인적, 환경적, 제도적 요인과 건강의 상호 작용[127]의 중요성을 건강 영역 이외에서도 지적하고 있다.

1990년대에 논의된 건강 결정 요인 선정은, 사회 생태 이론을 중심으로 제시하고 있는 다양한 내적, 외적 건강 결정 요인이 개인의 건강 상태에 어떤 영향을 미치는지를 분석하려는 시도에서 비롯되었다. 이

---

126. Institute of Medicine, 2001, *Health and behavior: The interplay of biological, behavioral, and societal influences*, Washington, D. C.: National Academy Press.
127. U.S. DHHS(Department of Health and Human Services), 2000, *Healthy People 2010: Understanding and Improving Health*, Washington, D.C.: U.S. Government Printing Office.

모델은 생물학적, 사회적, 경제적, 환경적, 제도적 요인과의 관계를 설명한다. 이 중 가장 유명한 모델은 고정적인 생물학적, 유전적 특성과 함께 네 개의 층으로 구성된 내, 외적 요인으로 도면화되어 있다.([그림 3])

이에 따르면 도면의 가장 중심은 성별이나 연령, 인종, 질병의 유무와 같은 개인의 생물학적, 유전적 특성이 차지하고 있고, 첫 번째 층에는 개인의 식습관이나 생활 양식처럼 건강에 긍정적 또는 부정적 영향을 미치는 내적 요인이 위치하고 있다. 외적 요인으로 두 번째 층에는 개인 수준을 넘어 지역 차원에서 상호 지원을 제공하는 사회관계나 지역사회 네트워크가 포함된다. 세 번째 층에는 주거 환경이나 근무 환경, 관련 서비스나 교육, 시설 등 보다 물리적이고 구조적인 요인이 위치하고 있으며, 마지막 층에는 총체적인 사회 경제적, 문화적, 환경적 조건이 포함된다.

[그림 3] Dahlgren & Whitehead, 1991, "Policies and strategies to promote social equity in health"

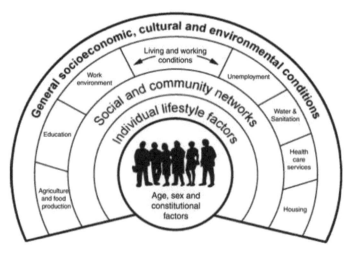

이런 모델은 건강을 단순히 하나의 질환이나 사회적 제도로 환원하지 않고 다양한 원인과 결과의 총합으로 본다는 장점이 있다. 또한 건강과 관련된 논의를 다양하게 만들고 깊이 있게 해주었다. 하지만, 이들 결정 요인 하나하나에 영향을 미치는 가장 중요한 요소를 비슷한 층위에서 판단한다는 점에서 비판의 소지도 있고, 특히 건강 불평등과 관련된 각각의 요소에 대한 분석에만 매달린다는 비판도 있다. 그렇기에, 건강 결정 요인 중에서도 경제적 요인과 관련해서는 사회적으로 개선 가능한 부분이므로 좀 더 면밀히 살펴 볼 필요가 있다.

2. 개인의 생활 습관과 소득

흡연, 과도한 음주, 운동 부족 등의 건강 위험 행위lifestyle behavioral risk는 만성 질병 유병률, 그로 인한 사망에 중요한 영향을 주는 것으로 알려져 있다. 그리고 이런 생활 습관은 대부분 군집 현상으로 나타난다. 대단히 개인적인 생활 습관의 문제로 보이지만, 실제로는 비슷한 군집에서 벌어진다는 특징이 있다. 대표적으로 청소년, 노인 등 연령별 군집 현상이 있으며, 직업군, 거주 지역별 군집 현상이 있다. 이런 건강 유해 행위 및 예방 행위의 정도는 각종 연구 결과에 따라보면 연령, 스트레스, 소득과 밀접한 연관성이 있다.

이 중 연령은 생물학적 요소이며, 스트레스는 개인의 '대처 자원'과 직업군, 휴식 시간, 노동 강도와도 연관성이 높다. 반면 소득은 사회적 요인 중에 가장 단순한 지표로 개인 생활 습관과 관련 맺고 있다. 다만 '낮은 소득'과 건강 위험 행위의 비례 관계는 선후 관계로는 명확치 않은 측면이 크다. 즉 건강 위험 행위와 같은 생활 습관의 파탄이 개인의 소득을 자연스럽게 줄이는 것인지, 소득이 줄어들면서 건강 위험 행위에 빠지게 되는 것인지의 문제를 말한다.

하지만 여러 생활 습관 관련 연구 결과를 보면 비교적 선후 관계기 분명하다. 흡연의 경우만 봤을 때, 교육 수준이 낮고 소득이 낮을수록 높은 흡연율이 나타난다. 특히 최초 흡연 시기가 흡연의 지속과 연관이 있는데, 이는 앞서 말한 군집 현상의 측면에서 볼 때, 흡연이 낮은 소득을 중심으로 세습되는 측면까지 보인다. 결국 흡연에 더 잘 노출되는 환경이 흡연율을 높인다는 점에서 낮은 소득과 흡연의 관계는 단순 악순환의 관계라기보다는 낮은 소득이 불러오는 환경 변화 요인이 크다고 볼 수 있다.

이는 소득이 생활 습관에 대한 우선적 결정 요인 중 하나임을 드러낸다. 또한 흡연 외에도 수면 시간, 음주 습관, 운동 부족, 고열량 섭취, 체중 증가 등의 생활 습관상의 위험 요소 등도 소득이 낮을수록 노출도가 올라간다는 점에서 개인의 생활 습관의 선행 지표로서 소득은 중요한 가치를 가진다.

3. 사회 관계와 소득

건강 결정 요인 중 사회 관계 부분만이 유일하게 복잡성을 띄는데, 이는 개인의 생활 습관 상태와 외부 요인이 만나는 접점이기 때문이다. 소득이 낮다고 사회 관계와 네트워크가 무작정 단절되지는 않으며, 소득이 높아도 사회 관계가 제대로 형성되지 않은 경우는 많다.

때문에, 실제 사회적 제도, 직업, 교육 수준 등의 중요 요소가 대부분 소득 수준을 직접 반영하는 데 비해서, 사회 관계는 소득과 별개의 요소로 비춰질 수 있다.

그러나 사회 관계가 소득과 비례 관계에 있지 않다고 해도, 적정 소득은 사회 관계와 지역 네트워크 참여의 핵심적 요소다. 직장 동료, 선후배, 가족들 사이의 충분한 사회 관계와 네트워크 유지에서 필요한 소득 수준의 제한점이 존재한다. 따라서 소득 수준이 사회 관계, 네트워크 등의 선행 지표는 아니지만 연관성이 있다는 점은 중요하다.

4. 물리적, 구조적 요인과 소득

최근 연구들을 보면 건강에 미치는 개인적 중요 사회 계층 지표들은 다음과 같다.

1) 소득 수준

소득 수준은 개인의 고용 상태와 사회 경제적 지위 등을 표현하는 요소다. 이와 같은 물질적 요인들이 건강에 중요한 영향을 미친다는 사실은 여러 연구에서 익히 밝혀진 사실이다.

2) 교육 수준

교육 수준도 건강 행위나 태도, 지식과 밀접하게 연관되어 있을 뿐 아니라 개인의 사회 경제적 지위와 소득 수준을 결정하는 요인으로도 알려져 있다. 현재까지 각종 연구에서 교육 수준별로 사망 수준의 유의한 차이가 나타나는 것으로 보고되고 있다.

3) 직업 수준

직업의 유형과 고용상의 지위는 소득 및 개인의 교육 수준과 밀접한 연관성을 가지는 지표이며, 직업에서 지위가 낮은 계층은 높은 계층에 비해 상대적으로 사망 위험비가 높아지는 현상이 확인되고 있다.

4) 거주 지역 수준

질병의 원인이 개인 이상의 상위 수준에도 존재하기 때문에 지역별 건강 수준의 격차에도 관심이 모아지고 있다. 특히 개인별 통계 수집이 어려운 경우 지역을 중심으로 지역 지표 및 지역 단위 박탈 지표를 이용한 연구가 지속적으로 이루어져 있어, 거주 지역별 요소도 건강에 미치는 영향이 유의미하게 파악되고 있다.

그러나 이상의 여러 지표들 역시 상당 부분이 소득과 밀접한 관련이 있다는 것은 직관적으로도 인지가 가능하다. 자본주의 체제에서 거주 지역 수준과 직업 수준은 소득과 바로 연결되고 있으며, 교육 수준도 소득 수준에 영향을 많이 받는다. 특히 사교육 영향력이 크고, 고등 교육이 개인의 경제 수준과 연결되는 교육 제도에서 교육 수준의 결정 요인이 소득이 될 수밖에 없다.

따라서 사실상 시장 자본주의 제도에서 개인 결정 요인의 핵심 요소는 '소득', 즉 경제 조건이다. 이는 단순한 기대 수명의 증가를 통해서도 쉽게 확인 가능하다. 지난 150여 년 간 가장 큰 건강상 진전은 대부분 경제 수준의 향상과 이를 통한 영양 상태 및 생활 수준 개선 때문으로 이를 통해 1840년대 50세 미만이었던 평균 기대 수명이 2000년대에는 거의 두 배로 증가한 것이다.

5. 건강권과 빈곤

건강 결정 요인 중 중요한 지표들의 상당수는 소득과 직간접적으로 밀접한 관련이 있다. 특히 거주 지역, 교육 수준, 직업, 영양 상태, 위생 상태 등은 직접적인 연관 관계가 있고, 생활 습관, 사회 관계, 네트워크 등도 간접적인 영향권 안에 있다고 볼 수 있다. 때문에 건강할 권리에는 기본적으로 적정 소득 보장이라는 과제도 포함되는 것으로 봐야 한다. 적절한 소득이 보장되지 않고서 건강이 유지될 수 없으므로, 결국 건강권의 중요한 요소로 소득 보장이 인정되어야 한다.

이런 측면에서 빈곤은 건강의 심각한 유해 요인이 되면서, '건강할 권리'의 가장 큰 적 중 하나이다. 따라서 건강권을 주장하는 사람들은 기본적으로 빈곤을 어떻게 해결할 것인지, 빈곤을 만드는 사회 구조에 대해 고민하고 대안을 제시해야 한다. 하지만 빈곤을 해결할 동안에도 빈곤층의 건강 문제 역시 남는다. 특히 빈곤층은 사회적으로 노동 능력이 없는 약자들이 많다. 장애인, 어린이, 노인 등이 빈곤층의 상당수를 차지한다.

여기 더하여, 빈곤해서 건강하지 않게 되었는데 이후에는 건강하지 않아서 빈곤해지는 악순환이 반복될 수 있기 때문에, 빈곤층의 건강 대책도 매우 중요하다.

6. 빈곤층의 건강 문제

빈곤층에 대한 건강 대책은 기본적으로 건강하지 않은 상태와 빈곤이라는 악순환의 고리를 끊는다는 의미가 크다. 앞서 보았듯이 악순환에 개입하는 유의한 방법 중 하나가 소득 보장 제도이고, 하나는 바로 건강 대책이다. 물론 여기서도 강조해야 할 점은 건강을 위해서도 빈곤 대책 자체가 중요하다는 점이다. 건강 수준을 향상하기 위한 방법으로 건강 대책에만 초점을 맞추는 것으로는 건강 수준을 향상시키기 어렵다는 것이 부인할 수 없는 사실이다. 따라서 빈곤층의 건강 수준을 향상시키기 위해서도 여러 분야를 망라한 통합적인 접근이 필요하다. 그러나 한정된 범위 안에서 건강 대책도 건강 문제로 인한 새로운 빈곤의 발생을 막고 빈곤의 악화를 방지하는 데에 기여할 수 있으므로 관심을 가져야 한다.

근대 국가들에서 사회 보험 제도의 도입으로 가장 중요하게 생각한 것이 질병으로 인해 빈곤층으로 추락하는 것을 막는 것이었다. 때문에 의료비 때문에 빈곤층으로 추락하는 것을 막는 것이 사회 보험의 목적 중 하나다. 또한 빈곤층이 의료비 때문에 더욱 빈곤해지는 것을 막기 위해 도입된 것이 공공 부조이다. 한국에서는 의료 보호 제도로 빈곤층에 대한 공공 부조를 유지하고 있다. 그러나 한국의 의료 보

[그림 4] 본인 부담 대비 재난적 의료비 상황(OECD 2012)[125]

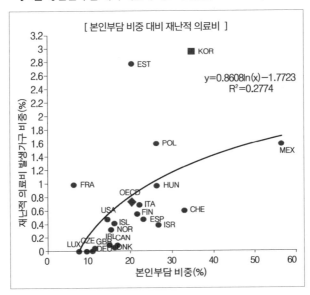

호 제도는 전체 인구의 3%도 안 되는 상황이다. 이는 KDI 기준인 빈 곤층 14%에 훨씬 못 미치고 있다. 또한 이조차도 2010년 이후 매년 줄어 2016년에는 전체 인구의 2.7% 수준이다.

여기에 [그림 4]에서 보듯 한국의 재난적 의료비 상황은 매우 우려 된다. 한국의 재난적 의료비 수준은 OECD 국가 최고다. 문제는 대체 로 본인 부담 비중이 높은(즉 보장성이 낮은) 나라일수록 당연히 재난적 의료비 발생이 많은데, 그러한 추세 그래프를 따라가지도 않고 혼자 독보적으로 재앙적인 의료비 부담의 국가로 남아 있다는 것이다. 이 는 단순히 보장성이 낮은 문제만으로 재난적 의료비가 발생하는 것 이 아니라, 다른 문제들까지 여기 결부되어 있음을 뜻한다.

---

128. 「우리나라 건강 수준과 보건 의료 성과의 OECD 국가들과의 비교」 보건복지포럼, 2013. 2.

우선 평균 보장성의 혜택이 주로 빈곤층이 아니라 부자들에게 집중된다는 측면이 관찰된다. 또한 진료비 상한제 등이 총 의료비 대상이 아니고, 급여 범위만을 대상으로 하여 유명무실한 것도 큰 영향이다. 하지만 이상의 문제들을 논외로 하더라도, 현금 급여가 없어서 소득에 대한 건강 보험의 보호 능력이 전혀 없는 것이야 말로 재난적 의료비를 만드는 과정이 된다.

가계의 주 소득자가 중병에 걸리면, 직장 가입자의 경우 한두 달의 병가를 통해 일부 소득이 보전되지만, 그 이후는 소득이 전혀 없는 상태가 된다. 또한 자영업자의 경우는 아픈 순간부터 재산 정리에 들어가지 않으면 안 된다. 때문에 [그림 6]에 따르더라도 한국보다 훨씬 보장성이 떨어지는 멕시코보다도 의료비로 인한 빈곤층 추락을 막지 못하는 것이다.

질병으로 인한 소득 감소에 대한 보장은 사실 OECD 국가 중 미국, 한국, 스위스를 제외하면 모두 실시하고 있다. 이를 다른 나라들에서는 질병 수당(Sickness Benefit), 상병 수당 (Invalidity Allowance) 등으로 부르고 있다. 따라서 빈곤층으로 떨어지는 과정을 막기 위해서 한국에서도 '상병 수당'의 도입이 조속히 이루어질 필요가 있다.

7. 의료 긴축 정책과 빈곤층

이렇듯이 고작 3% 수준의 의료 급여와 재난적 의료비의 존재로 질병으로 빈곤층으로 추락하는 나라가 한국이다. 노동 능력이 있고, 소득이 있는 사람들은 국민건강보험(거기다 민간 의료보험까지 도입되어 비급여까지 보장 비율이 높음)과 높은 의료 접근성으로 건강 문제에 대한 혜택을 누리지만, 막상 질병에 걸려 노동 능력이 상실되는 순간 사회적 악순환의 고리를 끊기는 쉽지 않은 것이다.

그런데 이런 상황에서 지난 10년간은 건강보험 흑자를 저축하는 한편 의료 긴축이 강화되고 있다. 최근 5년간 벌어진 의료 긴축 정책을 찾아보면, 흑자 국면에도 정부는 2015년 2월 장기 입원 환자의 본인 부담률을 늘렸다. 과거 장기 입원 환자 통제책은 현재도 시행되고 있는 입원료 차등 인하책이었다. 이는 병원의 수입을 통제하는 방식의 공급자 규제를 이용해, 적정 입원일 수를 강제하는 메커니즘으로 작용했다. 그런데 박근혜 정부는 수익자(환자)에게 경제적 부담을 늘림으로써 사실상 재정 절감을 하려는 측면이 컸다.

이는 공급자 드라이브 정책에서 수요자 드라이브 정책으로의 전환을 의미했다. 즉 의료 공급자의 도덕적 해이보다는 의료 수요자의 도덕적 해이에 초점을 맞춘 경우다. 특히 본인 부담금 증대로 인한 긴축 효과는 전적으로 가난한 사람들의 의료 이용 자제에서 발생한다. 부자들이 하루 입원비의 일부 부담이 올라간다고 굳이 조기 퇴원을 할 필요는 없기 때문이다.

따라서 입원 진료에서의 환자 부담 증가는 의료의 부익부 빈익빈을 확대하는 기전이 된다. 그리고 종국적으로는 민간 보험의 확대와 필연적으로 연관이 될 수 있는 문제다. 그런데 빈곤층이 민간 보험에 가입하기는 어렵다. 민간 보험은 특히 전기납으로 납부하고 있을 때에만 혜택을 본다는 점에서 근본적으로 부자들과 중산층을 위한 보장 정책이다.

2015년 5월 13일 '국가 재정 전략회의'에서 10대 분야 재정 개혁

과제의 네 번째가 '복지 재정 효율화'였다. 특히 보건복지부는 국가 재정 전략회의에서 입원 치료가 필요 없는 환자가 요양 병원에 장기 입원 중일 경우 건강보험이 해당 병원에 지급하는 입원비 수가를 축소하겠다고 보고했다. 요양 병원의 주된 입원 환자들이 빈곤층임을 고려하면 입원료 긴축도 빈곤층을 주된 목표로 함을 보여준다.

직접적인 빈곤층을 주된 공격 대상으로 삼는 것은 2015년 3월 24일 의료 급여 환자에게 일종의 '경고장'을 날리는 정책을 도입하려 하며 드러났다. '의료 급여 진료 비용 알림 서비스'를 시행한다는 안이 그것이다. 이는 복지를 일종의 시혜로 폄훼하여, 복지 수급을 부끄럽게 만들려는 방안이었다. 그 과정에서 최종적으로 드러난 방안은 2015년 4월 1일 발표된 '복지 재정 효율화 추진 방안'이다. 이를 통해 박근혜 정부는 기초 생활 수급권자 등을 쥐어짜 약 2조 원을 절약할 수 있다고 발표했다.

이 안에는 '장기 입원 기간 동안 외래 진료 본인 부담금(건강 생활 유지비, 연 7만 2천 원) 지원을 제외'하는 것이 포함되어 있다. 즉 복지 재정 긴축의 주된 피해는 대부분 빈곤층을 향했다. 현재 2.7% 수준인 의료급여 1, 2종은 2008년 이후 비율은 물론 총수에서도 계속 줄어왔다.

의료 급여 환자를 주된 목표로 삼는 일련의 긴축 정책은 사실 저항하기 힘든 사회적 약자들을 희생양 삼는 정책이다. 물론 수익자 부담 원칙의 확산이 가장 큰 목표이다. 또한 복지 혜택을 받는 쪽의 도덕적 해이를 강조함으로써 복지 축소의 명분을 쌓으려는 포석으로, 빈곤층에 대한 전면적 공격으로까지 해석된다.

8. 대안 문제

결국 빈곤층의 건강 문제에 대한 핵심 대안은 빈곤 해결이지만, 건강 문제 해결의 단초는 빈곤층의 건강 이용에 대한 공격을 중단하고, 빈곤층에 대한 건강 혜택 긴축을 막는 것부터 시작되어야 한다.

또한 지금까지 축소되고 있는 빈곤층에 대한 의료 지원 제도인 공공 부조 대상도 최소 해외의 경우처럼 10% 수준까지 올려야 한다. 의료비로 인해 빈곤층 추락을 막기 위해 '상병 수당'을 도입해 질병으로 인한 소득 보장을 해야 한다.

(참고 문헌)

김혜련, 여지영, 「우리나라 건강수준과 보건의료성과의 OECD 국가들과의 비교」, 『보건복지 포럼』 제196호, 2013. 2.

Institute of Medicine, 2001, *Health and behavior: The interplay of biological, behavioral, and societal influences*, Washington, D.C.: National Academy Press.

U.S. DHHS(Department of Health and Human Services), 2000, *Healthy People 2010: Understanding and Improving Health*, Washington, D.C.: U.S. Government Printing Office.

의료 민영화와 건강권

| 주요 내용 |

의료 민영화의 개념을 폭넓게 이해하고 의료 민영화가 여러 형태로 나타날 수 있음을 이해한다. 국가의 국민 건강에 대한 책임과 의료 민영화가 상반됨을 이해하고 의료 민영화가 사람들의 건강권을 어떻게 침해하는지 이해한다.

| 목표 |

1. 의료 민영화의 개념을 여타 부분의 민영화와 연관지어 설명할 수 있다.
2. 의료 민영화가 한국에서 어떻게 시도되고 추진되었는지 설명할 수 있다.
3. 건강권과 적절하게 의료를 이용할 권리와 의료 민영화가 모순되는지 예를 들어 설명할 수 있다.
4. 자신이 속해 있는 의료 현장에서 의료 민영화의 문제를 예를 들어 설명할 수 있다.

저자 우석균

가정의학 전문의이며, 예방의학 및 보건정책학과 정치경제학 공부를 계속해 왔다. 인도주의실천의사협의회 회원으로 1997년 현재 (사)어린이의약품지원본부의 전신이 된 북한어린이의약품 지원 활동과 1998년 노숙자 진료 활동 초창기에 참여했다. 반전 평화 운동에 참여하여 2003년 의료 지원단 일원으로 이라크 의료 지원에 함께하였고, 이후 한미 FTA 반대 운동과 의료 민영화 반대 운동에 적극 참여하였다. 2011년 후쿠시마 사태 이후 반핵의사회를 창립하는 데 협력하였다. 현재 인의협 및 보건의료단체연합 활동과 더불어 연구 공동체 건강과 대안에서 활동하고 있다.(email: seockyun@gmail.com)

• 들어가며

　'의료 민영화'라는 말은 한국 사회에서는 학문적 개념으로 정립된 말이 아니며 대중 운동을 통해 만들어진 말이다. 즉 '의료 민영화 반대'는 2008년 광우병 위험 미국산 쇠고기 전면 수입 개방 반대를 계기로 벌어진 2008년 촛불 운동 과정 중에, 거리의 대중들 속에서 구호로 정착된 말이다. 당시 이명박 정부는 정권을 잡은 직후 건강보험 당연 지정제 폐지, 영리 병원 허용, 민영 의료보험 활성화 등의 보건 의료 부문의 민영화 혹은 시장화 정책을 전면적으로 추진하려 하였다. 이에 대한 반대 운동이 2008년 촛불 운동 과정에서 격렬하게 일어났고 이 때 '의료 민영화 반대'라는 구호가 대중적으로 등장하게 되었다.

　그러나 이러한 배경이, '의료 민영화'라는 말이 가지는 실체가 없다거나 학문적으로 엄밀성을 가지지 못한다는 의미는 아니다. 세계적으로 영국의 마거릿 대처Margaret Thatcher 총리나 미국의 로널드 레이건Ronald Reagan 대통령이 강력하게 추진했던 '신자유주의 정책'neoliberalistic policy은 1980년대 이후 현재까지 세계적으로 각국 정부들의 주된 정책 방침이 되어 왔다.

이 신자유주의 정책 패키지는 이전까지 국가의 책임으로 인식되던 여러 분야에서 그 소유나 재정, 운영 등을 민간 기업이나 시장에 넘기는 정책, 즉 민영화(사유화)privatization 정책을 핵심 정책 중 하나로 삼았다. 보건 의료 분야도 전 세계적인 신자유주의적 민영화 소류에서 예외일 수 없었다. 한국에서도 여러 분야의 민영화가 진행되었고 보건 의료 분야도 예외가 아니었다.

1. 민영화의 개념과 역사

1) 민영화 혹은 사유화의 개념

민영화란 국가, 지방자치 단체 혹은 공공적 조직이 책임지고 있는 체계system 혹은 조직의 소유, 관리, 운영, 재정을 사기업private enterprise 등 사적 주체 또는 시장 메커니즘에 이전하는 일련의 과정을 말한다. 이 이전은 조직이나 체계 전체를 대상으로 할 수도, 일부를 대상으로 할 수도 있다.

이 때 '민영화'라는 용어는 한국에서는 주로 이를 옹호하는 측에서 사용하였던 말로, 원어를 직역한 사유화私有化 혹은 사영화私營化가 원래 개념에 더 가깝다. 그러나 민영화가 대중적인 용어로 익숙해졌고, 2008년 촛불 운동 이후 공기업 민영화나 의료 민영화 등의 용어가 더 이상 긍정적인 용법으로 사용되지 않게 되었으므로 이 글에서는 민영화라는 용어를 사용할 것이다. 사유화라는 용어가 그 의미를 분명히 할 수 있는 맥락에서는 사유화와 민영화를 병기할 것이다.

2) 민영화의 역사와 사례

1980년대 이후 민영화 추세는 여러 나라에서 공통적이었지만 나라나 지역에 따라 그 구체적인 형태는 달랐다. 물론 대처와 레이건이 주창한 '신자유주의'에서 추진된 민영화의 논리는 공공 조직의 비효율성 극복, 경쟁 메커니즘의 도입, 비용 절감, 서비스 질의 향상 등이었고 이는 모든 나라에서 거의 동일했다.

[사례 1] 영국 국영 철도 민영화

영국의 경우, 국영 철도의 운영을 여러 사기업에 넘기는 민영화를 단행했다. 그 결과 경쟁을 통해 서비스 질이 향상되고 비용은 절감되었을까? 철도 운영을 맡은 사기업들 사이에 경쟁은 일어나지 않았고 (지역 독점), 단기적 이익 확보에 주력하여 설비나 안전 시설에 투자하지 않고, 이익이 많이 남는 노선은 유지하고 이익이 없는 노선은 폐쇄하는 일이 빈번하게 일어났다.

이 때문에 대형 철도 사고가 일어나고 지역 주민에게는 꼭 필요하지만 효율성은 떨어지는 기차 노선이 폐지 혹은 방치되거나 지역 간 운영 기업이 달라 지역 간 노선이 서로 연결되지 않는 일들이 빈번히 발생했다.

비용면에서도 사기업에 대한 국가 보조금의 지급은 그대로 이루어지면서 영국 철도 요금은 다른 어떤 나라보다도 비싼 철도가 되었다. 이 때문에 영국에서는 현재 철도 재국유화 지지율이 60%가 넘고 일부 부문의 재국유화가 이루어졌다.[129]

---

129. 앤드루 머리, 『탈선』 오건호 옮김, 이소출판사, 2003.

[사례 2] 미국 애틀랜타 시 상수도 민영화

> 미국의 일부 지역과 도시가 상수도 민영화를 시행했다. 이 경우도 서비스 질을 향상시키고 비용을 줄인다는 목표를 가지고 이루어졌다. 애틀랜타 시의 경우 1999년 세계 2대 물 기업인 수에즈Suez의 자회사인 유나이티드 워터스United Waters에 상수도 운영을 맡겼다.
>
> 원래 계약은 2019년까지의 계약이었다. 그러나 시의 직접 운영보다 시 재정의 보조금 투입액이 더 커졌고, 반면 수도 고장이 빈번해졌지만 유나이티드 워터스는 유지 부문 노동자 해고를 통해 고용을 최소한으로 유지했다.[130]
>
> 수도 고장 수리 요청 후 수리 기간이 심지어 2개월이 걸렸고, 누수율을 줄이기 위해 수압을 낮추어 건물 위층에서는 물이 잘 나오지 않는다든가 심지어 소방전의 수압이 낮아져서 화재 진압 시 제대로 대응을 하지 못하는 등의 일이 발생하여[131] 애틀랜타 시 당국은 2003년 이 계약을 중도 파기하였다.

철도, 전기, 수도, 가스 등 공기업의 민영화가 신자유주의의 물결 아래 전 세계적으로 이루어졌으나 비용이 절감되거나 서비스 질이 좋아졌다는 근거는 없다. 오히려 이러한 공공 분야 민영화는 사기업에게 돈을 벌 기회가 되고 비용 면에서 큰 기회가 되었지만 대부분의 사람들에게는 비용이나 서비스 질 모두에서 재앙이 되었다. 기본적인 인권 즉 이동권, 물에 대한 권리, 에너지에 대한 권리 등이 침해되었고 고용도 줄어들었다.

---

130. Public Citizen. *The water privatization "model": A backgrounder on United Waters' Atlanta fiasco*. 2003.
131. Craig Anthony (Tony) Arnold. "Water Privatization Trends in the United States: Human Rights, National Security, and Public Stewardship", *William & Mary Environmental Law and Policy Review* Vol(33) Issue(3).

3) 민영화의 여러 방식들

영국의 철도나 미국의 수도 민영화, 그리고 남미나 아프리카 나라들에서의 여러 민영화 경우처럼 '직접적이고 노골적인' 민영화는 정부의 선전과 달리 오히려 비용부담 증가와 서비스 질의 하락, 그리고 많은 경우 특정 기업에 대한 특혜에 수반되는 부정부패 문제가 발생한다는 것이 드러났다.

따라서 많은 나라들에서는 직접적인 민영화보다는 '점진적이고 우회적인' 민영화 방식이 보다 주된 민영화 추진 방식이 되었다. 예를 들어 영국 정부는 NHS에 대해 국가가 직접 운영하던 과거 방식에서 운영을 외주화하고 재정을 민간 자본으로부터 조달하는 등의 간접적이고 우회적인 민영화 방식을 택하고 있다. 이런 민영화 방식은 점진적인 변화가 이루어져 이를 이용하는 사람들이 큰 차이점을 느끼지 못한다는 점에서 대중적 반발이 적다.

다른 한편 많은 정부가 선호하는 방식은 '새로운 기술 분야'에 대한 민영화다. 한국의 통신 부문 민영화 과정을 살펴보면 새로운 기술 분야에서 점진적인 민영화 방식이 어떻게 적용되었는지가 잘 드러난다.

[사례 3] 한국 통신 분야의 민영화

한국의 통신 분야는 많은 나라들과 마찬가지로 전통적으로 국유화된 분야였다. 통신 분야에 이동 통신이라는 신기술이 등장하자 노태우–김영삼 정부가 제2 이동 통신을 사기업에게 매각하는 방식으로 민영화했다.

1997년 이동 통신이 대중화되면서 4개 기업(SK, LG, 한솔, 신세기)과 1개 공기업의 경쟁 체제가 되었으며 2002년 IMF 경제 위기 시기에 한국통신공사(KT)가 민영화되면서 완전 민영화되었다. 이 때 114 서비스가 먼저 민영화되면서 유료화가 되었다. 즉 이동 통신이라는 신기술 분야의 민영화라는 방식과 공기업 → 이동 통신이라는 신기술의 민영화(공-사 기업의 경쟁 체제) → 완전 민영화라는 단계적 방식이 적용되었다.

또한 IMF라는 국제기구의 일정한 강요에서 민영화가 이루어진 측면도 있다. 이러한 민영화를 통해 경쟁을 통한 서비스 질 향상과 비용 절감이 이루어졌는가? 한국의 가구당 통신 비용은 OECD 국가 중 가장 높은 수준이다.

4) 신자유주의의 국제 기구들과 1997-2002년 한국의 민영화

국제적 수준에서 신자유주의 정책은 세계은행World Bank, 국제통화기금IMF, 세계무역기구WTO의 이른바 신자유주의 트로이카를 통해 집행된다.[132] 한국에서의 1997-2002년 동안의 대규모로 이루어진 공기업 민영화는 한국이 당시 국제통화기금의 조건부 차관과 정책 '자문'을 통한 상당 부분 '강요된' 국가적 구조 조정 기간이었다는 사실을 빼면 설명되지 않는다.

세계은행이나 국제통화기금은 돈을 빌려 주면서 조건을 거는데, 이 조건이 흑자 재정(혹은 균형 재정), 공공 부문 민영화, 긴축 재정(특히 복지 재정), 고용 유연화 등의 국가적 신자유주의 정책의 집행이다. 한국에서 이른바 신자유주의라는 용어가 대중화된 것도 이 때였다. 이

---

132. 장하준, 『사다리 걷어차기』 형성백 옮김, 부키, 2004.

때 민영화된 공기업이 소유 분산 형태로 민영화된 한국통신공사KT, 포항제철Posco, 한국담배인삼공사KT&G, 특정 기업에 매각된 공기업이 국정교과서와 종합기술금융, 대한송유관공사, 한국중공업 등이었다.[133]

당시 김대중 정부를 통한 국제통화기금의 민영화 정책은 철도, 전기, 가스까지도 민영화하려는 것이었다. 이 민영화 시도는 3사 노동자들의 공동 파업과 악화된 여론으로 연기되었으나 철도 민영화는 여전히 시도되고 있고, 가스는 당시 부분적으로 민영화되었으며(소매 부문 민영화, 6개 기업이 80% 이상의 소매 부문을 독과점하고 있다), 한국전력은 민영화되지는 않았으나 매각되기 쉽도록 6개 자회사로 분할되었고 민간 기업의 발전 시장 진출이 허용되는 등의 부분적 민영화 조치가 이루어졌다.[134]

국제통화기금과 세계은행이 주로 융자와 국가 부도 위기를 활용한 조건부 대출로 구조 조정을 강요한다면 세계무역기구는 이러한 민영화된 구조 조정 등의 신자유주의 정책을 국가 간 조약을 통해 '투자와 무역 보복을 연계'하는 방식으로 구조화하는 역할을 맡는다. 세계무역기구의 역할은 2000년대 중반 이후 양국 간 혹은 지역 자유무역협정 등이 이어받고 있다. 예를 들어 한미 자유무역협정이 그러한 역할을 한다.[135]

---

133. 「IMF때 공기업 매각·소유 분산 등 본격화 박근혜 정부선 민간 위탁 확대 등 가속화」 『한겨레』 창간 26돌 기획기사, 2014.7.14.
134. 사회공공연구원 등, 『전력·가스 민영화, 무엇이 문제인가?-민영화의 문제점 및 재공영화 방안 모색』 국회 토론회자료집, 2016.8.11.
135. 우석균, 「한미 FTA 1년, 보건의료와 공공 부문 민영화」 연구공동체 건강과 대안, 2013.3.3.

5) 민영화의 3단계

전 세계적으로 1980년 이후 약 20년간 공기업 민영화의 규모는 약 1조 달러에 달했다는 보고가 있다. 연구자에 따라서는 이러한 공기업 민영화 혹은 공공 부문 민영화를 3단계로 나누기도 하는데 대체로 전 세계적으로나 각 나라에서도 이와 유사한 단계를 밟는 것으로 보인다. 그 1단계는 기간 산업(철강, 중공업 등)이고 2단계는 철도, 전기, 가스 등 네트워크 산업 분야이며 3단계가 의료와 교육 등의 분야다.[136]

한국을 대입해 보면, 우선 1단계 국가 기간 산업 민영화는 1980년부터 시작되어 1997-2002년의 IMF 경제 위기 시기에 이루어졌다. 2단계의 네트워크 산업 분야 민영화는 1997년 이후 부분적으로 이루어졌고 현재도 계속 진행 중이다. 3단계인 교육 의료 등 분야 민영화는 지속적으로 진행 중이라고 볼 수 있다.

2. 의료 민영화의 개념과 역사

의료나 교육은 철도, 전기, 가스, 수도만큼이나 매우 생활에 밀접한 분야이면서 동시에 원칙적으로는 돈을 주고 사고 팔면 안 되는 분야라고 인식된다. 가난해도 교육은 받을 수 있어야 하고 돈이 없어도 치료는 받아야 한다는 원칙을 부정하는 것은 여전히 큰 사회적

---

136. 미헬 라이몬, 크리스티안 펠비, 『미친 사유화를 멈춰라-민영화 그 재앙의 기록』 김호균 옮김, 김대중 그림, 시대의창, 2010.(Schwarzbuch Privatisierung 2003)

비난을 각오해야 할 일이다. 그만큼 정치적 사회적으로 민감한 사안에 속한다.

1) 한국과 OECD 나라들의 의료의 공공성과 민영화 정도 비교

흔히 한국은 이미 의료 민영화가 다 이루어졌는데 뭘 새삼스럽게 의료 민영화를 이야기하는가라는 질문을 많이 받는다. 그러나 민영화 과정이나 현상은 그렇게 단순하지 않다. 논의를 진행하기 위해 보건 의료 제도를 크게 의료 공급과 의료 재정(의료 보장)으로 나누어 각각 공공 부문/민간 부문 비중으로 OECD 국가들을 비교해보자.

의료 공급의 측면에서 공공 병상을 보면 한국은 민간 병상이 90%를, 즉 공공 병상은 10%를 차지한다.(의료 기관 수로는 약 6%) 그러나 OECD 국가들의 공공 병상 비중은 73.1%다. 한국의 경우 공공 병원 혹은 공공 병상이 OECD 평균의 10분의 1에서 7분의 1수준이다([그림 5]). 다른 한편 의료비 지출 중 공적 재정 비중을 보면 50% 중반대로 OECD 국가 중 멕시코, 미국과 더불어 하위에 속한다.([그림 6]) 이 두 가지를 보면 한국의 보건 의료 제도는 의료 공급과 재정 측면 모두에서 매우 의료 민영화가 심각하게 진행된 경우라고 볼 수 있다.

그러나 다른 한편으로 재정 측면에서 한국의 건강보험 보장률은 60% 중반이며 건강보험이 부담하는 비용 외의 개인 부담out of pocket(혹은 실손 의료보험 private insurance이 보장하는) 비용 중 건강보험 적용에서 아예 배제되는 (비급여) 비용의 비중은 약 2분의 1 정도다. 즉 건강보험이 적용되는 의료비가 전체 의료비 중 80%가 넘는다. 즉 한국의 보건의료 제도는 현재 수준에서도 재정은 주로 공적 건강보

[그림 5] OECD 나라들의 공공 병상 비중 (OECD Data. 2009)

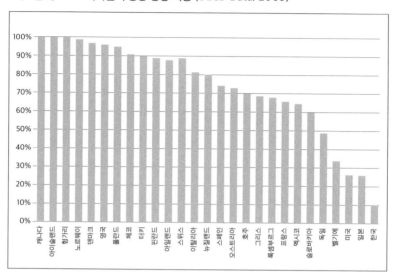

[그림 6] OECD 나라들의 의료비 지출 중 공공 지출 비중 (OECD Data, 2013)

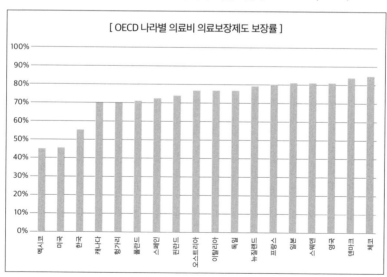

험이, 의료 공급은 주로 민간 의료 기관이 하는 의료 제도라고 볼 수 있다.

또 한국의 의료 공급 체계(혹은 의료 서비스 전달 체계)에서 1970년대 말까지는 전체 병상 중 30% 정도를 차지했고 종합 병원 중에서는 공공 부문의 비중이 더 높았다.

2) 한국 보건 의료 제도의 민영화

의료 부문은 각 나라마다 매우 독특하다고 볼 수 있다. 유형별로 분석하지 못할 정도는 아니지만 애스핑-앤더슨의 복지 레짐welfare regime 분류와도 일치하지 않는다.[137] 보건 의료 제도의 복잡성은 사회 복지 공급 주체가 주로 공공 부문인 데 반해 의료 공급의 주체는 사적 주체(사기업 혹은 자본)가 존재하는 경우가 흔하기 때문이라고도 할 수 있다.

예를 들어 한국에서는 1980년대부터 민간 병원이 늘어나기 시작했고 1980년대 말 1990년대 초 재벌 그룹들(현대, 삼성 등)이 병원 분야에 진출하면서 규모의 경쟁medical arms race을 촉발했다. 그런데 이 배경에는 1970년대 말 국민 건강보험이 처음으로 대기업과 공무원 등에 도입되기 시작하여 의료 시장이 넓어진 데 반해 박정희-전두환-노태우 정부가 공공 의료를 확충하지 않은 사정이 있다.

'의료 재정의 공공화와 의료 공급의 민영화 심화'라는 모순적 현상

---

137. Esping-Andersen, Gøsta (1990). *The three worlds of welfare capitalism. Princeton, New Jersey: Princeton* University Press. (『복지 자본주의의 세 가지 세계』 박시종 옮김, 성균관대학교 출판부 2007.)

은 1987년 민주화 항쟁 이후 1989년 전 국민 건강보험이 도입되면서 더욱 심화되었다. 재정이 공공적으로 확충되어 의료 접근성이 높아진 반면 공공 의료의 공급이 답보 상태에 머무르는 공백을 민간 병원(자본)이 메꾼 것이다.

이 과정을 통해 한국의 의료 부문에서 사적 주체가 성장하여 자본으로서의 성격을 뚜렷하게 가지게 되자 이 자본들은 공적 건강보험 제도 자체로부터의 탈출을 시도하게 된다. 2007년 삼성경제연구소는 보고서를 통해 ① 영리 의료 법인 허용 (전 단계로 병원 부대 사업 확대) ② 포괄적 지불 보상제와 요양 기관 계약제 도입 (건강보험 당연 지정제 폐지) ③ 민간 의료보험의 활성화 (향후 병원-민간보험 간 계약으로 관리 의료Managed care형 민간 의료보험 도입) ④ 의료 기관의 경영 합리화와 신 시장 개척 (제약, IT, 바이오 산업과의 협업, e health 도입, 해외 환자 유치 등)을 제시하였다.[138]

이 주장과 정책화 과정은 민간 병원이 90%를 차지하고 있고 건강보험 보장성이 55~65%인 상태에서 건강보험 당연 지정제 폐지, 영리 병원 허용, 민영 보험과 병원과의 직접 계약 등을 주장하는 것이었으며 이는 한국의 의료 제도를 사실상 미국식의 민영화된 의료 제도로 바꾸려는 시도였다고 할 수 있다. 삼성경제연구소가 제시한 과제는 노무현 정부 시기부터 추진되기 시작하였고(의료선진화위원회), 이명박-박근혜 정부 시기 노골적으로 추진되었다.

앞서 서술한 바와 같이 이러한 의료 민영화 정책은 병원, 민간 의료보험(기업)뿐만 아니라 제약, 의료 기기(기업) 등의 분야에서도 이루

---

138. 강성욱 고정민, 『의료 서비스 고도화의 과제』 삼성경제연구소, 2007.2.8.

어졌다. 한미 FTA 등의 도입으로 경제 자유 구역과 제주 특별자치도에 영리 병원이 도입되면 이를 되돌릴 수 없도록 하는 조항들이 법적 지위를 가지게 되었고 의약품, 의료 기기에 대한 규제 완화와 특혜 조치들도 미국이 맺은 자유무역협정 중 처음으로 별도의 장으로 추가되어 국내 법적 효력을 가지게 되었다.[139]

반면 의료 부문의 자본이 이러한 '공적 의료 제도에서의 탈출'만을 자신의 전략으로 택한 것은 아니다. 2008년 '대불황'이 시작되고 한국도 경제 침체가 가시화되자 병원이나 제약 및 의료기기 기업은 이전의 건강보험 적용 제외(비급여) 항목을 늘리는 전략을 일부 수정하여 건강보험 적용 항목을 늘리려는 '공적 의료 제도에 대한 순응' 전략을 추진하기도 한다.

자본의 축적을 위한 이러한 두 가지 전략은 전 세계 보건 의료 제도의 민영화 과정에서도 흔히 나타나는 현상이다. 즉 보건 의료 분야의 자본은 늘 전면적인 공적 의료 제도의 붕괴나 별도 의료 체계의 구축을 시도하는 것이 아니며 공적 의료 제도에 대한 순응 전략도 동시에 추진하는 경우가 많다. 이는 경제적 조건 때문이기도 하지만 의료의 공공성을 지키려는 사회 운동의 압력에 의한 것일 수도 있다. 한국에서 노동 운동과 시민 운동을 망라한 대중적 의료 민영화 반대 운동은 한국의 역대 정부의 의료 민영화 정책 추진을 상당 부분 저지하는 데 큰 역할을 하였다.

---

139. 우석균, 앞의 글.

3) 전 세계적 의료 민영화와 그 한계

1940년대부터 늦어도 70년대까지 후반 유럽을 중심으로 하여 의료 보장 제도의 확립이 이루어졌다. 이른바 서구형 복지 국가 모델의 확립이다. 그러나 의료 보장 제도, 즉 국가나 혹은 공적 사회 보험 제도로 거의 무상으로 의료를 보장하던 의료 보장 제도는 1980년대 이후 유럽 각 국의 정부들이 좌우를 막론하고 신자유주의 정책을 추진하면서 후퇴를 겪는다.

예를 들어 NHS로 유명한 영국의 경우에도 대처 정부의 예산 삭감, 이후 노동당 정부의 NHS 재정으로의 민간 자본 도입(이른바 Private Finance Initiative, PFI, 혹은 public private partnership, PPP) 등이 추진됐고, 최근에는 NHS 운영을 민간 기업에 외주화하는 등의 민영화 조치가 이루어졌다. 물론 현재 NHS 재정이 민간 공급자에 의존하는 비중은 약 8% 정도다.

특히 2008년 이후 유럽의 경제 위기 이후 심화된 긴축 재정으로 유럽 전역에서 공공 병원의 매각이나 의료 지출의 삭감 등이 이루어졌다. 물론 현재까지 이러한 유럽에서의 의료 민영화 추세가 유럽의 의료 보장 체계 자체를 민영화하는 데까지 나가지는 않았다. 복지 재정 지출은 소폭이지만 오히려 그 비중이 늘어났다는 보고도 있다.[140]

이렇게 의료 민영화가 상당 부분 저지된 이유에는 대중들의 저항과 의료 민영화 반대 운동이 큰 역할을 했다. 유럽의 많은 의료 민영화 반대 운동에서는 특히 의사들을 포함한 보건 의료 종사자들이 큰 역할

---

140. 임준 외, 『의료 사유화의 불편한 진실』 후마니타스, 2010.

을 했다. 스페인 마드리드의 경우 마드리드 전문의협의회AFEM가 공공 병원 매각 저지에 중요한 역할을 했고 이 '백색 물결White Wave' 운동은 스페인 전체의 민영화 저지 운동에서 중요한 역할을 했다.[141] [142]

[사례 4] 스페인의 백색 물결

• 2012년 11월 2일, 공공 병원인 프린세사 병원을 노인 센터로 전환하겠다는 마드리드 지방 정부의 계획에 반대하는 병원 직원, 환자, 지역 주민의 무기한 연좌 농성으로 시작.

• 2012년 11월 18일, 수천 명의 "백색 물결"이 마드리드 거리를 뒤덮음. 이후 이 대중 집회는 매달 세 번째 일요일에 열려 15회까지 지속.

• 2012년 11월 27일, 28일 이틀간, 그리고 연이어 진행된 12월4-5일 이틀 간의 보건의료 노동자 총파업에 거의 대부분의 보건 의료 노동자 참여.

• 2013년 5월 13일까지 100개가 넘는 지역사회 조직과 민영화 반대 조직이 연합하여 의료 민영화 계획에 반대하는 서명 운동을 조직. 서명에 참여한 935,794명의 94%가 의료 민영화 계획에 반대하는 뜻을 분명히 함. (마드리드 전 인구 320만 명의 30% 가량이 서명 운동에 동참.)

• 의료 민영화 계획이 알려진 후 AFEM(마드리드 전문의협의회)은 의사들의 무기한 파업을 호소하여 5주간 파업 지속.

• 2013년 2월에 '파업하지 않는 하루'라는 날을 정해, 이 날은 정상적으로 근무하며 진료하고 돈도 벌지만, 당일 진료에 대한 급여나 수입은 운동에 필요한 법적 내용이나 데이터를 만들기 위해 전문 연구자들을 고용하는 데 사용함. 마드리드 지방 정부의 의료 민영화로 인한 재정 절감 추계 결과에 대한 논리적 반박을 제시. 이후 민영화 중단 소송 제기.

141. 이상윤, 「스페인 마드리드 의료민영화 반대투쟁의 경과와 의미」, 건강정책학회 발표문, 건강과 대안. 2014.5.19.
142. 사회진보연대 보건의료팀, 「의료 민영화를 저지한 스페인의 '하얀 물결' : 스페인 의사들에게서 배우는 의료 민영화 저지 투쟁 방향」, 『민중건강과 사회』 38호, 2014.4.1.

> • "우리는 이데올로기에 관심 없었던 전문직들의 메시지를 모아 내는 데 성공했고, 사회적 희망을 만들어 냈다. 또 개인주의에서 탈피하여 하나된 목소리로 뭉쳤다. 우리는 매각 중단이 반드시 이루어질 것이라는 희망을 가졌다. 우리가 지금 해야 할 일은 좀 더 양질의, 의료비 낮은 보건 의료 체계를 만들기 위한 작업을 시작하는 것이다."(Patricia Alonso, 노인의학 전문의)

4) 새로운 기술 발전과 의료 민영화

앞서 새로운 기술 발전이 의료 민영화의 계기로 활용되는 경향을 지적한 바 있다. 이는 IT, BT 등에도 그대로 적용될 수 있다. 보건 의료 분야는 '사전 예방의 법칙Principle of Precaution'이 적용되어야 하는 분야이고 따라서 첨단 기술을 확고한 과학적 근거 없이 사람에게 사용할 수는 없다. 그러나 과학 기술의 발전을 적극적으로 활용해야만 하는 분야인 것도 분명한 사실이다.

우리가 직시해야 할 것은 새로운 과학 기술의 발전이 누구의 이익을 위해 봉사하는가이다. 현재 의약품의 특허로 인한 천문학적 이익은 과학 기술 발전에 기여하는 것이 아니라 주로 거대 제약 회사의 이익에 기여한다.[143] 소아마비 백신의 발명자인 조나단 소크가 소아마비 백신에 특허를 등록하라는 주변의 권유에 '태양에 특허를 걸 수는 없다'고 대답했다는 것은 잘 알려진 사실이다.

IT, BT의 발전이나 인공 지능의 발전으로 인한 의료 분야의 변화는 필연적일 것이다. 그러나 문제는 인류의 공유 지식이 되어야 할

---

143. 마르시아 안젤, 『제약 회사들은 어떻게 우리 주머니를 털었나』, 강병철 옮김, 청년의사, 2007.

과학 기술의 발전이 모든 사람에게 혜택이 돌아가지 않고 특정 기업의 고가의 상품으로 사유화(민영화)되는 것이다. 입증되지 않은 원격 의료의 추진 등이 바로 특정 기업들의 이익을 위한 것이었다.

또한 예를 들어 개인 정보 빅 데이터 활용을 전제로 하는 '정보 혁명'을 이야기하면서 건강 정보 빅 데이터가 사유화(민영화)되어 개인 정보 인권이 침해되고 개인의 유전 정보 등, 신체 정보까지 사유화(민영화)하려는 시도는 중단되어야 한다. 이는 새로운 정부가 강조하는 '4차 산업 혁명'의 추진 과정에서도 면밀히 감시되어야 할 일이다. '4차 산업 혁명'이 '산업화'하고 새로운 성장 동력 즉 새로운 이윤 추구의 영역으로 창출하려는 분야가 바로 보건 의료 분야이기 때문이다.

3. 의료 민영화와 인권 및 건강권

1) 건강권과 의료

보건 의료인들은 흔히 의료가 건강에 미치는 영향을 과대 평가한다. 그러나 보건 의료는 건강과 동의어가 아니며 의료 보장이나 의료 접근권도 건강권과 동의어가 아니다. 예를 들어 스웨덴 정부는 「형평의 관점에서 본 건강-국가공중보건 목표」를 제시한 바 있다. 다음은 11개 정책 영역과 그 지표들이다. 이는 세계보건기구가 이야기하는 사회적 건강 결정 요인Social Determinats of Health에 근거한 건강 결정

요인들이기도 하다.[144]

　[표 8]을 보면 보건 및 의료 서비스는 11개 정책 영역 중 하나이며 이와 연관된 영역도 많지 않고 그 순위도 여섯 번째 아래에 있다. 오히려 사회 참여, 소득 보장, 아동 및 청소년기의 생활, 노동 조건, 환경이 더 높은 우선 순위에 있다. 이는 사람의 건강권이 의료의 접근권만으로 보장되지 않으며 사회적 불평등이나 여러 조건들이 더 우선임을 말하는 것이다.

[표 8] 스웨덴 정부의 형평의 관점에서 본 건강-국가 공중보건 목표

① 사회에서 참여와 영향 (총선 투표율, 성 평등 지표 등)
② 사회적, 경제적 보장 (지니 계수, 빈곤 아동률 등)
③ 아동 및 청소년기에 우호적인 여건을 조성 (아동과 부모의 관계, 학력 수준 등)
④ 보다 건강한 근로 생활 (자가 평가 건강 상태, 직무 스트레스 지표 등)
⑤ 건강하고 안전한 환경 및 생산 (대기 오염 지표, 상해 발생률 등)
⑥ 좋은 건강을 촉진하는 보건 및 의료 서비스
⑦ 감염성 질환에 대한 효과적 대책 (법정 감염병 발생률, 법정 예방 접종률, 항생제 내성률 등),
⑧ 안전한 성생활 및 더 나은 생식보건 (10대 임신 및 임신 중절률, 클라미디아 감염률 등)
⑨ 신체 활동의 증가 (매일 30분 이상 신체 활동률, 걷기 및 자전거 타기 실천율 등),
⑩ 좋은 식이 습관과 안전한 식품 (체질량 지수, 과일 및 채소 섭취율, 모유 수유율 등),
⑪ 담배, 알코올 사용의 감소, 불법적 약물과 도핑에서 안전한 사회, 과도한 도박에 따른 해로운 효과 감소 (흡연율, 알코올 소비량, 향정신 의약품 사용률, 도박률 등)

　유엔 인권 선언이나 국제 규약, 일반 논평 등에서도 적절한 의료 서비스를 제공받을 권리 혹은 적절한 의료 이용을 보장받을 권리를 건강권과 동일하게 보지 않는다. 따라서 보건 의료인들의 경우 사람

---

144. 윤태호, 「건강 형평 정책의 국제 동향 : 영국, 네델란드, 스웨덴, 세계보건기구의 경험으로부터의 교훈」, 『대한의사협회지』 56(3), 2013, pp. 195-205.

들의 건강 문제를 대할 때 자신들이 특권적이고 가장 중요한 위치에 있다는 생각을 가져서는 안 된다. 한 아이를 키울 때 마을 전체가 필요하듯이 한 사람이 건강하려면 사회 전체의 집단적 노력이 필요하며 보건 의료인들은 그 중 하나일 뿐이다. 물론 이 사실이 적절한 의료 서비스에 접근하고 이를 이용할 권리의 중요성을 떨어뜨리는 것은 아니다. 또한 적절한 의료를 이용할 권리는 우선 순위로 따질 수 있는 문제도 아니다. 건강권 혹은 건강을 결정하는 여러 가지 요인들은 의료 보장 혹은 접근권과 보다 긴밀하게 얽혀 있다.

2) 의료 이용과 건강의 사회적 결정 요인들

최근 한국 사회는 여러 분야에서 심각한 문제들을 안고 있다. 앞서 언급한 건강 결정 요인들 중 소득과 고용, 노동 조건, 주택 문제, 빈곤과 성 평등 문제 전체가 매우 심각하다. 그러나 한국 사회의 보건 의료 문제는 다른 문제가 심각해도, 또한 소득, 고용, 빈곤이나 불평등 문제가 심각하다는 바로 그 이유 때문에, 여전히 매우 심각하고 시급히 해결되어야 할 사회 문제다.

재난적 의료비 문제가 그렇다. 2008년 이후 소득의 10% 이상을 의료비로 지출하는 가구가 지속적으로 증가하여 전체 가구의 5분의 1이 넘었다.[145] 재난적 의료비 문제는 당연히도 가난한 집안일수록 심각하다. 2011년 소득을 기준으로 10개 구간으로 나누면 맨 아래 수

---

145. 송은철 신영전, 「재난적 의료비 예방을 위한 포괄적 의료비 상한제 : 비용 추계를 통한 적용 가능성을 중심으로」, 『보건사회연구』 35(2), 2015, pp. 429~456.

[표 9] 가구 소득 10분위별 의료비 및 재난적 의료비 발생률 (한국의료패널, 2011)

가구 소득 10분위	의료비(만원)		재난적 의료비(%)			
	평균	계	T/y≥10%	T/y≥20%	T/y≥30%	T/y≥40%
계	133	2,306,816,845	23.7	12.6	8.1	5.9
1분위	79	137,622,231	55.4	38.1	28.6	24.1
2분위	116	201,882,381	50.8	32.2	21.5	15.7
3분위	137	238,187,286	39.2	20.5	13.8	8.8
4분위	133	230,942,547	29.8	13.2	6.4	4.8
5분위	138	238,991,848	20.5	6.6	4.0	2.6
6분위	129	224,721,269	13.0	4.9	2.4	1.5
7분위	139	240,895,236	12.7	5.5	1.5	0.3
8분위	127	221,276,321	5.8	1.8	0.6	0.3
9분위	167	290,534,124	7.7	3.1	2.1	0.7
10분위	162	281,763,602	1.5	0.3	0.1	0.1

가구 소득 10분위 : 가구원 수를 보정한 가구 소득(경상 소득/√가구원수) 기준 10분위 T : 의료비 y : 지불능력(경상 소득-식료품비).

준인 1분위부터 3분위까지는 재난적 의료비를 경험하는 비중은 각각 55.4%, 50.8%. 39.2%였다. 소득의 20% 이상 의료비를 부담한 가구도 각각 38.1, 32.2, 20.5%에 해당했다. 가난한 사람은 병에 걸리면 소득의 3분의 1이나 절반 이상을 의료비로 낸다.

반면 소득 수준이 높은 상위 10% 가구가 소득 중 10% 이상의 의료비를 부담한 경우는 1.5%, 20% 이상을 부담한 경우는 0.3%에 불과했다. 건강보험 보장률이 낮으면 빈곤이 의료비 부담을 낳고 가난하면 치료를 받지 못한다는 것은 '교과서 속 문제'만이 아니라 우리 사회의 경우 매우 현실적인 '지금, 여기'의 문제다.([표 9])

이는 소득이나 빈곤 문제만이 아니라 주택이나 고용 문제도 마찬가지다. 집값이 올라가면 가처분 소득이 준다. 일자리가 없으면 사내 복지도 문제지만 당장 돈이 없다. 그런데 한국 사회에서는 돈이 없으면 의료에 접근할 수 없고 소득이 낮을수록 적절한 의료에 접근하지 못한다. 결국 건강의 결정 요인들 문제와 의료 접근권의 문제는 서로 밀접하게 얽혀 있을 수밖에 없다.[146] 즉 건강권과 의료 이용의 권리는 서로 밀접하게 연결되어 있다.

3) 적절한 의료 서비스에 대한 접근권과 의료 민영화

[표 9]를 보면 소득이 높을수록 의료 이용량도 많다. 소득 9-10분위 가구들은 가장 가난한 소득 1분위 가구들보다 의료 이용 지출액이 2배가 넘는다. 이 불평등을 해결하려면 의료 이용의 경제적 장벽과 지리적 장벽 등 여러 가지를 해결해야 한다.

우선 의료 민영화가 저지되고 공공성이 회복된다면 경제적 장벽뿐 아니라 지리적 장벽도 상당 부분 해결할 수 있다. 현재 대도시 대형 병원 중심의 보건 의료 서비스도 지양될 수 있다. 이익을 생각하지 않는다면 지역에도 필요한 (공공) 병원을 만들 수 있다. 가장 중요한 문제는 경제적 장벽이다. 이를 해결하려면 우선 의료 이용의 비용을 최소화해야 한다. 의료 보장의 중요성이 여기 있다. 우선적으로 공적 건강보험의 보장성을 최대한 높여야 한다. 그리고 개인적으로 민영 의료보험을 들지 않아도 의료 이용에 아무런 지장이 없도록 해야 한다.

많은 유럽 국가의 경우, 그리고 일본이나 대만의 경우 의료 보장 수준이 우리보다 높은 것은 물론, 본인 부담 상한제를 시행하고, 실제로도 작동된다. 독일의 경우 소득의 2%를 넘으면 나머지 의료비는

---

146. 우석균, 「새 정부에 바라는 보건의료와 건강 정책-의료 민영화/상업화를 중단하고 국민 건강의 공공성을 확고히 하는 정부가 되기를」, 『의료와 사회』 6호, 2017년 6-8월.

정부에서 부담한다. 스웨덴은 본인 부담 상한선이 이보다 낮다. 한국도 다른 나라처럼 본인 부담 상한제가 시행되기는 하지만 실제로 작동하지 않는데 이는 건강보험이 적용되지 않는 비급여 항목의 의료비 지출이 전체 의료비 지출 중 약 16-20% 정도를 차지하기 때문이다. 이 비용에는 의료비 본인 부담 상한제가 적용되지 않는다.

일본의 경우 필수적 의료비를 거의 전부 건강보험에서 보장하고 '비급여 진료'와 급여 진료를 같이 시행하는 경우에는 의료비 전체에 건강보험 적용을 하지 못하게 한다. 이를 '혼합 진료 금지'라고 한다. 따라서 비급여 의료비가 발생할 가능성이 원천적으로 대폭 줄어들어 '의료비 본인 부담 상한제'가 실제로 작동하게 된다. 이런 구조에서 본인 부담 상한제가 적절한 선에 맞추어져 있다면 재난적 의료비 발생 가능성은 매우 낮아진다. 이런 원칙은 대부분 유럽 국가나 캐나다 등에서 적용되고 있는데, '건강보험 항목 외의 의료비는 환자에게 청구할 수 없다'는 원칙이다.

이렇게 건강보험의 보장성을 강화하고 비급여 항목을 줄이려면 당장 병원이 이익을 추구하지 않아야 하며 민영 의료보험이 극히 일부 항목으로 제한되어야 한다. 현재 한국 사회에서처럼 병원이 이익을 좇아 비급여 항목을 계속해서 만들어 내고 과잉 의료를 하는 상황에서는 보장성 강화는 힘들다. 또한 실손 의료보험 가입자가 3,200-3,400만 명에 달하는 상황에서는 건강보험의 획기적 보장성 강화는 필연적으로 민영 의료보험 시장을 전적으로 축소시키게 된다. 민간 의료보험을 운영하는 기업들의 저항으로 보장성 강화는 쉽지 않다.

한국의 병원은 비영리 병원이다. 따라서 영리적 이윤 추구가 목적이 아니어야 한다. 그러나 실제로는 대다수가 그렇게 생각하지 않는다. 한국 사회의 건강보험은 우리 사회의 사람들이 필요한 의료 이용을 하기 위해 만든 사회적 제도다. 보험 기업의 이해와 무관하게 그 보장성을 획기적으로 강화시켜야 한다.

따라서 의료 민영화를 멈추고 공공성을 회복하기 위해서는 병원과 민영 보험이, 그리고 나아가 제약 회사와 의료 기기 회사들의 이윤 추구 요구가 제한되어야 한다. 이는 매우 심각한 사회적 저항을 불러올 가능성이 크다. 즉 적절한 의료 이용을 보장받을 권리라는 기본적 인권이 지켜지려면 매우 높은 수준의 사회적 합의가 필요하며 이러한 사회적 합의를 이루려면 정치적 사회적 추진력이 필요하다. 재정 투여 등의 정부 의지도 매우 중요하다.

이것이 불가능한 것은 아니다. 유럽의 여러 나라들에서 보편적인 의료 보장을 달성하고 대다수 병원을 실제로 비영리 기관으로 만들었으며 민영 의료보험은 극히 제한적인 범위 내에서만 작동하고 있다.

4) 의료 공공성의 강화와 건강권 및 인권

의료 민영화의 저지와 나아가 의료의 공공성 강화는 단지 적절한 의료 이용을 할 권리만 보장하는 것이 아니다. 병원이 이익 추구를 최우선으로 하는 조직이기를 멈추고 적절한 의료 제공을 위한 조직으로 바뀐다면 이는 곧 고용과 노동 조건의 문제와 직결된다. 예를 들어 유럽의 경우 간호사 1인당 환자 수는 7-8명을 넘지 않는다. 일본의 경우도 약 6명이다. 그러나 한국은 간호사 1인당 환자수가 15명이 넘는다는 보고도 있다. 또한 한국 사회의 병원은 비정규직이 매우 많은 작업장이다. 고용 안정성이 보장되지 않으면 의료 서비스의 질이 떨어진다.

미국의 공공 병원과 비영리 병원, 영리 병원을 비교한 논문들에 의하면 공공 병원과 비영리 병원이 병상당 고용 인원이 많고 의료 서비스의 질이 높다. 병원의 공공성이 회복된다면 노동자의 노동 조건이 향상된다. 이 노동 조건의 향상에는 의사들의 노동 조건도 포함된다. 이익을 위한 과잉 의료만 줄여도 의사를 포함한 병원 노동자들의 노동량은 대폭 줄어들 것이다. 예를 들어 병원이 입원 중심이 되고 불필요한 입원을 받지 않는다고 상상해 보자.

또한 의료의 공공성이 회보되면 노동 조건만이 아니라 병원 내 인권을 침해하는 여타 제도와 관행들이 보다 쉽게 해결될 수 있는 여건들이 만들어진다. 여성 간호사들이 사실상의 출산 순번제를 운영한다거나 여성 의사들을 고용하지 않는 관행들도 개선 가능성이 나타날 수 있다. 환자들에 대한 차별 문제도 환자가 돈이 되느냐가 아니라 그 환자의 건강만을 생각한다면 획기적인 개선 가능성이 보인다.

병원 내 여러 인권 침해 요소가 지속적으로 발생하는 것은 단지 사람들의 인권 의식이 부족해서가 아니라 인권 의식을 부족하게 만드는 사회적 구조와 원인이 그 아래에 있음을 직시해야만 한다. 이윤을 사람보다 앞세우고, 나아가 이윤을 건강이나 생명보다 앞세우는, 현재 민영화가 매우 심각하게 진행된 한국의 보건의료 체계가 바로 그 구조적 원인이라고 할 수 있다.

• 마치며 ──────────────────────────────

의료 민영화는 1980년대 신자유주의가 전 세계적으로 지배적인 흐름이 되면서 많은 분야의 공공 부문 민영화와 함께 추진되었다. 의료 제도의 경우 나라마다 특수성이 크지만 한국의 의료 민영화도 그 예외가 아니었다. 한국 사회에서는 1970년대 말과 특히 80년대 말에 건강 보험 보장성의 강화, 즉 의료 재정의 공공성 강화가 획기적으로 이루어졌다. 그러나 이는 공공 의료의 강화와 동시에 이루어지지 못해 역설적으로 의료 시장의 확대에 따른 민간 병원의 대폭 확대와 대기업의 병원 진출로 이어졌다. 의료 공급의 민영화는 1990년대와 2000년 이후 계속 유지되었고 이러한 민간 병원 중심 의료 공급 구조는 거꾸로 건강보험 보장성의 강화를 가로막는 가장 큰 요인으로 작용했다.

2000년대 중반 이후 역대 한국 정부는 영리 병원 허용, 병원 부대 사업 확대, 민영 보험 활성화(보험사와 병원과의 직접 계약 허용, 건강보험 정보의 보험사 이용 등), 건강보험 당연 지정제 폐지, 해외 환자 유치를 위한 규제 완화, 건강보험 데이터 상업화 등의 의료 민영화를 추진했다. 그러나 이러한 의료 민영화 정책 가운데 상당수는 시민 운동과 노동 운동에 의해 저지되었다. 하지만 매우 민영화된 한국의 보건 의료 체계가 바뀌지 않는 이상 앞으로도 의료 민영화는 지속적으로 추진될 가능성이 크다.

건강권이나 보다 좁은 의미의 적절한 의료 서비스를 이용할 권리는 의료 민영화에 의해 직접적으로 침해된다. 사람의 건강보다 이윤을 우선으로 하는 의료 민영화는 의료 보장을 저해하고 의료 공공성을 저해하기 때문이다. 의료 민영화를 저지하고 의료의 공공성을 회복하기 위해서는 보건 의료 제도의 공공성을 회복해야 한다. 이는 병원이나 보험 기업, 제약 및 의료 기기 기업들의 이윤 추구 제한을 의미한다. 이를 위해서는 높은 수준의 사회적 합의가 필요하며 이를 위한 강력한 정치적·사회적 추진 세력이 필요하다. 이것은 가능한 일인데 이미 여러 나라에서 정도의 차이는 있지만 이미 이루어진 일이기 때문이다.

(참고 문헌)

강성욱, 고정민, 『의료 서비스 고도화의 과제』, 삼성경제연구소, 2007.2.8.

마르시아 안젤, 『제약 회사들은 어떻게 우리 주머니를 털었나』, 강병철 옮김, 청년의사, 2007.

미헬 라이몬, 크리스티안 펠비, 『미친 사유화를 멈춰라 - 민영화 그 재앙의 기록』, 김호균 옮김, 김대중 그림, 시대의창, 2010. (Schwarzbuch Privatisierung 2003)

사회공공연구원 외, 『전력 가스 민영화, 무엇이 문제인가?-민영화의 문제점 및 재공영화 방안 모색』, 국회 토론회 자료집, 2016.8.11.

사회진보연대 보건의료팀, 「의료 민영화를 저지한 스페인의 '하얀 물결' : 스페인 의사들에게서 배우는 의료 민영화 저지 투쟁 방향」, 『민중 건강과 사회』, 38호, 2014.4.1.

송은철, 신영전, 「재난적 의료비 예방을 위한 포괄적 의료비 상한제: 비용 추계를 통한 적용 가능성을 중심으로」, 『보건사회연구』, 35(2), 2015, pp.429-456.

앤드루 머리, 『탈선』, 오건호 옮김, 이소출판사, 2003.

우석균, 「한미FTA 1년, 보건의료와 공공 부문 민영화」, 연구공동체 건강과 대안, 2013.3.3.

우석균, 「새 정부에 바라는 보건의료와 건강 정책 - 의료 민영화/상업화를 중단하고 국민 건강의 공공성을 확고히 하는 정부가 되기를」, 『의료와 사회』 6호, 2017년 6~8월.

윤태호, 「건강 형평 정책의 국제 동향 : 영국, 네덜란드, 스웨덴, 세계보건기구의 경험으로부터의 교훈」, 『대한의사협회지』 56(3), 2013, pp. 195-205.

임준 외, 『의료 사유화의 불편한 진실』, 후마니타스, 2010.

이상윤, 「스페인 마드리드 의료 민영화 반대 투쟁의 경과와 의미」, 건강정책학회 발표문, 연구공동체 건강과 대안, 2014.5.19.

장하준, 『사다리 걷어차기』, 형성백 옮김, 부키, 2004.

G. 에스핑앤더슨, 『복지 자본주의의 세 가지 세계』, 박시종 옮김, 성균관대학교 출판부, 2007.

Craig Anthony (Tony) Arnold. "Water Privatization Trends in the United States: Human Rights, National Security, and Public Stewardship", *William & Mary Environmental Law and Policy Review* Vol(33) Issue(3).

Esping-Andersen, Gøsta (1990). *The three worlds of welfare capitalism. Princeton*, New Jersey: Princeton.

Public Citizen. *The water privatization "model": A backgrounder on United Waters' Atlanta fiasco.* 2003.

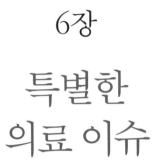

6장

특별한
의료 이슈

단식 농성자의 건강권 _이보라
의료계의 권위주의 문제 _최규진

단식 농성자의 건강권

| 주요 내용 |

• 단식 농성의 의미와 단식 농성자에 대한 이해
• 단식 농성이 신체에 미치는 영향과 영양 재개 증후군
• 단식 농성자 진료하는 의료인의 윤리

| 목표 |

1. 단식 농성의 의미와 단식 농성 상황을 이해한다.
2. 단식 농성이 신체의 미치는 영향을 설명할 수 있다.
3. 단식 농성 종결 후 발생할 수 있는 영양 재개 증후군을 설명할 수 있다.
4. 단식 농성자를 진료하는 의료인의 윤리적 원칙을 설명할 수 있다.

저자 **이보라**

2004년에 의사가 되고 2009년에 내과 전문의가 되었다. 2012년, 의사로서 사회적 역할과 책임을 다하고자 인도주의실천의사협의회에 가입했다. 이후 노동조합 활동가, 진보정당 활동가와 세월호 유가족들의 단식 농성 시 진료 경험을 쌓게 되었다. 현재 녹색병원 호흡기내과 과장으로 근무하고 있다.(email: drleebora@gmail.com)

● 들어가며 ────────────────────────

　단식 농성은 인류가 국가를 형성하며 지배 계급과 피지배 계급으로 나누어질 때부터 시작되었을 것으로 추정된다. 왜냐하면 단식 농성은 주로 사회제도적, 법적 권력 관계에서 약자들이 선택할 수 있는 비폭력적인 저항의 방법이기 때문이다.

　비교적 최근에 있었던 외국의 유명한 단식 농성의 사례로, 1981년 영국의 감옥에서 아일랜드 독립운동가 10명이 단식 농성으로 사망한 사건[147]과 2001년 터키에서 정치범 569명의 집단 단식과 100명 이상이 사망하는 사건,[148] 미국의 관타나모 수용소에 기한 없이 구금된 사람들의 반복되는 집단 단식 농성[149]과 2017년 이스라엘의 감옥에 갇힌 팔레스타인 인 1,500명의 42일간 단식 농성 등이 있다.[150]

　국내에도 특히 군사 독재 정권 시기에 교도소에서 개인 혹은 집단

─────────────

147. SS Crosby, CM Apovian. MA Grodin, "Hunger strikes, force-feeding, and physicians' responsibilities". *J Amer Med Assoc.* 2007; 298: pp. 563-566.

148. N Oguz, S Miles. "The physician and prison hunger strikes: reflecting on the experience in Turkey". *J Med Ethics.* 2005; 31: pp. 169-172.

149. GJ Annas, SS Crosby, LH Glantz, "Guantanamo Bay: A Medical Ethics-free Zone?". N *Engl J Med* 2013; 369: pp. 101-103.

150. Z. Tahhan, "A timeline of Palestinian mass hunger strikes in Israel", *ALJAZEERA*, 28 May 2017.

적인 단식 농성의 사례가 많이 있으며,[151] 단식 농성으로 인한 사망[152] 혹은 강제 급식 과정 중 사망 사례[153]도 있다. 그리고 감옥 밖에서도 회사의 차별과 부당 해고 등에 저항하는 노동자, 비민주적인 학교 운영에 저항하는 학생, 부당한 국가 정책과 공권력에 저항하는 시민들의 단식 농성은 끊임없이 발생하고 있다.

그리고 드물지만 의사들이 단식 농성을 한 사례도 있다. 1989년 캐나다에서, 외국에서 수련 받은 의사들을 차별하는 데 항의하며 13명의 의사가 집단 단식을 한 사례가 있었으며,[154] 우리나라에서도 공공병원을 폐업시킨 것에 반대하며 의사들이 단식 농성을 하였다.[155]

1. 단식 농성의 정의

단식 농성이란 어떤 요구를 관철하기 위하여 음식을 먹지 아니하며 시위하는 행위이다. 이는 다양한 갈등 상황에서 발생하는데, 주로 자신의 요구를 알리거나 협상할 수 있는 다른 방법이 없는 사람들이 저항의 의미로 선택하는 방법이다.

단식 농성자는 상당 기간 동안 단식 농성을 함으로써 저항하고 있는 상대(정부, 교도소 등 권력 기관, 회사 소유주 등)에 대해 죄책감과 비판

---

151. 백승헌, 「감옥과 인권」, 『인권보고서』 대한변호사협회, 5: pp. 391-411, 1991.
152. 노승만 외, 『5.18 10일간의 야전병원-남대학교병원 5.18민주화운동 의료활동집』 전남대학교병원, 2017.
153. 황상익, 『역사가 의학을 만났을 때』 푸른역사, 2015.
154. F. Lowry, "Quebec's hunger-striking MDs: Do FMGs automatically have right to practise?" *CMAJ*. 1989; 140: pp. 1340-1345.
155. 양우람, 진주의료원 폐업 반대 단식 8일째 맞은 우석균 보건의료단체연합 정책실장 : "진주의료원 폐업은 공공 의료 포기하겠다는 것", 「매일노동뉴스」 2013.4.18.

적인 여론을 유도함으로써 원하는 목적을 이루거나 협상의 기회를 얻고자 한다.

2. 단식 농성에 대한 이해

기저 질환이 없는 사람이 수분 섭취를 하며 단식을 할 경우 보통 72시간 이내의 짧은 기간에는 건강에 미치는 영향이 크지 않으므로 의료인에게 윤리적인 갈등을 일으키지 않는다. 그러나 그 이상의 단식 농성이 지속되고, 특히 감옥이나 수용소 등에 갇힌 사람이 단식하는 경우, 이들을 진료해야 하는 의료인은 윤리적 갈등을 느끼게 된다. 장기간의 단식은 사망이나 영구적인 후유증을 남길 수 있고 의료인은 경관 혹은 경정맥을 통해 영양을 공급할 수 있는 기술이 있다.

건강만을 생각한다면 단식을 중단시키거나 다른 방법으로 영양 공급을 해야 하지만, 자신의 신념과 의지로 단식을 선택한 사람에게 단식 중단을 종용하거나 강제로 경관, 경정맥 영양 공급을 하는 것은 인간의 자율성을 침해하는 것은 물론이고 악행 금지의 원칙에도 어긋난다. 단식 농성자들은 정말 죽기를 바라는 것은 아니나 어쩔 수 없는 상황에서 자신의 문제를 해결하고 목적을 이루기 위해서 죽음을 불사하고 단식을 선택한 것이기 때문이다.

단식 농성자를 진료하는 의료인은 단식자의 기본 신체 상태와 과거력, 단식 이후 발생한 신체적 변화와 증상에 대해 자세히 청취하고, 신체 검사 또는 혈액 검사 시행 후 이에 대한 설명과 앞으로 발생할 수 있는 건강상의 문제를 자세히 설명해 주어야 한다. 충분한 정보에 근거하여 당사자가 단식 지속 여부를 판단할 수 있게 보장하는 것이다.

단식 농성의 종류([표 10])는 완전 단식, 물만 섭취하는 단식, 물-소금을 섭취하는 단식, 물-소금-당분과 비타민을 섭취하는 단식으로 나눌 수 있다. 물도 섭취하지 않는 완전 단식은 48시간 이상만 되어도 심각한 상태가 빠질 수 있으며,[156] 수일 내 사망할 수 있다. 따라서 완전 단식을 선택하는 경우는 매우 드물다. 주목을 받거나 협상하기에는 시간이 너무 짧기 때문이다.[157]

보통 물과 소금을 섭취하는 단식을 하는 경우가 많으며, 물과 소금 그리고 미량의 당분을 섭취하는 경우도 있으나 어느 경우든 체중이 10% 감소하면 의학적 감시가 시작되어야 하고 18% 감소하면 생명이 위험한 중대한 문제가 발생할 수 있다.[158] 731부대의 기록에 의하면 보통 물만 제공한 포로의 경우 45일, 증류수만 제공한 포로는 33일 살았다는 보고가 있다.[159]

단식 농성자의 수에 따라 당사자 혼자 혹은 단체를 대표하여 1명이 하는 1인 단식과 2명 이상이 하는 집단 단식이 있으며, 상황에 따라 여러 명이 동시에 하는 경우도 있고 시간 간격을 두고 연속적으로 단식을 하는 경우도 있다.[160] 단식하는 장소에 따라 광장이나 권력

---

156. 선대식, 강기갑, 단식 돌입 "혁신 실패에 대한 석고대죄": 국회의사당에서 물과 소금 먹지 않고 단식. "모든 책임은 제게 있다", 「오마이뉴스」 2012.9.3.
157. "WMA Declaration of Malta: a background paper on the ethical management of hunger strikes", *World medical journal*, 1991: 52: pp. 36-43.
158. "WMA Declaration of Malta: background paper on the ethical management of hunger strikes", *World medical journal*, 1991: 52: pp. 36-43.
159. 전쟁과의료윤리검증추진회, 『731부대와 의사들-전쟁과 의료윤리, 일본의학자·의사의 '15년 전쟁' 가담과 책임』 건강미디어협동조합, 2014.
160. BBC History, "Republican hunger strikes in the Maze prison: October 1980-October 1981."

[표 10] 단식 농성의 종류

단식의 정도	완전 단식, 물만 섭취, 물-소금 섭취, 물-소금-당분, 비타민 섭취
단식 농성자의 수	1인 단식, 집단 단식
단식하는 장소	공개 장소, 구금된 장소, 고공 단식 농성

기관 앞같이 공개된 장소에서 단식을 하는 경우와 구금된 시설 안에서 단식을 하는 경우, 그리고 건물 옥상에 설치된 광고탑[161]이나 송전탑[162] 같은 극단적인 공간에서 단식 농성을 하는 경우도 있다.

3. 단식 농성이 신체의 미치는 영향

단식이 시작되면 혈중 인슐린 분비는 감소하고 글루카곤 분비가 증가하면서 간과 근육에 저장된 글리코겐을 분해하여 24-72시간 동안 혈당을 유지한다. 동시에 체내 지방의 중성지방 분해가 자극되어 지방산과 글리세롤의 생성이 증가하고 이는 조직의 에너지로 사용되거나 간에서 케톤체로 변환된다. 이후 글리코겐이 모두 소모되면 간에서 당 신생이 증가하는데 근육을 파괴하여 얻은 아미노산과 체내 지방에서 얻은 젖산, 글리세롤을 이용하여 뇌와 적혈구에서 사용할 당을 생성한다.

이렇게 단식이 진행되면 에너지 원이 탄수화물에서 단백질과 지질

---

161. 박수지, 「광화문 고공 단식 농성 노동자 6명, 27일만에 내려와」, 『한겨레』 2017.5.9.
162. 황예랑, 「장기 투쟁 사업장 노동자들 다시 철탑으로」, 『한겨레』 2008.10.15.

로 바뀌고 기초 대사량 및 대사 속도가 감소한다. 보통 3주 이상 단식이 지속되면 체내 근육과 단백질 소실을 막기 위해 주요 에너지 원으로 사용하던 케톤체와 지방산의 사용도 줄어들게 된다. 뇌도 주요 에너지 원을 당에서 케톤체로 변경하게 된다. 뇌에서 당 요구량이 감소하면 간의 당 신생이 감소하여 아미노산의 근원인 근육을 보존할 수 있기 때문이다.

[표 11] 단식의 고위험군[163]

- 임신
- 고령 (65세 이상)
- 기저 체질량지수(BMI) < 18.5kg/m²
- 단식 중 혈당 강하제, 제산제, 이뇨제 등 투여
- 만성 질환자 : 당뇨, 고혈압, 암, 흡수 장애, 말기 간 질환, 만성 신장병, 염증성 장증후군, 심부전, 허혈성 심질환 등

4. 영양 재개 증후군Refeeding Syndrome

단식이 중단되고 다시 영양분 공급이 시작되면 경구나 정맥으로 투여된 당으로 인해 혈당이 증가하고 인슐린 분비 증가, 글루카곤 분비는 감소하게 된다. 이로 인해 글리코겐, 지질, 단백의 합성이 시작되고 대사 상태가 이화 상태에서 동화 상태로 전환되고 인, 마그네슘 등의 미네랄과 티아민 등 조효소의 요구량이 증가한다. 증가된 인슐린은 칼륨과 마그네슘, 인을 세포 안으로 이동시키는데 이로 인해 세

---

163. "CCHCS Mass Hunger Strike, Fasting, and Refeeding Care Guide."

포외(혈중) 농도가 급격히 감소한다.

또 섭취한 당은 콩팥에서 수분과 염분 배출을 감소시켜서 소변 양이 일정 이상 유지되더라도 체액 양 과잉이 발생할 수 있다. 이와 같이 재급식 증후군의 주요 병태 생리는 저인산 혈증, 저마그네슘 혈증, 저칼륨 혈증, 수분 대사의 이상, 당 대사의 이상, 티아민 등 비타민의 부족이다.

임상 증상은 매우 다양하고 예고 없이 발생할 수 있으며 영양 공급 시작 시기만이 아니라 시간 경과 후에도 발생하는 경우가 있어 주의가 필요하다. 증상은 전해질 불균형으로 인한 순환기계, 신경계, 골격근 기능 이상과 부종 등으로 발생하는데 다양한 형태와 중증도를 보인다. 오심, 구토, 졸음과 같은 경미한 증상부터 호흡 부전, 심부전, 저혈압, 부정맥, 섬망, 혼수 그리고 사망까지 매우 다양하다.

예방을 위해 영양 공급 전 전해질 이상, 비타민 부족, 체내 수분 이상 상태를 평가하고 이를 교정하고 영양 공급을 시작하는 것이 중요하다. 영양 공급 중에도 임상적인 관찰과 활력 징후, 체중 변화, 소변 양 측정 및 혈액 검사를 통한 전해질 및 혈당 수치 변화에 대한 지속적인 감시가 필요하다.

[표 12] 영양 재개 증후군의 고위험군[164]

- 28일 이상의 단식
- 체질량지수(BMI) < 16kg/m^2
- 단식 농성 중 체중 15% 이상 감소
- 영양 재개 전 칼륨, 마그네슘, 인 등의 수치가 낮을 경우
- 단식으로 인한 합병증의 고위험군

---

164. "CCHCS Mass Hunger Strike, Fasting, and Refeeding Care Guide."

[표 13] 영양 재개 증후군 발생 고위험군에서 치료 및 모니터링 권고[165]

영양 재개 날짜	칼로리 조절	
1일	최악의 상태: 5kcal/kg/day* 그 외 상태: 10kcal/kg/day* 영양의 구성 탄수화물 50-60% 지방 30-40% 단백질 15-20% 임상적으로 영양 재개 증후군이 의심되거나 영양 재개 후 이상 증상 발생할 경우 칼로리 공급을 줄이거나 중단한다.	미네랄 공급 인 0.5-0.8mmol/kg/day 칼륨 1-3mmol/kg/day 미그네슘 0.3-0.4mmol/kg/day 나트륨 <1mmol/kg/day(제한됨) 정맥을 통한 수액 공급 제한적 허용, 수분 공급-배출 (input-output) 균형을 제로 상태 (zero balance) 유지 비타민 공급 영양 재개 전 티아민+비타민 B complex IV 필요시 혈압, 심전도 모니터링, 혈액 검사 반복
2-4일	특별한 이상 증상 없으면 5kcal/kg/day 씩 증량* 임상적으로 영양 재개 증후군이 의심되거나 영양 재개 후 이상 증상 발생할 경우 칼로리 공급을 줄이거나 중단한다.	혈액 검사 확인하며 비정상적인 수치 교정 3일까지 티아민+비타민 B complex 매일 공급(iv or po) 필요시 혈압, 심전도 모니터링, 혈액 검사 반복
5-7일	특별한 이상 증상 없으면 20-30kcal/kg/day씩 증량* 임상적으로 영양 재개 증후군이 의심되거나 영양 재개 후 이상 증상 발생 할 경우 칼로리 공급을 줄이거나 중단한다. 환자 상태가 안정적이라면 임상적으로 충분한 칼로리와 미네랄, 수분 공급량에 도달할 때까지 증량해야 한다.	혈액 검사 확인하며 비정상적인 수치 교정 수분공급-배출 (input-output) 제로 상태(zero balance) 유지 7일째까지 철분 공급 고려 필요시 혈압, 심전도 모니터링, 혈액 검사 반복
8-10일	특별한 이상 증상 없으면 30kcal/kg/day 씩 증량* 또는 임상적으로 충분한 칼로리에 도달할 때까지 환자 상태가 안정적이라면 임상적으로 충분한 칼로리와 미네랄, 수분 공급량에 도달할 때까지 증량해야 한다.	필요시 혈압, 심전도 모니터링, 혈액 검사 반복

* 모든 칼로리 계산은 매일 측정한 몸무게로 계산한다.

---

165. "CCHCS Mass Hunger Strike, Fasting, and Refeeding Care Guide."

5. 단식 농성자 진료 시 의료인의 원칙-몰타 선언을 중심으로

1991년 11월에 열린 세계의사회 제43차 총회에서 채택되었고 2006년 개정된 몰타 선언은 단식 농성자를 진료하는 의료인에게 다음과 같은 원칙을 요구하고 있다.[166]

1) 언제나 윤리적으로 행동할 의무

진료를 위해 단식 농성자를 만나는 모든 의료인은 꼭 어떤 치료를 제공하는 경우가 아니더라도 의료 윤리에 맞게 행동해야 한다. 즉 의료인은 농성자가 어떤 강압을 받고 있거나 잘못된 처치를 받는 것을 예방하기 위해 노력해야 하고 만일 그런 일이 일어난다면 문제 제기해야 한다.

2) 농성자의 자율성 존중

의료인은 농성자의 자율성을 존중해야 한다. 그러나 그 전에 단식 농성이 사리 판단 명료한 개인의 주체적인 판단인지, 동료와 주변의 압박으로 인한 비자발적인 동기 때문인지 판단하는 것이 중요하다. 의식이 명료한 개인이 주체적인 판단으로 단식을 결정하였고 충분한 설명이 제공되었음에도 불구하고 인위적인 영양 공급을 포함한 치료를 거부하는 경우에는 절대로 강제 치료 혹은 강제 급식을 해서는 안

---

166. "WMA DECLARATION OF MALTA ON HUNGER STRIKERS", 2006.

된다. 물론 반대의 경우 즉 농성자가 사전에 의학적 치료 및 소생술을
받는 것에 동의한 경우에는 윤리적 문제가 없다.

3) 선행의 의무와 악행 금지의 원칙

의료인은 자신의 전문 지식과 기술이 환자에게 이익이 될 수 있게
노력해야 할 의무가 있다. 이것이 '선행의 의무'이다. 그리고 이것은
환자에게 해를 가하지 말라는 '악행 금지'의 개념으로 보완이 된다.
이 두 개념은 균형이 필요하다. '선행의 의무'는 환자의 안녕 증진은
물론이고 개인의 의지를 존중하는 것까지 포함한다. '악행 금지'는 단
지 건강상의 손해를 최소화하라는 것뿐만 아니라 자기 결정권이 있
는 사람에게 강제 치료를 하거나 단식 중단을 압박해서는 안 된다는
것까지 포함한다.

4) 이중 충성심 문제

단식 농성자에 대한 진료 요청의 경로는 크게 다음과 같이 두 가지
로 나눌 수 있다. ① 농성자가 저항하고 있는 권력(기관)의 요청에 의
한 진료, ② 농성자 혹은 농성하는 단체의 요청에 의한 진료. 이중 첫
번째 경로로 진료를 하는 경우 이중 충성심의 문제가 발생할 수 있다.
의료인은 자신을 고용한 당국(정부 혹은 교도소)에 대한 충성심과 환자
로 만난 농성자에 대한 충성심 사이에서 갈등을 느낄 수 있다. 하지만
이러한 문제에 처한 의료인도 다른 의료인들과 똑같은 의료 윤리의
원칙을 따라야 한다. 다시 말하면, 의료인의 첫 번째 충성 대상은 환

자(농성자)이다.

5) 독립된 임상적 판단 유지

의료인은 자신의 임상적 판단을 객관적으로 유지하기 위해 노력해야 하며 제3자가 자신의 판단에 개입하는 것을 허용해서는 안 된다. 특히 자신이 의료 윤리를 위반하도록 외부적으로 압박받는 것을 허용해서는 안 된다. 의학적 이유 없이 의학적인 조치를 취하라는 압박을 받아들여서는 안 된다.

6) 비밀 유지의 문제

비밀 유지는 환자와 의료인이 신뢰 관계를 형성하는 데 중요하지만 반드시 절대적인 것은 아니다. 물론 단식 농성자도 다른 환자들처럼 본인이 요구하는 경우에는 반드시 진료 과정의 비밀이 지켜져야 한다. 하지만 농성자가 동의한다면 그의 가족이나 변호인에게 상태를 알려 줘야 한다. 또 의료인이 판단하기에 농성자 진료 내용의 비공개를 유지하는 것이 다른 심각한 문제를 야기할 수 있다고 판단될 때는 공개할 수 있다. 왜냐하면 그들은 자신의 문제를 알리기 위해 단식 농성을 하고 있기 때문이다.

7) 신뢰의 중요성

의료인이 단식 농성자와의 관계에서 신뢰를 얻기 위해서는 농성자의 권리를 존중하고 그들에게 불리한 것은 최소화하기 위해 노력하는 것이 중요하다. 신뢰가 형성되면 어려운 상황에 대한 해결의 실마리가 생길 수 있다. 어디까지 그들의 비밀이 보장될 수 있는지를 포함해서 정확한 의학적 조언을 제공하고 그들이 할 수 있는 것과 할 수 없는 것의 경계를 명확하게 알려 주어 신뢰를 얻는 것은 의료인에게 달려 있다.

6. 단식 농성 중인 수감자에서 정신과 면담의 필요성[167]

단식 농성자 진료는 일반적으로 전반적인 진료가 가능한 의사가 시행한다. 그러나 수감자의 경우에는 가능하면 정신과 의사의 진료도 초기에 시행하여야 한다. 환자가 장기간의 단식으로 인해 육체적, 정신적인 상태가 악화되기 전에 정신과적인 평가가 필요하기 때문이다. 사리 판단이 명료한 단식 농성자의 결정은 존중되어야 하지만 그렇지 못한 사람(예를 들면 조현병의 증상으로 독극 망상delusion of poisoning 때문에 단식을 하는 수감자)을 확인하고 발견하는 것이 매우 중요하기 때문이다.

정신 질환으로 인해 단식을 하는 경우에는 적극적인 개입이 필수적이며, 적절한 정신과 치료를 제공해야 한다. 단식 농성에서 사리 판단이 명료한지 평가할 때 단식의 목적과 동기를 파악하는 것은 물론

---

167. L Gétaz, JP Rieder, L Nyffenegger, A Eytan, JM Gaspoz, H Wolff, "Hunger strike among detainees: guidance for good medical practice." *Swiss Med Wkly*. 2012; 142: w13675.

이고 기타 중요한 행동 결정 요소들을 고려해야 한다. 상황적인 요소(단식 농성이 주체적인 결정인지, 동료들의 압박 때문인지, 개인의 법적 상태 때문인지)와 개인적인 요소(미성년자/성인, 다른 문화적 사회적 배경 여부, 기저 정신 질환의 가능성)가 반드시 기록되어야 한다.

• 마치며

우리나라의 '형의 집행 및 수용자의 처우에 관한 법률'에는 다음과 같은 조항이 있다.

제40조(수용자의 의사에 반하는 의료 조치)
① 소장은 수용자가 진료 또는 음식물의 섭취를 거부하면 의무관으로 하여금 관찰, 조언 또는 설득을 하도록 해야 한다.
② 소장은 제1항의 조치에도 불구하고 수용자가 진료 또는 음식물의 섭취를 계속 거부하여 그 생명에 위험을 가져올 급박한 우려가 있으면 의무관으로 하여금 적당한 진료 또는 영양 보급 등의 조치를 하게 할 수 있다.

앞의 몰타 선언과 비교해 보면 어떠한가? 우리나라 법률은 수감자가 단식 농성을 하면 교도소장은 의사를 통해 단식 농성을 그만두게 설득시키고, 필요하면 강제 치료, 강제 급식을 하게 할 수 있다고 명시하고 있다. 어떠한 경우에도 절대 강제 치료, 강제 급식을 해서는 안 되며 의료인의 첫 번째 충성 대상은 환자라는 몰타 선언의 내용과

정반대이다.

인간이 만든 사회 제도와 법은 완벽할 수 없으며, 특히 자본주의 체제에서는 빈부 격차로 인해 필연적으로 사회 정치적, 경제적 약자와 탄압받는 계층이 발생할 수밖에 없다. 심지어는 법과 규정이라는 이름으로 약자에 대한 부당한 탄압과 인권 유린이 지금도 세계 곳곳에서 공공연히 진행되고 있다.

인간이란 먹고 살기 위해, 살아남기 위해 무슨 짓이든 다 하기도 하지만 또 동시에 인간다움, 존엄함, 대의를 지키기 위해 목숨을 걸고 싸우기도 한다. 단식 농성은 사회 제도적, 법적 차별을 받는 사람들이 차별과 싸우기 위해 자신의 몸을 투쟁의 현장으로 삼는 행위이다. 자신의 생명과 건강을 걸고 거대한 공권력과 싸우고 있는 것이다.

우리는 이러한 단식 농성자를 진료하는 올바른 의사의 자세와 의료 윤리에 대해 살펴보았다. 단식 농성자를 진료하는 의사는 진료 전 현실의 사회 제도와 법이 틀릴 수도 있으며 우리들의 생각이 사실은 기득권층에 의해 주입된 편견 덩어리일 수도 있다는 의심을 해 보면 좋겠다. 그리고 절대 환자에게 해를 끼치지 않으며 선행을 베풀고 환자의 자율성을 존중하고 의사의 첫 번째 충성심의 대상은 환자여야 함을 잊지 말아야 한다.

참고 문헌

노승만 외, 『5.18 10일간의 야전병원 – 전남대학교병원 5.18 민주화운동 의료활동집』, 전남대병원, 2017.
박수지, 「광화문 고공 단식 농성 노동자 6명, 27일 만에 내려와」, 『한겨레』, 2017.5.9.

백승헌, 「감옥과 인권」, 『인권 보고서』, 대한변호사협회, 5: pp. 391-411, 1991.

선대식, 강기갑, 단식 돌입 「"혁신 실패에 대한 석고대죄" : 국회의사당에서 물과 소금 먹지 않고 단식. "모든 책임은 제게 있다"」, 『오마이뉴스』, 2012.9.3.

양우람, 진주의료원 폐업 반대 단식 8일째 맞은 우석균 보건의료단체연합 정책실장 : "진주 의료원 폐업은 공공 의료 포기하겠다는 것", 「매일노동뉴스」, 2013.4.18.

전쟁과의료윤리검증추진회, 『731부대와 의사들 – 전쟁과 의료윤리, 일본의학자 · 의사의 '15 년 전쟁' 가담과 책임』, 건강미디어협동조합, 2014.

황상익, 『역사가 의학을 만났을 때』, 푸른역사, 2015.

황예랑, 「장기 투쟁 사업장 노동자들 다시 철탑으로」, 『한겨레』, 2008.10.15.

GJ Annas, SS Crosby, LH Glantz. "Guantanamo Bay: A Medical Ethics –free Zone?" *N Engl J Med* 2013; 369: pp. 101-103.

BBC History. "Republican hunger strikes in the Maze prison: October 1980-October 1981."

"CCHCS Mass Hunger Strike, Fasting, and Refeeding Care Guide."

SS Crosby, CM Apovian, MA Grodin. "Hunger strikes, force-feeding, and physicians' responsibilities". *J Amer Med Assoc.* 2007; 298: pp, 563-566.

L Gétaz, JP Rieder, L Nyffenegger, A Eytan, JM Gaspoz, H Wolff. "Hunger strike among detainees: guidance for good medical practice". *Swiss Med Wkly.* 2012; 142: w13675.

F. Lowry. "Quebec's hunger-striking MDs: Do FMGs automatically have right to practise?". *CMAJ.* 1989; 140: pp. 1340-1345.

N Oguz, S Miles. "The physician and prison hunger strikes: reflecting on the experience in Turkey". *J Med Ethics.* 2005; 31: pp. 169-172.

Z. Tahhan. "A timeline of Palestinian mass hunger strikes in Israel". *ALJAZEERA*, 28 May 2017.

"WMA Declaration of Malta : a background paper on the ethical management of hunger strikes". *World medical journal,* 1991: 52: pp. 36-43.

"WMA DECLARATION OF MALTA ON HUNGER STRIKERS". 2006.

의료계의 권위주의 문제

| 주요 내용 |

권위와 권위주의를 구분하고, 권위주의가 당연시되거나 심지어 필요하다고 여기는 의료계의 잘못된 인식에 대해 비판적인 시각으로 접근한다. 의료계에 만연해 있는 권위주의의 역사적 사회적 배경에 대해 이해한다. 최근 사례를 통해 의료계의 권위주의가 과거의 유산이나 일부 개인의 문제가 아니라 현재까지도 견고하게 유지되고 있는 구조적인 문제임을 인식한다. 권위주의를 타파할 수 있는 실천적인 방안을 모색한다.

| 목표 |

1. 권위와 권위주의를 구분해 설명할 수 있다.
2. 한국 의료계 권위주의의 역사적 사회적 기원을 설명할 수 있다.
3. 한국 의료계 권위주의의 폐해를 설명할 수 있다.
4. 권위주의를 타파하기 위한 실천을 제시할 수 있다.

저자 최규진

인하대학교 의과대학 조교수. 학생 때 의약 분업 사태를 겪으며 의료계와 국민과의 괴리된 인식에 충격을 받았다. 이후 환자, 의사, 사회의 관계에 대해 고민이 깊어져 대학원에서 인문의학을 공부했다. 여러 보건의료단체에서 활동하였으며, 현재는 모교에서 의사학과 의료윤리를 강의하고 있다.(email: medhum@inha.ac.kr)

1. 권위주의란 무엇인가?

한국에서 권위주의가 가장 심한 집단을 꼽으라고 하면 흔히들 군대를 꼽을 것이다. 그러나 의료계에 종사하는 사람이라면 의대나 병원을 먼저 떠올릴지 모른다. 실제 의대나 병원에는 군대 못지않은 권위주의가 존재한다. 권위주의의 가장 극단적인 형태인 폭력이 의대와 병원에 여전히 존재한다는 사실을 언론 기사를 통해서도 쉽게 확인할 수 있다.[168] 외국이라고 해서 의료계 권위주의가 없진 않겠지만 적어도 폭력이 용인되진 않는다. 그렇다면 한국 의료계에 짙게 배어 있는 이 권위주의란 무엇일까?

에리히 프롬에 따르면 권위란 단순히 재산이나 능력의 소유를 뜻하지 않는다. 그것은 "어떤 사람이 다른 사람을 자기보다 우월한 존재로 우러러 보는 인간 관계"를 말한다. 그리고 그 권위는 "합리적 권위(혹은 이성적 권위)"와 "억제적 권위(혹은 비이성적 권위)"로 나눌 수 있다. 프롬이 말한 합리적 권위는 긍정적 의미의 '권위'라 할 수 있다. 그리고 억압적 권위가 바로 우리가 흔히 부정적으로 얘기하는 '권위

---

168. 「폭행갈취협박… 대학병원에선 무슨 일이」 『의협신문』 2017.7.11.

주의'에 해당한다.[169]

프롬의 얘기를 좀 더 들어보면, 권위는 바람직한 교사와 제자의 관계처럼 권위에 복종하는 사람을 "돕기 위한 조건"이다. 이에 반해, 권위주의는 주인과 노예의 관계처럼 "착취를 위한 조건"이다. 그 동태도 판이하게 다르다. 권위의 관계는 이상적인 제자와 교수의 관계처럼 시간이 지남에 따라 제자가 교수의 권위에 가까워지며 "스스로 해소되어 가는 경향"이 있다. 그러나 권위주의적 관계에서는 그 관계가 지속되면 지속될수록 둘 사이의 격차는 커지고 고착화된다.[170]

관계에서 일어나는 심리와 정서 역시 다르다. 권위의 관계는 '사랑, 칭찬, 또는 고마움 등의 요소'가 작동하며 의식적으로나 무의식적으로 자기 자신을 대상과 동일시하고 싶어 한다. 반면, 권위주의적 관계에서는 대상에 대한 '복종은 자기 자신의 이익에 반하는 것'이기에, 대상에 대한 원한이나 적개심이 일게 된다.[171]

이 권위주의적 관계가 고착화되면 그 관계에 얽힌 인간의 내면도 변한다. 프롬은 이를 '권위주의적 성격'이라 불렀다. 권위주의적 성격은 흔히 우리가 생각하듯이 억압하는 자들의 강압성만을 의미하지 않는다. 권위주의적 성격이란 동전의 양면처럼 사도마조히스틱sadomasochistic한 특성을 지닌다. 즉, 자신보다 강한 자에는 절대 복종하는 피학성을 보이고, 자신보다 약한 자에게는 가혹한 가학성을 보인다.[172] 의대나 병원에서 후배나 아래 연차에게는 악마처럼 가혹하

---

169. 에리히 프롬, 김석희 옮김, 『자유로부터의 도피』, 휴머니스트, 2012, p. 173.
170. 에리히 프롬, 앞의 글, p. 174.
171. 덧붙여 프롬은 현실에서 두 유형의 권위가 한데 섞이지만 두 권위는 본질적으로 다르며, 때문에 "권위의 구체적인 상황을 분석하여 각 권위의 구체적인 무게를 결정해야 한다."고 강조했다.(에리히 프롬, 앞의 글, p. 175)
172. 에리히 프롬, 앞의 글, p. 173.

면서도 선배나 교수에게는 천사처럼 깍듯한 이들을 흔하게 볼 수 있는 이유가 여기에 있다.

캐나다의 심리학자 알트마이어B. Altemeyer는 이를 더욱 발전시켜, '보수적 권위주의Right-wing authoritarianism'라는 별도의 용어를 붙이고, 권위주의적 성격의 특징을 다음과 같이 정리했다. 보수적 권위주의는 첫째, 기존 권위에 대하여 복종하는 성향이 아주 강하고, 둘째, 기존 권위나 규칙을 따르지 않는 사람들이나 소수 그룹에 대하여 적대적이며, 셋째, 새롭거나 독립적인 생각들을 배척하는 특징을 가지고 있다.[173]

한국 의료계의 모습은 이 보수적 권위주의에 가깝다. 아직도 많은 의대에서 반바지나 머리염색 같은 아주 사소한 것조차 튀는 행동으로 지적되며, 호칭 문제 때문에 전체 과회의가 열리고, 인사 예절 문제로 선배들의 집단 훈육을 받아야 하는 모습을 흔히 볼 수 있다. 그리고 그런 복종을 강요받은 후배들은 어느새 선배가 되어 똑같이 후배들의 '거슬리는 행동'에 분개하며 권위주의는 대물림된다.[174]

그런데 권위와 권위주의를 구분하는 것만큼이나 중요한 것은 권위주의라는 것이 단순히 개인 관계에서 나타나는 심리 반응이 아니라, 역사적이고 사회적인 토대를 가지고 있다는 점을 인식하는 것이다. 프롬이 권위주의에 집중한 것도 독일 사회가 어떻게 파시즘에 물들어 갔는지를 역사적, 사회적으로 규명하기 위한 작업이었다.

---

173. Altemeyer B., *Right-Wing Authoritarianism. Winnipeg*, University of Manitoba Press, 1981 참조.
174. 이현석 외, 『의사가 말하는 의사』 부키, 2017, p. 16.

2. 한국 의료계 권위주의의 역사적, 사회적 토대

그렇다면 한국 의료계의 권위주의가 이토록 짙어진 역사적, 사회적 토대는 무엇일까? 가장 일반적으로 언급되는 것은 유교의 영향이다. 정당성 없는 권위에 자발적으로 복종하는 문화를 만들어 낼 수 있는 것이 권위주의의 특징이라면, 유교적 전통은 권위주의를 조성하는 데 더할 나위 없이 좋은 재료임에 틀림없다.[175] 하지만 유교적 전통은 의료계에만 작용하는 것은 아니기에 유독 의료계가 다른 계열보다 권위주의가 강한 이유를 설명하기는 어렵다.

그보다 설득력 있는 이유는 한국 근대식 의학 교육의 정착 과정에서 찾아볼 수 있다. 한국에서 근대식 의학 교육이 처음 시작된 것은 1890년대 말이다. 그러나 10년도 못 가 일제의 개입이 이루어지면서 주체적인 근대 의학 교육의 흐름은 꺾이고 만다. 결국 한국 근대 의학의 틀은 일제에 의해 형성된다. 이는 한국 의료계에 고착화된 문화를 파악하기 위해선 일제가 한국 땅에 이식한 의학이 어떤 것이었는지 살펴봐야 함을 의미한다.

잘 알려져 있듯이, 일본의 의학은 독일의 것을 받아들였다. 식민지 지배를 받고 있는 상황이 아닌데도 불구하고 타국의 제도를 전면적으로 채용한 독특한 사례로 꼽힐 만큼 일본은 독일 의학을 적극 수용했다. 정확히 말하면 일본은 정책적으로 독일의 '군대식' 의학을 받아들였다. 그리고 이는 일본 의학이 짙어지고 갈 봉건성도 함께 품었음

---

175. 이혜경, 「양명학과 근대일본의 권위주의-이노우에 데츠지로와 다카세 다케지로를 중심으로」, 『철학사상』 30, 2008.

을 의미한다.[176]

일본이 수용한 독일 군대식 의학은 식민지 조선에 더욱 권위주의적인 형태로 이식된다. 식민지 조선에서의 의학 교육 설계는 일본 육군 대장이자 초대 조선 총독인 테라우치의 심복, 후지타 쓰구아키라가 맡았다. 군의관이었던 후지타에 의해 주도된 의학 교육은 철저히 군대식이었고, 권위주의를 넘어 차별적이었다.[177]

후지타는 한국의 의학 교육을 개편하며, 한글로 된 교재는 일체 소각하고, 일본어로 교육하도록 바꾸었다. 또한 조선인 교수 전원을 퇴임시키고 대신 일본 군의관들을 앉혔다. 그리고 수신 과목을 신설하여 자신이 직접 정신 교육을 담당했다. 심지어 조선인 학생들의 수준에 맞지 않는다며 고등 교육의 상징인 사각모마저 환모(둥근 모자)로 바꾸게 할 만큼 억압적 모습을 띠었다.

조선인 학생들은 이런 억압 속에서 의학을 배워야 했다. 일제가 의학전문학교를 세우면서부터는 일본인 학생과 한 교실에서 함께 공부해야 했기에 더 심한 곤욕을 치렀다. 일본인 교수들의 차별적인 언행과 일본인 학생들의 폭력은 끊이지 않았다.[178] 일제 말 총동원 시기에는 군사 훈련을 시키고 교복 자체를 군복으로 바꿀 만큼 의학 교육의 권위주의적 성격이 극에 달했다. 당시 경성의학전문학교를 나온 이용각은 그때의 모습을 "몇몇 분별력 있는 동문을 제외하고는 모두가 일

---

176. 安田健次郎, 「西洋医学の伝来とドイツ医学の選択」, 『慶應医学』 2007, pp. 79-80.
177. 식민지 조선에 주입된 군대식 의학 교육은 일본 본토나 또다른 식민지 대만의 그것과 상당히 다른 모습이었다.(최규진, 「후지타 쓰구아키라의 생애를 통해 본 식민지 조선의 의학/의료/위생」, 『의사학』 25-1, 2016 참조)
178. 대표적으로 해부학 실습용 해골 분실을 조선인 학생의 소행이라 단정 지으며 민족차별적인 발언을 한 '쿠보 교수 망언 사건'을 들 수 있다.(서홍관 신좌섭, 「일본인종론과 조선인」, 『의사학』 8-1, 1999, p. 77.)

본 군국주의의 집단 정신병에 걸려 있는 것 같았다"고 회상했다.[179]

당시 의학 교육에서 나타난 이러한 모습은 몇몇 일본인 교수나 일본인 학생의 잘잘못 문제는 아니었다. 이는 심리학자 짐바르도가 말한 "썩은 사과 상자 안에서는 아무리 깨끗한 사과라도 썩을 수밖에 없는" 그런 구조적인 문제였다. 일제 강점기의 권위주의적 의학 교육 체계에서는 아무리 깨끗한 '사과'라 해도 피학적이고 가학적인 권위주의 성격에 물들 수밖에 없었고 이것은 조선인 학생들에게도 해당되는 것이었다.[180] 때문에 해방 이후 한국인 의사들이 의학 교육을 맡게 되었지만 그들에게 체화된 권위주의는 그대로 이어질 수밖에 없었다.

물론 해방 이후 한국 의학 교육은 일제로부터 벗어나면서 많은 변화를 겪었다. 특히 미 군정을 거쳤고, 적극적으로 미국의 의료 제도를 도입하고자 했다. 그러나 이는 어디까지나 교육 내용이나 일부 제도의 측면이었지 권위주의 문화와 성격까지 바꿀 정도의 구조적 변화는 아니었다.[181]

일본 역시 마찬가지였다. 일본 역시 패전 이후 미 군정을 겪었고 똑같이 미국의 영향을 적지 않게 받았지만 내부의 구조적인 틀과 문화는 바뀌지 않았다. 때문에 교수를 필두로 수직적으로 이어지는 독특한 의국 문화가 군사주의와 권위주의의 폐단으로 끊임없이 지적되어 왔다.[182] 이러한 일본 의료계의 권위주의를 다룬 소설 「하얀 거

---

179. 이용각, 『갑자생 의사』, 아카데미아, 1997.
180. 권위주의적 구조에 놓인 인간이 너무도 쉽게 폭력적으로 변해가는 현상을 짐바르도는 스탠포드 죄수 실험을 통해 논증했다.(필립 짐바르도, 『루시퍼 이펙트』, 웅진지식하우스, 2007.)
181. 임현선 안덕선 안서원, 「한국·중국·일본 의사 양성 과정 비교 연구」, 『한국의학교육』 19-4, 2007, p. 273.
182. 鳥集 徹 「東大医学部vs.順天堂大学 学閥の壁はバカの壁」, 『文藝春秋』 SPECIAL, 2016.

탑」이 30여 년 지난 한국에서 큰 공감대를 불러일으킨 것은 우연이
아니다.[183]

그렇다고 현재까지 유지된 의료계의 권위주의적 성격이 전부 일제
때문이라고 탓할 수는 없다. 해방 이후 등장한 독재 정권과 군사 정권
에서 유지 강화된 한국 사회의 권위주의 문화 역시 의료계 권위주의
를 유지 강화하는 데 영향을 주었을 것이다.[184]

사회가 그 안에 속한 집단들의 권위주의를 용인하고 조장하는 것
도 문제지만, 의료계 스스로 권위주의를 타파할 만한 계기를 만들어
내지 못한 것도 중요한 이유라고 할 수 있다. 사회가 민주화의 몸살을
앓는 동안에도 의료계는 크게 영향을 받지 않았다. 권위주의가 문제
시 되더라도 어디까지나 내부적으로 무마되었을 뿐, '하얀 거탑'을 넘
어 공론화된 적은 거의 없었다.[185]

또한 의료가 민간 영역에 의존하며 상업화 흐름에 휩쓸린 것도 권
위주의가 유지 강화되는 데 적지 않은 구실을 했을 것이다.[186] 상업화
된 의료 체계는 결국 인건비 비중이 높은 병원 구조 특성상 노동 강
도 강화로 이어질 수밖에 없기 때문이다.[187] 특히 병원에서 노동과 수

---

183. 「하얀 거탑(白い巨塔)」은 철저한 현장 취재로 정평이 나있는 야마자키 도요코(山崎豊子)가 1969년에 발
    표한 작품으로 드라마와 영화로 제작되며 일본 사회에 큰 반향을 불러 일으켰다. 의료계 권위주의를 중점
    적으로 다루는 골격을 유지한 채 37년이 지난 2007년 한국에서 리메이크되었으며 한국에서도
    적지 않은 반향을 일으켰다.
184. 안덕선, 「의사의 사회적 역량이란 무엇인가」 『대한의사협회지』 57-2, 2014, p. 101.
185. 80년대 한국 사회의 민주화 과정에서 사회의학연구회 같은 조직이 만들어지긴 했으나 의료계 전체
    가 이렇다 할 변화를 겪진 못했다.(최규진, 『한국 보건의료운동의 궤적과 사회의학연구회』 한울아카데미,
    2016 참조.) 이후 의약분업 사태에서 의료계가 사회와 소통할 기회를 가졌으나 건설적인 형태로 나아가진
    못했다. 오히려 사태의 진행 과정에서 권위주의적 행태가 빚어지기도 했다.(「집단 폐업 앞둔 의료계 왕따
    현상으로 몸살」 『중앙일보』 2000.6.19. 기사 참조.)
186. 특히 IMF 이후 김대중 노무현 정부를 거치며 의료가 서비스 산업으로 불리기 시작하는 등 신자유주의
    적 형태를 띠기 시작했다. 이러한 경향은 이명박 박근혜 정부에서 보다 강화되었다.(백재중, 『삼성과 의료
    민영화』 건강미디어협동조합, 2014.)
187. 국민건강보험공단의 연구 보고서에 따르면, "의료 서비스 생산 비용의 약 40%가 인건비라는 점을 감안

련을 함께하는 전공의에게는 프롬이 말한 '착취를 위한 조건'이라는 권위주의의 특성이 가장 쉽게 적용된다. 교수나 선임 전공의에게 폭행당한 전공의가 주당 100시간 이상 근무하는 업무 강도 높은 과에 가장 많은 것 역시 우연이 아니다.[188]

3. 한국 의과대학 내 권위주의에 대한 진단

그렇다면 현재 한국 의료계의 권위주의는 구체적으로 어느 정도이며 어떤 구조적인 문제를 가지고 있을까? 먼저 의과대학의 경우를 살펴보자. 한국 의과대 학생들을 대상으로 조사한 결과를 보면 학생들 다수가 의대 내 만연한 권위주의를 인지하고 있었다. 그들은 교수를 의사 소통이 어려운 상위자 혹은 복종해야 하는 대상이나 절대적 권위를 가진 대상으로 인식하고, 선배에 대해서는 위계 질서를 중요시해야 하고 어려운 존재로 인식하고 있었다. 이는 군대 문화에 익숙한 남학생들이 주축을 이루는 공대보다 훨씬 심각한 수준이다.[189]

이를 보다 구체적으로 파악할 수 있는 실증적 연구는 없지만 몇 년 전 어느 의과대학에서 벌어진 성추행 사건을 통해 최근의 상황을 엿

할 때 영리 병원들은 비용 절감을 위해 인건비를 최소화하려는 경향이 강할 것"이며 "따라서 영리 병원들이 수익 극대화를 위해 인건비 비중을 줄일 경우 의료 서비스 산업의 고용은 감소할 가능성이 높다"고 분석했다. 이는 의료산업선진화위원회가 발표한 자료에서도 미국의 경우 영리병원의 고용 인력은 100병상당 평균 352명으로, 비영리 병원(평균 352명)의 67.4%에 불과한 것으로 나타났으며, 한국도 개인 병원이 비영리 병원보다 43%가량 적게 고용해 수익을 창출하는 것으로 조사됐다.(전창배 윤태호 고민창 문성웅, 「의료기관 영리성에 관한 연구」 국민건강보험공단, 2006 참조.)
188. 「전공의 비장 파열, 구조적 폭력이 부른 비극」, *MEDICAL OBSERVER*, 2015.5.14.
189. 천경희 박원균 이상숙 박영순 강이철, 「의과대학에서의 교육 풍토, 자기 주도 학습, 그리고 창의적 사고에 대한 고찰-타 대학 유사 전공 학생들과의 비교를 기반으로」, 『사고개발』 6-1, 2010.

볼 수 있다. 물론 의대에서 벌어지는 모든 성추행 사건이 권위주의의 산물이라고 말하는 것은 아니다. 다만 해당 사건의 처리 과정에서 보여준 집단의 행태는 거의 모든 의대에서 벌어질 수 있는 구조적 권위주의 문제를 극명하게 보여주고 있기에 참고할 필요가 있다.[190]

사건의 내막은 복잡하지 않다. 어느 남학생 세 명이 함께 놀러간 동기 여학생 한 명에게 성추행을 범했다. 물리적 추행만이 아니라 촬영까지 했다. 사건의 내용만으로는 대한민국에서 매일 접수되는 50여 건의 성폭력 사건보다 특별히 주목할 만한 이유는 없어 보였다. 그런데 대중들은 이 사건에 큰 관심을 보였다. 바로 그들이 의사가 될 의대생이었기 때문이다. 대중들이 의대생들의 성추행 사건 하나를 가지고 의대 혹은 의료계 전체의 윤리성을 논하는 것은 지나친 일반화라고 할 수 있을 것이다. 그날 밤 일어난 사건만 놓고 보면 분명 그렇게 말할 수 있다.

하지만 이후 가해자들의 행보와 그들이 속한 의대의 대응이 의료계라는 집단의 특수성에 주목하지 않을 수 없게 만들었다. 가해자들은 처벌을 모면하기 위해 학내에서 피해자의 문란함을 입증하기 위한 설문 조사를 벌였고, 일부 교수들은 가해자들을 비호하기까지 했다. 더 큰 문제는 이처럼 가해자들과 교수들의 비인권적인 행위가 이어지는 동안 해당 의대 내에서 이에 대해 문제를 제기하는 이가 없었다는 점이다.

이러한 사건 전개에 일반 대중들은 경악했지만, 의대를 다닌 경험

---

190. 해당 사건에 대한 분석은 최규진의 「폭력에 침묵케 하는 권위주의」(『한겨레21』 제878호, 2011.9)를 토대로 작성한 것임을 밝힌다.

이 있는 사람들은 크게 놀라지 않았다. 현재의 의대 체계에서 교수들의 언행에 문제를 삼는 것은 사실상 불가능하기 때문이다. 단적인 예로 의대에서는 아무리 적은 학점의 과목이라 할지라도 F학점 하나면 유급이다. 교수의 권위주의에 도전해 '괘씸죄'로 F학점을 맞는 경우라면 상황은 최악으로 치닫는다. 의대에서 교수들은 대부분 부속 병원의 의사들이기 때문에 짧게는 전공의 기간 동안, 길게는 의사로서 살아가는 평생 동안 영향을 미칠 수 있기 때문이다.[191]

또한 의대생들 사이에서는 견고하게 짜인 학번 서열을 타고 권위주의가 도미노처럼 내려온다. 다른 대학과 달리 군대나 휴학으로 인한 학번 간 뒤섞임도 거의 없기 때문에 이 구조는 어느 계열보다 견고하다. 이 사건에서도 가해자 학생들은 본과 4학년이었다. 즉, 학번 간 서열 권력의 정점에 있었다. 이런 조건이 해당 의대 학생들 전체가 가해자들이나 교수들의 언행에 침묵하게 만드는 구실을 했을 것이다.

물론 이 성추행 사건은 동기 사이에 벌어진 일이었다. 그러나 권위주의는 학번 간 수직적 강압뿐 아니라 동기 간 수평적 강압으로도 작용한다. 의대에서 몇몇 동기생의 태도가 문제되어 학번 전체가 위 학번이나 선배 교수에게 훈육을 받는 일은 흔하다. 누군가가 교수에게 아무리 정당한 이유로 문제 제기를 해도 그 정당함은 중요치 않다. 그저 집단에 피해를 주는 인물로 여겨지기 십상이다. 이 사건에서도 피해자는 가해자의 출교 조치라는 '시끄러운 불씨'를 놓지 않았기에, 마치 연좌제를 두려워하듯 그에게 침묵을 강요했을 것이다.

더욱 안타까운 것은 100일을 넘겨 사건이 점차 악화되고 시민 사

---

191. 천경희 외, 앞의 글, p. 188.

회에서 이를 주목하고 있는데도, 해당 의대가 사안의 민감함을 인식하지 못하고 사회의 기대와는 너무 다르게 대응했다는 사실이다. 법적 문제를 떠나 가해자에 대한 의대 내 명확한 조치가 피해자에 대한 최소한의 배려이자 집단의 피해를 최소화할 수 있는 길이었다. 이를 포착할 수 있는 촉수마저 무뎌진 것인지, 알고서도 대응할 수 없었던 것인지 모르겠으나 두 가지 모두 의대 내에 공기처럼 퍼져 있는 권위주의가 아니고는 설명하기 어렵다.[192]

4. 한국 병원 내 권위주의에 대한 진단

권위주의는 의대를 넘어 병원까지 연장된다. 전문성이 강한 집단일수록 관료주의적 정도도 심해지는 경향이 있기에[193] 의대보다 더 강한 권위주의를 보이곤 한다. 그나마 병원 내 권위주의에 대해선 실증적인 조사가 이루어진 적이 있다. 2004년 월요의료포럼에서 전공의 473명을 대상으로 조사한 내용을 보면, 폭언을 경험한 적이 있는 경우는 절반이 넘었다. '폭언을 한 사람이 누구냐?'는 질문에 대해서는 92%가 상급 전공의나 교수라고 응답했다. 폭언보다 심한 폭행을 당한 경험이 있다고 응답한 전공의도 14.2%나 됐다.[194]

폭언 및 폭행을 한 당사자에 대한 처리 결과를 보면 앞서 살펴본

---

192. 해당 사건이 권위주의를 보여주는 극명한 사례이기에 예로 들었을 뿐, 이는 결코 특정 의과대학의 문제가 아니다. 노출되지 않았을 뿐 대부분 의대에서 발생하는 유사한 사례는 차고 넘친다. 오히려 이렇게라도 노출된 곳은 그나마 유사한 권위주의의 폐해만큼은 예방할 수 있기에 희망적이라 할 수 있다.
193. 임기영 조선미 송호정, 「의사 집단 내 폭력 현황 및 권위주의와 공격성, 충동성, 성격 특징과의 상관」 『한국의학교육』 16-3, 2004, p. 306.
194. 임기영, 「의료 현장에서의 폭력 문제」 『대한의사협회지』 48-5, 2005.

의대에서 벌어진 일들이 고스란히 병원에도 이어지고 있음을 알 수 있다. 52.5%가 '별다른 처벌을 받지 않았다'고 응답했고, '공식적인 사과를 했다'고 답한 사람은 3.4%, '공식적인 처벌을 받았다'고 답한 사람은 0.8%, '해직됐다'고 답한 사람은 0.4%밖에 되지 않았다. 결국 별다른 처벌을 받지 않은 사람이 94.9%인 것이다. 의료계의 권위주의가 폭력을 용인하는 수준으로까지 유지되고 있음이 여실하다.

10여 년이 지난 지금도 상황은 크게 달라지지 않았다. 대한전공의협의회가 발표한 '2016 전국수련병원 수련평가 설문조사' 내용을 보면 병원 내 폭언과 폭행은 여전히 심각한 수준이었다. 전국 121개 수련 병원 전공의 1만 5천 명을 대상으로 설문 조사(응답자 3063명, 응답률 20%)를 실시해 정밀 분석한 결과에서 교수 또는 상급 전공의에게 언어적, 신체적 폭력을 당한 경험이 있다고 답한 전공의는 31.2%나 됐다. 약 3분의 1의 전공의가 여전히 폭력을 경험하고 있는 것이다.

심지어 여자 전공의의 경우 수련을 위해 임신을 포기할 것을 강요당하거나, 임신 가능성으로 인해 아예 의국에서 뽑지 않는 경우도 비일비재했다.[195] 또 '교수 또는 상급 전공의에게 불쾌한 성희롱 또는 성추행을 당한 적이 있느냐'는 질문에 66개 병원 중 57개 병원의 236명 전공의들이 '있다'고 답을 했다. 이는 전체 응답자의 8.1%에 해당하는 것으로, 그 비율도 적지 않지만 상당수 병원에서 성추행 사건이 벌어지고 있다는 사실은 충격적이다.[196]

더 큰 문제는 이러한 권위주의가 전공의 선에서 끝나지 않는다는

---

195. 「각종 폭력에 시달리는 전공의들…언어 폭력 65.8% 신체 폭력 22%」 『중앙일보』 2015.3.11.
196. 「의사 보조 PA가 처방전 변경…수술하는 것도 본적 있다」 『동아일보』 2017.4.1.

점이다. 한국의 대표적인 병원을 대상으로 직종 간 갈등 관계를 조사한 연구를 보면, 간호사나 기타 보건직 노동자들은 전공의와의 관계에서 심한 갈등 관계를 보였다. 그들은 전공의가 명령조로 지시하는 등 권위적인 태도로 일관하는 것을 갈등 관계의 주된 원인으로 꼽았다.[197] 이 권위주의의 폐해는 결국 울타리를 넘어 환자에게까지 영향을 미친다. 이윤창출에 매몰된 병원 시스템 하에서 권위주의는 더욱 기승할 수밖에 없고, 이는 의료인들의 노동 조건을 하락시키기 때문이다. 이미 해외의 여러 연구들은 이러한 전공의들을 비롯한 병원 의료진들의 열악한 노동 조건이 의료 과실을 증가시키는 주요 원인이란 점을 지목해 왔다.[198]

5. 한국 의료계 권위주의 문화를 타파하기 위한 과제

지금까지 살펴본 바와 같이 한국 의료계의 권위주의는 복잡한 역사적, 사회적 배경과 견고한 구조를 가지고 있다. 이 구조를 깨기 위해선 그만큼 강력하고 근본적인 접근이 필요하다. 물론 무 자르듯 단번에 해결할 수 있는 문제는 아니다. 우선 그 구조를 깨기 위한 크고 작은 파열구를 내야 한다. 구체적인 예로, 전공의 특별법과 같이 권위주의에 맞서 최소한의 바리게이트 역할을 할 수 있는 제도를 만들어야 한다.

---

197. 최규진 외, 「의료윤리 교육을 위한 동료 의료인 간 갈등에 대한 연구」, 『생명윤리』 9-2, 2008.
198. 김승섭, 「전공의 근무 환경과 환자 안전-너무 아픈 수련은 수련이 아니었음을」, 『대한의사협회지』, 2016.

그리고 무엇보다 폭력 문제만큼은 단호해져야 한다. 한나 아렌트는 "권력과 폭력은 동일하지 않은 정도가 아니라 서로 대립한다"고 했다. 즉, 폭력에 의존하는 권위는 더 이상 합리적 권위가 아닌 권위주의이며, 결국 파괴될 수밖에 없는 권력이란 얘기다. 다시 말해, 의료계 내 폭력 문제를 종식시키지 못한다면 의사로서의 정체성, 전문 직업인으로서의 권위는 결코 유지될 수 없다.

미국 등 선진국 의사 사회에서는 의사들이 전문가로서 양식 있고 품위 있는 행동을 하도록 의무화하고 있다. 이를 위반할 경우 자율 정화의 차원에서 강력히 제재하고 있다. 한국 역시 의료계 내부적으로 폭력에 대한 신고 및 조사를 위한 전담 기구를 운영해야 하고, 법적, 제도적으로도 의료계 내 폭력에 대해서만큼은 강력히 규제해야 한다.[199]

의과대학 교육에 대해서도 많은 수술이 필요하다. 사실 뜯어고칠 수만 있다면 선발 과정에서부터 바꿀 필요가 있다.[200] 아울러 6년 동안 비판적 사고와 협력적 자세를 질식시키는 단순 암기식 교육과 경쟁에 의존한 교육 과정도 바꿔야 한다.[201] 다행히 최근 일부 의과대학에서부터 절대 평가제를 도입하거나, 의사의 사회적 역량을 강조하는 교육이 강화되는 등 다채로운 시도가 이루어지고 있다. 그러나 이러한 흐름이 '유행하는 교육 패턴'에 그치지 않기 위해선 보다 강한 자극이 필요하다.

이를 위해선 결국 의료계의 울타리를 넘어 사회와의 접촉이 뒷받

---

199. 임기영, 앞의 글.
200. 일례로 네덜란드에서는 의사들의 특권 의식과 권위주의를 줄이기 위해 일정 수준 성적이 되는 학생들의 지원을 모두 받아 제비뽑기 방식으로 의대생을 선발하기도 했다.
201. 유효현, 「의과대학의 잠재적 교육 과정과 학생 문화」 『Korean Medical Education Review』 17-3, 2015.

침되어야 한다. 구성원 스스로 사회화되려고 노력하고 쓰리더라도 의료계의 권위주의 폐단을 사회에 노출시켜야 한다. 미국 의료계에서 권위주의 폐해가 줄어든 것도 바로 이 때문이었다. 1960-70년대에 미국에서 광범위하게 진행된 시민 운동의 영향을 받은 의대생들이 의료계 권위주의에 저항하며 의료계의 다양한 문제를 공론화시켰다. 이를 통해 사회 개혁 운동의 일환으로 의료계 문제에 접근하는 문화가 정착됐으며, 환자 치료에서도 가부장적 모습보다는 환자에 대한 인도주의적인 입장이 강조되는 문화가 형성됐다.[202]

앞서 언급했듯이, 해방 이후 한국 사회는 권위주의를 청산하기 위한 적지 않은 사회 변화를 거쳤음에도 불구하고 의료계는 이러한 흐름을 건설적으로 수용하지 못했다.[203] 하지만 현재 한국 사회는 중요한 변화의 흐름을 맞고 있다. 2016-2017년을 기점으로 독재적 권위주의, 비민주적인 관료주의, 자기반성 없는 전문가주의의 폐단이 드러나며 이를 해소하기 위한 움직임이 일고 있다. 그 폐단에 의료계 역시 직간접적으로 포함되어 있었던 만큼, 해방 이후 가장 강력하다고 평가되는 이 변화의 흐름에 영향을 받지 않을 수 없을 것이다.[204]

허나 견고한 권위주의는 절대 저절로 깨지지 않는다. 보다 의식 있는 의대생과 의사들이 적극적으로 나서서 시대의 흐름에 조응하며 의료계 문화를 새롭게 바꾸어내야 한다.[205] 물론 쉽지 않겠지만, 계속

---

202. 한달선 조병희 배상수 김창엽 이상일 이영조, 「의대생의 전문직 사회화 과정에 대한 고찰」 『예방의학회지』 1996, p. 267.
203. 유형준 이현석, 「의료 커뮤니케이션의 사회적 의미」 『의료정책포럼』 5-4, 2007.
204. 3.1운동 당시에도 의학도들이 적극 참여한 만큼 최소한 1920년대부터는 군의관들이 중심이 된 교육은 벗어날 수 있었다.(최규진, 「경성의학전문학교」 『경성의학전문학교 설립 100주년 경성제국대학의학부 설립 90주년 학술 심포지엄 자료집』 p. 54.)
205. 쓰러진 백남기 농민을 이송하던 구급차에 물대포를 쏘는 공권력의 만행에 대해 침묵하는 '의사 선배' 들을 규탄하는 대자보를 써서 화제가 된 어느 의대생의 사례가 있다.("'의사단체, '구급차 물대포' 왜 침

'반격을 가해야 한다.'[206] 의사 슈바이처는 이런 말을 남겼다.

"온갖 방법으로 개인을 손아귀에 쥐고 있는 과도하게 조직화된 사회로부터 어떻게 해서든 자주적인 개성을 되찾고 그 사회에 반격을 가해야 한다. 사회는 온갖 수단을 동원해서 개인을 개성이 없는 상태에 묶어 두려 할 것이다. 사회는 개성을 두려워한다. 왜냐하면 사회가 그 입을 틀어막고 싶어 하는 정신과 진실은, 개성을 통해서 표현되기 때문이다. 불행하게도 사회의 힘은 두려움 못지않게 강력하다."[207]

참고 문헌

김승섭, 「전공의 근무 환경과 환자 안전 – 너무 아픈 수련은 수련이 아니었음을」, 『대한의사협회지』, 2016.
백재중, 『삼성과 의료 민영화』, 건강미디어협동조합, 2014.
서홍관, 신좌섭, 「일본 인종론과 조선인」, 『의사학』, 8-1, 1999.
안덕선, 「의사의 사회적 역량이란 무엇인가」, 『대한의사협회지』, 57-2, 2014.

———————

묵하나" 의대생 대자보 화제"」 『한겨레』 2015.11.23.) 백남기 농민에 대한 서울대병원의 사망진단서에 대한 서울의대 학생들의 성명서는 의료계의 구조적 권위주의를 깨는 파열구로서 좋은 예가 될 수 있을 것이다.("백남기씨 사망진단 논란' 서울대 의대생 "백씨 사인은 물대포"…졸업생도 "그 말 맞다"」 『경향신문』 2016.10.2.)
206. 최근 의료계에 대한 사회적 불신과 국가의 사법적 규제에 대한 대응으로 자율 규제 논의가 한창이나 자율 규제만으로 현재 쌓여 있는 의료계의 문제를 해결하긴 어려워 보인다. 1993년 김영삼 정부 때에도 유사한 위기 의식이 있었는데 당시 인도주의실천의사협의회가 의료계의 개혁을 촉구하는 연속 토론회를 열어 의료계에 신선한 충격을 가한 적이 있다.(인의협, 『의료! 이렇게 개혁합시다』 생활지혜사, 1994.) 이러한 흐름이 이어져 인의협과 청년의사가 주도하여 의협 직선제 운동을 펼치기도 했다. 이러한 시도들이 그나마 의협을 민주화시키고 의료계의 권위주의를 완화시키는 데 일조하였다.
207. 에리히 프롬, 『건전한 사회』 범우사, 2013, p. 231.

에리히 프롬, 김석희 옮김, 『자유로부터의 도피』, 휴머니스트, 2012, p. 173.

유형준, 이현석, 「의료 커뮤니케이션의 사회적 의미」, 『의료정책포럼』 5-4, 2007.

유효현, 「의과대학의 잠재적 교육 과정과 학생 문화」, 『Korean Medical Education Review』, 17-3, 2015.

이용각, 『갑자생 의사』, 아카데미아, 1997.

이현석 외, 『의사가 말하는 의사』, 부키, 2017.

이혜경, 「양명학과 근대일본의 권위주의-이노우에 데츠지로와 다카세 다케지로를 중심으로」, 『철학사상』 30, 2008.

인도주의실천의사협의회, 『의료! 이렇게 개혁합시다』, 생활지혜사, 1994.

임기영, 「의료 현장에서의 폭력 문제」, 『대한의사협회지』 48-5, 2005.

임기영, 조선미, 송호정, 「의사 집단 내 폭력 현황 및 권위주의와 공격성, 충동성, 성격 특징과의 상관」, 『한국의학교육』 16-3, 2004.

임현선, 안덕선, 안서원, 「한국·중국·일본 의사 양성 과정 비교 연구」, 『한국의학교육』 19-4, 2007.

전창배, 윤태호, 고민창, 문성웅, 「의료기관 영리성에 관한 연구」, 국민건강보험공단, 2006.

천경희, 박원균, 이상숙, 박영순, 강이철, 「의과대학에서의 교육 풍토, 자기주도 학습, 그리고 창의적 사고에 대한 고찰-타 대학 유사 전공 학생들과의 비교를 기반으로」, 『사고개발』 6-1, 2010.

최규진, 「경성의학전문학교」, 『경성의학전문학교 설립 100주년 경성제국대학의학부 설립 90주년 학술심포지엄 자료집』, p. 54.

최규진, 「폭력에 침묵케 하는 권위주의」, 『한겨레21』 제878호, 2011.9.

최규진 외, 「의료윤리교육을 위한 동료 의료인 간 갈등에 대한 연구」, 『생명윤리』 9-2, 2008.

최규진, 『한국 보건의료운동의 궤적과 사회의학연구회』, 한울아카데미, 2016.

최규진, 「후지타 쓰구아키라의 생애를 통해 본 식민지 조선의 의학/의료/위생」, 『의사학』 25-1, 2016.

필립 짐바르도, 『루시퍼 이펙트』, 웅진지식하우스, 2007.

한달선, 조병희, 배상수, 김창엽, 이상일, 이영조, 「의대생의 전문직 사회화 과정에 대한 고찰」, 『예방의학회지』, 1996.

安田健次郎, 「西洋医学の伝来とドイツ医学の選択」, 『慶應医学』, 2007.

鳥集 徹, 「東大医学部vs.順天堂大学 学閥の壁はバカの壁」, 『文藝春秋』 SPECIAL, 2016.

Altemeyer B., Right-Wing Authoritarianism. Winnipeg, University of Manitoba Press, 1981.